ジェンダー法研究 第5号

はしがき

　本号から，編者として二宮周平が加わることになった。今後は，編者二人体制によって「ジェンダー法研究」の企画をいっそう充実したものにしたいと考えている。本号は，2つの特集として，家族とセクシュアリティをとりあげた。

　「特集1　家族」，「特集2　セクシュアリティ」は，ジェンダー法学会第15回学術大会（2017年12月）において行われた，若手個別報告およびワークショップから原稿化をお願いしたものである。「特集1」では，英国，米国，オランダ，「特集2」では，ヨーロッパ人権条約，ノルウェー，フィランド，スウェーデンなどが比較の視座として提供されている。また，比較の対象を東アジアに広げたいと考え，韓国に関する論文もとりあげている。

　新しいシリーズとして，本号から，「ジェンダー視点の比較家族法」を始める。今回は，嫡出否認権と嫡出推定に関する韓国と日本の判例を対比して，検討している。1947年当時には男女平等度の高かった日本民法は，その後の社会の変化に対応できず，周回遅れになっている。こうした現状を打破するためにも，隣国である韓国の展開を知ることが有用と考えた。

　「立法・司法・行政の新動向」では，2018年1月，3月，6月に，異なる論点を含んでそれぞれに提起された夫婦別姓訴訟を取り上げた。

　また，「研究ノート」として，キャンパス・セクシュアル・ハラスメントに関して出された判例50件を総覧し，分析している。

　本号に掲載された諸論文を読まれた方は，家族のライフスタイルに寛容な国・地域は性的マイノリティへの対応も柔軟になることに気づかれるだろう。ひるがえって，日本の場合は，トランスジェンダーへの対応が，当事者支援よりも社会秩序維持に傾斜している。セクシュアリティをめぐる実情を知ろうとしない社会は，夫を「主人」とする伝統的夫婦・親子像を維持しようとする勢力が根強いことを反映したものであろう。そのことは，選択的夫婦別姓を法制化せず，次々と訴訟が提起されるのを放置している政府の姿勢や，夫のみの嫡出否認権を合憲とする判例に，端的に表れている。

　人にはそれぞれの個性がある。家族のあり方もセクシュアリティのあり方もさまざまである。お互いの違いを認識し，共存するためには，ジェンダー視点で家族，セクシュアリティを見直すことが不可欠の作業ではないだろうか。本書は，法学の研究を通じてその素材を提供するものである。

　2018年12月1日

第 5 号

〈目　次〉

特集 1：家　　族

◆ 1 ◆　「家族」の法的境界と新しい家族法原理の可能性
　　　　── 英国における家族司法制度改革の分析から ……… 高田恭子 … *1*
　　Ⅰ　はじめに（*1*）
　　Ⅱ　英国社会の変化と家族法改正の概要（*5*）
　　Ⅲ　法的家族（*11*）
　　Ⅳ　婚姻・ジェンダー・セクシュアリティ（*15*）
　　Ⅴ　子ども法の展開（*21*）
　　Ⅵ　家族司法制度改革（*36*）
　　Ⅶ　家族法に求められる原理と機能（*44*）

◆ 2 ◆　日本の同性カップルに対する権利保障の現状と課題
　　　　── アメリカ，オランダの自治体レベルの同性パートナー
　　　　　シップ制度との比較から ……………………… 佐藤美和 … *51*
　　　はじめに（*51*）
　　Ⅰ　諸外国における自治体レベルの同性パートナーシップ
　　　　制度の導入過程：オランダとアメリカの事例（*52*）
　　Ⅱ　日本のパートナーシップ証明制度の現状とその導入過程（*57*）
　　Ⅲ　結びに変えて：国際比較から考える日本の同性カップ
　　　　ルに対する権利保障の課題（*73*）

◆ 3 ◆　韓国における子の氏の決定ルール
　　　　── ジェンダーの視点からの検討 ……………………… 金　成恩 … *77*
　　　はじめに（*77*）
　　Ⅰ　父姓主義の原則に対する批判と変化（*78*）
　　Ⅱ　憲法裁判所の憲法不合致決定（*80*）
　　Ⅲ　憲法裁判所の決定に従う法改正（*84*）
　　Ⅳ　子の氏の変更時の判断基準（*87*）
　　Ⅴ　ジェンダーの視点からの検討（*89*）

目　次

おわりに（*93*）

特集2：セクシュアリティ

◆ 4 ◆　**人権としての性別**
　　　　── ヨーロッパ人権条約の判例が示唆すること ···· 谷 口 洋 幸 ··· *97*

は じ め に（*97*）
　Ⅰ　性別記載を変更する権利（*99*）
　Ⅱ　性別適合手術をうける権利（*102*）
　Ⅲ　生殖能力は誰のものか（*104*）
　Ⅳ　婚姻は誰が決めるのか（*106*）
お わ り に（*108*）

◆ 5 ◆　**北欧諸国におけるトランスジェンダーの状況**
　　　　── フィンランド及びノルウェーを中心として ···· 齋 藤　　実 ··· *109*

　Ⅰ　は じ め に（*109*）
　Ⅱ　フィンランド，ノルウェー及びスウェーデンについて（*111*）
　Ⅲ　北欧諸国のLGBTの状況について（*112*）
　Ⅳ　トランスジェンダーについて（*113*）
　Ⅴ　オンブズマンについて（*118*）
　Ⅵ　スウェーデンにおけるトランスジェンダーに対する
　　　補償制度について（*119*）
　Ⅶ　お わ り に（*121*）

◆ 6 ◆　**オーストラリアにおける性の多様性に関する近年
　　　　の動向と考察** ·· 立 石 直 子 ··· *123*

は じ め に（*123*）
　Ⅰ　性別の多様性の公的承認（*124*）
　Ⅱ　同性婚の合法化（*128*）
　Ⅲ　同性カップルの養子縁組をめぐる動向（*130*）
　Ⅳ　若干の考察（*132*）

◆7◆ 学校現場における性的マイノリティの児童生徒をめぐる課題……………………………松村歌子…137

 Ⅰ はじめに（137）
 Ⅱ 性同一性障害に係る対応の経緯（141）
 Ⅲ アンケート調査から見る性的指向・性同一性障害者に関する意識（144）
 Ⅳ 性的マイノリティの子どもたちが抱える困難と学校での配慮事例（147）
 Ⅴ 養護教諭養成機関と養護教諭の性別（149）
 Ⅵ これからの教育現場で求められていること ── 顔の見える関係作り，人間関係の調整機能（152）

◆8◆ トランスジェンダー受刑者の処遇
── 特例法と刑事収容施設法……………………矢野恵美…155

はじめに（155）
 Ⅰ 法的な性別の変更について：法律のあり方の違い（157）
 Ⅱ トランスジェンダー受刑者に関する問題：刑務所のあり方の違い（160）
 Ⅲ 残された課題（171）
おわりに（171）

［シリーズ］ジェンダー視点の比較家族法（1）

ジェンダー視点の比較家族法……………………………二宮周平…173

夫のみの嫡出否認権規定を合憲とした2つの裁判
── 原告の問題提起に応えたか……………………二宮周平…175

はじめに（175）
 Ⅰ 現行制度の立法趣旨（175）
 Ⅱ 問題点（177）
 Ⅲ 判例・家裁実務による解決の限界（179）
 Ⅳ 裁判所の判断の検討（181）
 Ⅴ 検討 ── 比較の視点（190）
おわりに（195）

目　次

**韓国憲法裁判所の憲法不合致決定と嫡出否認権・嫡出推定
に関する法改正**……………………………………………金　　成　恩…*197*
　　　　Ⅰ　は じ め に（*197*）
　　　　Ⅱ　韓国の嫡出否認制度（*198*）
　　　　Ⅲ　韓国の嫡出推定制度（*210*）
　　　　Ⅳ　終 わ り に（*223*）

【研究ノート】

**大学におけるセクシュアル・ハラスメント
判例総覧50件**…………………………………浅倉むつ子・鈴木陽子…*225*

【立法・司法の動向】

夫婦別姓訴訟の新しい展開……………………………………二　宮　周　平…*249*
　　　　は じ め に（*249*）
　　　　Ⅰ　戸籍上の夫婦別姓訴訟（*251*）
　　　　Ⅱ　第2次選択的夫婦別姓訴訟（*253*）
　　　　Ⅲ　夫婦別姓婚姻関係確認訴訟（*260*）
　　　　お わ り に（*262*）

執筆者紹介
(掲載順)

高田恭子（たかだ　きょうこ）
大阪工業大学知的財産学部准教授
立命館大学大学院法学研究科博士後期課程単位取得満期退学
〈主要著作〉「日本におけるジェンダー教育の現状と課題 ―― 法教育としてのジェンダー教育の実現に向けて」大阪工業大学紀要人文社会篇56巻2号（2011年），"Intellectual Property Revitalization of the Traditional Industry ―― What should survive, traditional products or skills?", 知的財産専門研究17・18合併号（2016年），「現代アートと商標権 ―― 岡本光博『バッタもん』事件」知的財産専門研究19号（2017年），「イギリスにおける面会交流 ―― DV ケースにおける課題と取り組み」立命館法学369-370号（2017年）

佐藤美和（さとう　みわ）
お茶の水女子大学グローバルリーダーシップ研究所特別研究員
2014年お茶の水女子大学大学院人間文化創成科学研究科博士後期課程ジェンダー学際研究専攻修了，博士（社会科学）
〈主要著作〉「カナダにおける同性婚訴訟の展開 ―― 「承認」プロセスとしての一考察」人間文化創成科学論叢12号（お茶の水女子大学大学院人間文化創成科学研究科，2010年），「クィア法理論からみる『婚姻』の意味をめぐる交渉 ―― カナダ「市民婚姻法（Civil Marriage Act）」の制定過程を素材として」ジェンダーと法9号（2012年），「同性婚をめぐる法的議論における婚姻概念の変容 ―― アメリカとカナダの事例を中心に」平成25年度お茶の水女子大学大学院人間文化創成科学研究科ジェンダー学際研究専攻博士学位論文（2014年）

金　成恩（きむ　さんうん）
立命館大学立命館グローバル・イノベーション研究機構助教
2012年立命館大学大学院法学研究科後期博士課程修了，博士（法学，立命館大学）
〈主要著作〉「AID における子の法的地位に関する研究」家族法研究26巻3号（韓国家族法学会，2012年），「第三者のかかわる生殖補助医療の法制化のための提言」法学研究31巻3号（韓国圓光大学法学研究所，2015年），「韓国における DV 事案と子の養育保障への取組」二宮周平・渡辺惺之編『離婚紛争の合意による解決と子の意思の尊重』（日本加除出版，2014年）

谷口洋幸（たにぐち　ひろゆき）
金沢大学国際基幹教育院准教授
中央大学大学院博士後期課程修了，博士（法学）。
〈主要著作〉『性同一性障害：ジェンダー・医療・特例法』（共著，御茶の水書房，2008年），『性的マイノリティ判例解説』（編著，信山社，2011年），『セクシュアリティと法』（編著，法律文化社，2017年），「性的マイノリティの権利は人権である」ジェンダーと法15号（2018年）

齋藤　実（さいとう　みのる）
獨協大学法学部特任教授，弁護士
慶應義塾大学大学院法学研究科前期博士課程修了
〈主要著作〉「DV における正当防衛の正否」『法は DV 被害者を救えるか ―― 法分野協働と国際比較』（商事法務，2013年），「刑事手続における強姦罪等の非親告罪化」『沖縄ジェンダー学 2』（大月書店，2015年），「フィンランドにおける性的マイノリティの現在（いま）」学習院法務研究12号（2018年）

執筆者紹介

立石直子（たていし　なおこ）
　岐阜大学地域科学部准教授
　関西学院大学大学院法学研究科博士後期課程単位取得満期退学
　〈主要著作〉『離婚後の親子関係を問い直す――子どもの福祉と家事実務の架け橋をめざして』（共編著，法律文化社，2016年），「婚姻前の氏を通称として使用する権利の現代的意味――東京地裁判決平成28年10月11日事件を素材として」立命館法学369=370号（2017年），「性の多様性と親子観の相対化――里親・生殖補助医療などの視点から」法と政治第69巻２号（2018年）

松村歌子（まつむら　うたこ）
　関西福祉科学大学健康福祉学部准教授
　2004年関西学院大学大学院法学研究科博士後期課程単位取得後退学
　〈主要著作〉『法と心理の協働――女性と家族をめぐる紛争解決へ向けて』（共著，信山社，2006年），『法はDV被害者を救えるか――法分野協働と国際比較』（共著，商事法務，2013年），"Law and Policy on Domestic Violence in Japan: Realities and Problems"（共著，小樽商科大学研究叢書，2016年），『資料で考える憲法』（共著，法律文化社，2018年）

矢野恵美（やの　えみ）
　琉球大学法科大学院教授
　慶應義塾大学大学院法学研究科後期博士課程退学
　〈主要著作〉『法はDV被害者を救えるか――法分野協働と国際比較』（共著　商事法務，2013年），『性犯罪・被害』（共著　尚学社，2014年），『沖縄ジェンダー学第２巻』（共編著，大月書店，2015年），「日本の女性刑務所が抱える問題について考える」慶應法学第37号（2016年），『新基本法コンメンタール〔第２版〕刑法』（共著　日本評論社，2017年），「性の多様性と家族」神奈川大学評論88号（2017年）

二宮周平（にのみや　しゅうへい）
　立命館大学法学部教授
　1979年大阪大学大学院法学研究科民事法学専攻博士後期課程単位取得退学。法学博士（大阪大学）
　〈主要著作〉『事実婚の現代的課題』（日本評論社，1990年），『家族法〔第５版〕』（新世社，2018年），『子どもと離婚』（共編著，信山社，2016年），『性のあり方の多様性』（編著，日本評論社，2017年

浅倉むつ子（あさくら　むつこ）
　早稲田大学大学院法務研究科教授
　1979年東京都立大学大学院社会科学研究科博士課程満期退学。博士（法学，早稲田大学）。
　〈主要著作〉『男女雇用平等法論――イギリスと日本』（ドメス出版，1991年），『労働法とジェンダー』（勁草書房，2004年），『雇用差別禁止法制の展望』（有斐閣，2016年）

鈴木陽子（すずき　ようこ）
　一般社団法人社会的包摂サポートセンター職員
　2013年早稲田大学大学院法務研究科修了。法務博士（専門職）。

〈特集1〉家　族

1 「家族」の法的境界と新しい家族法原理の可能性
―― 英国における家族司法制度改革の分析から

高 田 恭 子

Ⅰ　はじめに
Ⅱ　英国社会の変化と家族法改正の概要
Ⅲ　法 的 家 族
Ⅳ　婚姻・ジェンダー・セクシュアリティ
Ⅴ　子ども法の展開
Ⅵ　家族司法制度改革
Ⅶ　家族法に求められる原理と機能

Ⅰ　はじめに

　家族法は，夫婦と親子について規定する。「夫婦とその子ども」で構成される家族を基本モデルとして，身分登録制度となる戸籍，税制度や各種社会保険を含む社会保障制度などの社会生活の基盤が整備されている。法的婚姻関係にない事実上の婚姻（内縁，事実婚）については，公的健康保険および年金，公営住宅の入居資格，育児介護休業の取得など各特別法において，「生計を同一」にする家族，あるいは，「事実上婚姻関係と同様の事情にある者」として，社会保障をその目的に，婚姻夫婦への包摂がなされてきた。しかし，共同生活の実体から婚姻に基づく規定を類推適用する範囲は極めて限定的で，財産分与や相続など，その他の領域では認められていない。事実婚の実体があっても，婚姻関係にある妻がいる場合には，その婚姻が破綻しているかどうかを厳格な基準で判断するため，多くの場面で法律婚が優先される[1]。税控除では，事実婚カップルに配偶者としての所得控除は適用されず（所法2条33），寡婦控除など（所法81条），法的婚姻があっ

（1）法律婚がある場合には，重婚的内縁として，当該法律婚が破綻していることが内縁を保護する基準となる。その破綻の基準は厳格で，事実上の破綻に加えて，それが長期にわたっていること，回復の見込みがないことなどにより破綻が固定化されていることが求められる（最判昭58〔1983〕年4月11日民集37巻3号270頁，二宮周平『事実婚の判例総合解説』（信山社，2006年）46-49頁）。

たか否かに基づいて特別な控除がなされる。このように，同じ共同生活を営む家族であっても，婚姻家族とそうではない家族に，確固とした取り扱いの違いがあり，「家族モデル」に該当する家族が，社会を構成する基本とされている。子どもとの関係では，婚外子に対する相続分差別規定について，1995年最高裁判所が「法律婚を尊重するための合理的差別で立法権の裁量の範囲内である」と示した見解が，2013年の最高裁判所違憲決定まで維持されていた（最大決 H 25〔2013〕年月4日民集67.6.1320）。日本における婚外子の割合は，現在においても極めて少ない。2000年代に入ってからも出生全体の2％前後を維持し，その割合は増加していない[2]。これには，婚外子を避けなければならないとする親の意思が反映されている。未成年子の養子縁組では，実親との関係が完全に断絶されて実親子関係と同じ戸籍の記載がなされる特別養子縁組がほとんどで，普通養子縁組は，特別養子縁組をすることができない年齢に達した子どもに集中する。また，未成年子養子縁組のほとんどが，3歳という低年齢で子どもの養親による監護が開始されており，ある程度の年齢になると養子縁組家族を探すのが難しいという現実がある。人工生殖補助医療の処置を受けた出生のうち，ドナーからの精子や卵子の提供を受けての出生であっても，それに対応するための法制度がないため，母は分娩の事実に基づき，父は婚姻制度の嫡出推定や認知など，既存する制度の法的効果に基づいて親子関係が成立する。これは，遺伝上の繋がりの有無に関わらず親子関係を認めることが社会通念となっているのではなく，婚姻に基づく遺伝上繋がりのある家族が「普通」として，実体を隠して制度に包摂されていると考えられよう。特別養子縁組も，精子や卵子のドナー提供による子どもの出生も，その事実を伏したいとさせる，あるいは伏さなければならないとさせる程に，婚姻に基づく夫婦とその（血縁にある）子どもという枠組みが社会的に重視されていることを現しているように思われる。

　実際の社会に目を向けると，夫婦と子どもの「家族モデル」に該当しない多様な家族形態がある。まず，離婚カップルおよび婚姻をしない者が増加し続けている現状がある。離婚件数は，1950-60年代に7万から8万件であったのが，2010年代には21万から25万件と3倍となり，1年間の婚姻件数との割合では約3分の1に該当する[3]。上述のとおり，婚外子の割合は2％前後で推移しているが，核家族世帯におけるひとり親世帯の割合は，未成年子のいる世帯全体の4分の1

（2）厚生労働省2017年人口動態統計「嫡出子――嫡出でない子別にみた年次別出生数及び百分率」。
（3）厚生労働省「平成29年（2017）人口動態統計の年間推計」。

に達している[4]。また、50歳の時点で一度も婚姻歴がない者の割合は増加し、1990年に男性の5.6％、女性の4.3％だったものが、2015年の国勢調査では男性の23.4％、女性の14.1％にまでなっている[5]。140万世帯を超えるひとり親家庭をも考慮すると[6]、男女のカップルと子どもという枠組みにはまらない家族は、もはや少数ではない。これに加えて、同性カップルや性的関係に基づかない共同生活があることも考えなければならない。日本におけるレズビアン・ゲイ・バイセクシュアル・トランスセクシュアル（LGBT）当事者の割合は6から8％になるとの調査結果があるなかで[7]、日本では、ゲイカップルおよびレズビアンカップルの法的保護がない。欧州諸国や米国各州を中心として諸外国のシビルパートナーシップ制度や同性婚を認める立法例が紹介される中で、米国連邦裁判所における同性婚合憲判決が大きな契機となり、日本においても、同性カップルの法的保護について多くの議論がなされている。しかし、現在、いくつかの地方自治体においてパートナーシップ証明制度導入の取り組みはあるにしても[8]、同性カップルの保護は法的に実現されていない。

　他方で、婚姻制度に支えられてきた家族のあり方に、ジェンダー平等やフェミニズムの視点から、内在する女性不平等の問題が繰り返し指摘されてきたし[9]、性的マイノリティのコミュニティから生まれたクィアの視点からは、社会的公序を構成する一定の家族関係にのみ、さまざまな法的効果が自動的に付与される「特権的枠組み」それ自体に批判がなされてきた[10]。これらの議論からは、家族法

（4）総務省統計局「平成27年国勢調査　世帯構造等基本集計結果」によると、夫婦と子どもからなる世帯が14,288世帯に対して、ひとり親と子どもからなる世帯は4,523世帯である。ひとり親世帯は、2000年に3,546世帯だったのが2015年は4,748世帯と増加している（夫婦からなる世帯は微減）。
（5）国立社会保障・人口問題研究所「人口統計資料集〔2017年度版〕」。
（6）厚生労働省「平成28年度全国ひとり親世帯等調査結果報告」。
（7）電通ダイバーシティ・ラボ「LGBT調査2015」によると、LGBTは7.6％、博報堂LGBT総合研究所性的マイノリティに関する意識調査によるとLGBTは、5.9％、アセクシュアルなど他の性的マイノリティを含めると、全体の8％にあたると発表。日本労働組合総連合会「LGBTに関する職場の意識調査」（2016年）によるとLGBは3.1％、アセクシュアルも含めたLGBT当事者は8.0％である。
（8）2015年に成立した「渋谷区男女平等及び多様性を尊重する社会を推進する条例」に基づいて、渋谷区は、区内20歳以上の同性カップルに「パートナーシップ証明書」を発行しており、区内で婚姻に準じた配慮を受けることができる。その他、世田谷区、宝塚市、伊賀市、那覇市、大阪市などが同様のパートナーシップ証明制度を導入している。これらは、法的に法律上の婚姻の地位を取得させるものではないが、欧米諸国におけるシビルパートナーシップ制度や同性婚を認める法制定の過程を振り返ると、各地域で証明書を発行する取り組みから始まったという経緯があり、日本においても、法的整備の過程にあるものと理解することができよう。

に求められる法的正義とは何かという根源的課題が提示されているように思われる。

　繰り返しとなるが，家族法は「夫婦」と「親子」を規定し，その関係を身分登録制度である戸籍によって「家族」の枠組みを明示し，その「家族」を社会的基礎単位として日本社会を構築してきた。この家族制度は，子どもの養育や介護を，過度に一定の個人（多くは女性）に担わせる役割を果たしてきた。家族をベースとして機能する実質的規範は，当該モデルに該当しない家族や個人をその枠組みから排除する結果をもたらしている。その枠組みから排除された家族の形態の一つが，ひとり親家庭であり，同性カップルであり，単身家族である。社会的養護のもとで育った子どもやひとり親家庭の子どもたちが，貧困をはじめとする社会的困難に加えて，「普通」ではないことや社会的排除に伴う劣等感を抱き，自尊心の低下がみられるなどの問題も指摘されているところである。グローバル経済のなかで，国際化が急速に進んでおり，民族的にも文化的にも，個々人の生活実態はますます多様化している。このような状況を踏まえると，社会の基盤であり生活の基礎を規定する「家族法」には，セクシュアリティやライフコースの多様性を受け止めて排除の構造をとらない「新たな基本原理」による再構築が求められているように思われるのである。

　英国（本稿では，イングランドおよびウェールズをいう）では，日本における民法のような包括的な家族法規定は存在しないが，コモンローを私法の一般法としてそれを修正する形で，家族に関するさまざまな法律が制定され，「家族法（Family Law）」の法領域を構築してきた。英国では，婚姻カップルに加えて婚姻外の同棲カップルに適用される法規定があり，また，同性カップルを対象とするパートナーシップ制度とともに，同性婚が認められている。生殖補助医療の処置に基づく出生では，同性カップルのみならず，単身者も，国が認めた制度に基づいて子

（9）Carole Pateman, *The Sexual Contract*, Polity press, 1988（＝中村敏子訳『社会契約と性契約：近代国家はいかに成立したのか』岩波書店，2017年）；Anthony Giddens, *The Transformation of Intimacy: Sexuality, Love and Eroticism in Modern Societies*, Polity, 1993（＝松尾精文，松川昭子訳『親密性の変容　近代社会におけるセクシュアリティ，愛情，エロティシズム』而立書房，1995年）；Martha Albertson Fineman, *The Autonomy Myth: A Theory Of Dependency*, New Pr., 2004（＝穐田信子，速水葉子訳『ケアの絆──自律神話を超えて』岩波書店，2009年），牟田和恵『ジェンダー家族を超えて　近代の生／性の政治とフェミニズム』新曜社，2006年。

（10）Gayle S. Rubin, "Thinking Sex: Notes for a Radical Theory of the Politics of Sexuality", Carole S. Vance ed., *Pleasure and Danger: Exploring Female Sexuality*, Pandora. reprint in 1992, pp.267-293；志田哲之「同性婚批判」志田哲之編『挑発するセクシュアリティ──法・社会・思想へのアプローチ』（新泉社，2009年）133-167頁。

どもをもうけることができる。ドナーからの精子提供による出生では、婚姻やパートナーシップ関係にない親との間にも、同意に基づいて法的親子関係を構築することが可能である。加えて、子どもに対する権限は、法的親子関係に限定されておらず、「親の責任（parental responsibility）」として子どもを養育する責任を取得できる。このように、家族形態や家庭生活のあり方が多様化し、それをカバーすることができる法整備がなされるほどに、「家族法」において取り扱われる「家族とは何か」が問われることになる[11]。

　離婚が増加し子どもを巡る争いが社会問題化する中で、英国では、離婚手続を、「紛争アプローチ」から子の福祉を実現するための「子ども中心アプローチ」へと転換してきた。2011年の家族司法調査委員会報告書の改正提案に基づいて行われた制度改革は、離婚手続が将来に向けた合意形成である点を強調し、子の福祉の実現やDV被害者など弱者救済に焦点をあてて家族司法制度を機能させようとするものである。このような英国家族法の変遷およびパラダイムシフトは、日本家族法の「これから」を考える上で大きな示唆を与えるに違いない。本稿では、多様な家族関係に適用可能な新たな家族法原理の可能性を模索して、英国における家族法の改正経緯と内容を分析する。

II　英国社会の変化と家族法改正の概要

（1）家族形態の多様化と社会認識の変化

　英国社会における家族の変容や社会的認識の変化について確認しよう[12]。1996年から2017年で、異性間婚外カップル家族（cohabiting couple families）は2倍以上となり、約150万から320万家族に増加している。異性間婚姻カップル家族に対する割合は、1996年に約10％であったのに対して2017年には20％となっている。カップル家族全体の数は1996年に1220万家族であったのが、少しずつ増加して2017年は1280万家族である。次に、同性カップル家族の状況について確認する。が、同性カップルが置かれている社会的状況は、1996年とその10年後で大きく変化している。2005年12月からシビルパートナーシップ制度が始まり、2014年3月

---

(11) Nigel Lowe and Gillian Douglas, *Bromley's Family Law 11th ed.*, Oxford, 2016 (hereinafter cited as *Bromley's*), pp.1-3; Stephen Gilmore and Lisa Glennon, *Hays & Williams' Family Law 5th ed.*, Oxford, 2016 (hereinafter cited as *Hays & Williams'*), pp.lxviii-lxxii; Jonathan Herring, Rebecca Probert and Stephen Gilmore, *Great Debates in Family Law*, Palgrave, 2015, pp.6-11.
(12) ここからの各データは、次の調査結果による。Office for National Statistics, *Families and Households: 2017*.

には同性カップルの婚姻が認められているからである。政府の調査によると，1996年に1万6千同性カップル家族であったのが，2017年には38万家族を超えている。その内訳は，2017年で，同性婚姻カップル家族が3万4千，シビルパートナーシップ家族が5万5千，婚姻外・パートナーシップ外カップル家族（＝同棲カップル家族）が10万1千家族である。未成年子のいる家族形態にも大きな変化がある。婚姻外カップル家族の割合が1996年から2017年で全体の7％から15％に増え，逆に，婚姻カップル家族の割合は9％減少して2017年に64％となっている。ひとり親家庭の割合に大きな変化はなく1996年に20％，2017年は21％である。

英国におけるいわゆる「伝統的家族（traditional family）」は夫婦と未成年の子どもからなる核家族であるが，1961年の段階ですでに38％しかその伝統的家族モデルに該当していない。ここで，「家族」についての社会認識調査結果について紹介したい。異性愛の離婚を伴わない婚姻夫婦および子どもで構成されている家族であると自認する者は，2011年の社会調査で16％である。同時に，「社会に認められている家族モデル（family types are valued by society today）」であると思う者は全体の63％となっている[13]。男性が稼ぎ，女性が家事をするモデルについて，1984年には賛成が43％，反対が34％であったものが，2017年には賛成が8％，反対が72％となっている[14]。77％がひとり親家庭も適切な家族であると考え，59％が同性カップルは家族になることができると確信すると回答している。一方で，83％が2011年8月のロンドン暴動の原因は家族崩壊（family breakdown）だと考えている[15]。22％が自身の家族モデルが社会から評価されていないと考え，18％が，自身が生活している家族モデルが社会から肯定的に評価判断されていると感じている[16]。この結果から，多様な家族形態の容認や，性別役割分業の是正を求める認識があると同時に，自身が属する家族形態に対する肯定感が少し低いことがわかる。

英国社会は，伝統的家族モデルに該当する家族形態が少数派に該当するだけでなく，多様な家族への評価が一般となりつつある。しかし，同時に，家族に対

---

(13) Centre for the Modern Family, *Family: Helping to understand the modern British family*, Scottish Widows, 2011, p12.
(14) The National Centre for Social Research, *British Social Attitudes: The 35th Report - Gender -*, 2018.
(15) Ibid, *Family*, p.26. 2011年ロンドン暴動は，ロンドン北部の街で黒人男性が警察官に射殺されたことをきっかけに，2011年8月に発生した暴動で，ロンドンのみならずバーミンガム，マンチェスターなどイギリス各地の都市へ拡大した。暴動に関与していたとして逮捕された者の5割以上が18歳未満で無職の若者だった。
(16) Ibid, *Family*, p.26.

して一定の価値を認め，家族崩壊は社会問題の一つであると考える傾向にある。家族モデルが急速に変化したのは，1960年代にはすでにはじまる離婚の増加が要因している。1980年代後半には，婚外家族，ひとり親家族ともに増加している。その後，20年を経て，多様な家族形態が社会的に評価できる家族として認められるに至ると考えることができる。とりわけて，セクシュアリティやジェンダーに基づく公的な認識は大きく変化したといえるだろう。一方で，レズビアン，ゲイ，バイセクシュアル，トランスジェンダー（Lesbian, Gay, Bisexual, Transgender：LGBT）等の性的マイノリティを対象とした社会調査では，生活における差別や差別に基づく危害があるとの調査結果が報告されている[17]。

（2）英国家族法改正の主な方向性

英国家族法の変遷をみるうえで重要なポイントの一つが，離婚法における基本方針の転換である。1969年に離婚における事実上の破綻主義を採用し（1969年家族法改正法：the Family Law Reform Act 1969），その後，1996年家族に関する法（the Family Law Act 1996）により，離婚訴訟における訴訟の争点を，過去の過失を争うことではなく（no-fault），離婚後の将来の事項とした。これらの改正の背景に，前述に示した離婚の急増がある。裁判離婚を前提とする英国では，離婚手続において相手方の有責性を証明することに焦点があてられるため，訴訟経済的な問題が指摘されていた。離婚の際に離婚を成立させるための一方当事者の過失を争わせるよりも，一定の事実で破綻による離婚を認めることとし，将来の取り決め，すなわち，子どもを中心に取り扱うこととした。この「子ども中心アプローチ」が，第1の方向性である。現行法における子どもを取り扱う法の基本法は，1989年児童法（Children Act 1989）である。同法は，子どもの養育に関する命令を私人が申し立てる民事手続と，児童虐待などの場面で行政が介入する公的手続の両方を規定し，子どもに関する基本法を構成している。「子の福祉」を裁判所の至高の考慮事項であるとする同法により，家族が関わる場面も行政が関わる場面も，同じ法原理の下で裁判所の命令という形で裁判所の判決が介入する。

第2の方向性は，婚姻外の共同生活である同棲（cohabitation）に婚姻と同様の法的効果を認めることになったことである。旧来，婚姻外の性交渉は密通の罪（fornication）とされ，そのような男女間の財産契約は公序に反して無効とされていた。婚姻前の同居や婚姻外の同居が増加する中で，裁判所は，同棲をする男女の財産契約を有効とし，また，住居の所有者である一方が他界した際に，同棲し

---

[17] Government Equality Office, *National LGBT Survey: Summary report*, 2018.

ていた他方に引き続き居住する契約上のライセンスを認め[18]，加えて，家屋の賃貸借において賃借人が死亡した際にその家族が賃借人の地位を取得する借家法（the Rent Act）が，同棲する者にも適用されると判示した[19]。1975年相続（家族および被扶養者のための条項）法（the Inheritance (Provision for Family and Dependents) Act 1975）は，扶養されていた同棲のパートナーに，死後の財産に対しての主張を認め，その他の改正で，遺族の損害賠償請求や借地・借家法の規定において，同棲のパートナーも婚姻の有無に拘わらず「夫および妻として一緒に生活する者」となることが明記された。1996年家族に関する法（the Family Law Act 1996）は，「同棲（cohabitation）」を法律用語として明記し，主張可能な諸権利について規定した。同法は，婚姻やパートナーシップがなされていなくても，夫と妻あるいはトナーシップとして2人が同居している場合には，ドメスティック・バイオレンス（DV）の事例において居住命令（occupation order）や虐待禁止命令（non-molestation order）を受けることを可能にし，社会保障負担費及び給付に関する法（the Social Security Contributions and Benefit Act 1992）では，社会保障控除を受けることができる「2人（a couple）」について，「婚姻をしていない夫と妻として同居する男と女」を含み，同様の条項が同性同居者にも適用される。婚姻外の共同生活を完全に婚姻と同様に取り扱うかどうかについては議論があり実現していないが，DV被害者の救済や関係が破綻した際の子どもに関する取り決め，一方が死亡した際の住居（家族の家＝family home）など，法的効果を及ぼす必要性が高い領域で，家族法規定を機能的に展開させている。同棲カップル家族が増えた理由として，婚姻前に同居をすることが通常になったこと，伝統的ないわゆる婚姻という「契約」やそれに基づく役割分業を否定するなど，婚姻を選択しない積極的な共同生活が増えたことがあげられている[20]。英国では，このように，真正面から同棲という共同生活を保護対象として法制定するに至っている。

　第3の方向性は，家庭内の暴力への国家の介入である。1976年ドメスティックバイオレンスおよび婚姻法手続に関する法律（the Domestic Violence and Matrimonial Proceedings Act 1976）は，夫婦や同棲する者に被虐待命令（non-molestation order）や仮退去命令（ouster injunction）を可能にした。現在，これらの命令は，1996年家族に関する法（the Family Law Act 1996）の第2編に規定

---

(18) Tanner v Tanner [1975] 3 All ER 776, CA.
(19) Dyson Holdings Ltd v Fox [1976] QB 503, CA.
(20) Ibid, *Browly's*, pp. 6-7.

されている。英国は，1986年に「女性に対するあらゆる形態の差別の撤廃に関する条約」に批准し，女性運動による働きかけもあり，DV被害者の保護とDV被害のサバイバー支援について，法改正と運用の改善がなされてきた。労働党政権下の「安全と正義：ドメスティック・バイオレンスに対する政府政策（SAFETY AND JUSTICE: The Government's Proposals on Domestic Violence）」（2003年）[21]があり，保守党連立政権への移行後は，2010年に「女性に対する暴力撲滅政策（Call to End Violence against Women and Girls）」[22]が公表され，包括的で効果的な被害者の救済および予防，その後の支援について政策的に制度構築されている。とくに，警察による介入が効果的であるとして，警察司法制度改革がなされ，救済・予防・支援政策では，各機関連携リスクアセスメント会議（Multi-Agency Risk Assessment Conferences, MARACs）の導入，専門家のトレーニングによる運用の改善などが実施されている。DVの前歴記録がある者について，警察が同居している者に情報提供をするスキームの導入もなされ，警察，地方当局，医療機関，保護監察部など多機関の連携による家族内での犯罪の防止（主に女性および子どもの保護）が目指されている。DV被害からの救済は，刑事手続，民事手続，行政の福祉支援を総合して図られるが，これが家族法の一部を構成しているのがその特徴である。

　第4の方向性は，同性カップルの家族としての法的保護である。裁判所は，借家法の領域で，借家人の死亡後にその同性パートナーについて「亡き借家人の家族」として，異性パートナーと同様に借地人の地位の承継を認めた[23]。2004年に同性カップルを対象にシビルパートナーシップ法（the Civil Partnership Act 2004）が制定され，2013年には同性婚を認める法が制定され（the Marriage (Same Sex Couples) Act 2013）2014年より婚姻も可能となった。

　第5の方向性は，裁判所の裁量的，後見的な介入をさけて，当事者の決定を優先する方針である。英国では，裁判離婚を原則としてきたが，離婚の破綻主義採用を契機に，ペーパーワークとして裁判所の離婚手続きが運用されるようになっ

---

[21] Cm 5847.
[22] HM Government, *Call to End Violence against Women and Girls: strategic vision*, 2010. 同政策提言では，DV被害者がイングランドおよびウェールズに100万人，毎年，30万人以上の女性が性的に侵害され，6万人の女性がレイプされていると報告する。そして，英国全体で，少なくとも4人に1人もの女性が家庭内の虐待にあう経験をしていると述べる。本政策は「女性および女子に対する暴力撲滅に向けて：2016-2020戦略的政策（Ending Violence against Women and Girls: strategy 2016-2020）」（HM Government, 2016）へと展開している。
[23] Fitzpatrick v Sterling Housing Association Ltd [2001] 1 AC 27, HL.

ている。そのため，実際に裁判所で争う事案は，子どもの養育に関する事項について父母が争う場合となるが，DVなど危険がある場合を除いて，調停前置主義が採用されることとなった。また，裁判になった際の弁護士費用等の扶助を受けられる者が極めて厳格に制限されることとなり，当事者にその解決がゆだねられる，あるいは裁判所における解決を断念せざるを得ない場面が広がっている。これは，一連の司法制度改革による結果である。一方で，児童虐待やDVがある事案では，調停を実施してはならず，裁判所が安全確認を行う手続規定が整備され，裁判所の役割がより明確になったともいえる。

以下に，次章より取り扱う重要な法改正について時系列に提示しておく。
・1949年子ども法：the Children Act 1946
地方当局に養育に欠ける子に養育する義務を負わせる。
・1969年家族法改正法：the Family Law Reform Act 1969
離婚に破綻主義を採用。
・1989年児童法：the Children Act 1989
民事手続及び子の保護を規定する子どもに関する包括的基本法を制定。
・1990年受精および発生学法：the Human Fertilisation and Embryology Act 1990
ヒト胚研究の管理と人工生殖補助医療について制定。
・1991年児童扶養法：the Child Support Act 1991
養育費の取立制度の導入。父の捜索から取立までを政府が支援。
・1996年家族に関する法：the Family Law Act 1996
離婚を手続上も簡便にし，子ども中心アプローチを採用。
・2002年養子および児童に関する法：the Adoption Children Act 2002
オープン・アダプションの基本方針で子の福祉のため養子制度に全面改正。
・2004年児童法：the Children Act 2004
関係機関の連携，履行確保制度，子ども委員を制定。
・2004年シビルパートナーシップ法：the Civil Partnership Act 2004
同性カップルのシビルパートナーシップ登録に関する法の制定。
・2008年受精および発生学法：the Human Fertilisation and Embryology Act 2008
婚姻・同棲関係にない者や同性女性カップルの一方に親の地位を認める。
・2013年婚姻（同性カップル）法：the Marriage (Same Sex Couple) Act 2013
同性カップルの婚姻を認める。
・2014年児童および家族に関する法：the Children and Families Act 201

司法制度改革の提言に基づく改正。父母の関わりが子の利益になるとする推定を規定。

III　法　的　家　族

(1) カップルの法的保護

英国では，法的な効果が発生する家族の関係に，婚姻（異性間），同性間の婚姻，シビルパートナーシップ（同性間），そしてコモンロー上の婚姻（common law marriage，法律用語では同棲（cohabitation））がある。同性間カップルのシビルパートナーシップと婚姻は，異性間の婚姻と同じ法的効果を与える。

自認する性への性別変更については，2004年性認証法（the Gender Recognition Act 2004）によって認められ，性別が変更されると，その性に基づいてその他の規定が適用される。性別変更の要件は，性同一性障害であること，2年以上獲得した性で生活をしていること，死亡の時まで獲得した性で生活する意思があること，登録医療機関による診断書を提出することであり，性適合手術は要件ではない（§2（1）of Gender Recognition Act 2004）。現在，性自認法のあり方について改正の検討がなされている。英国では与えられている性別と性自認が異なるトランスジェンダーが，20万から50万人いると推測されているが，そのあり方は多様で，男にも女にも属しないと感じる者，自認する性に揺らぎがあるなど，一様ではないことが指摘されている。社会での生活に困難が生じている者が多く，とりわけて若年層における自殺や自傷が深刻であることから，対策の必要性が確認されている。そして，現行法の性別変更の要件にある医療機関の診断書には高い費用がかかり，性同一性障害の治療は，国民医療サービス（National Health Service, NHS）として受けられるが，その長い受診待ちリストも問題となっている。このように，そのスティグマを与える手続と変更するハードルの高さが問題とされている。加えて，変更しても，それは出生証明書の新たな発行に過ぎず，医療証から運転免許証，銀行口座まで，さまざまな社会生活上の煩雑な事務は，別途，解決する必要があることなど指摘されており，改正に向けて政府のコンサルタント・ペーパーが出されている過程にある[24]。

異性間の婚姻と同性間の婚姻の取り扱いには，少し違いがある。同性間の婚姻では，「婚姻を完全なものにする性交（consummation）」の欠如が婚姻の取消事由

---

[24] Minister for Women and Equalities, *Reform of the Gender Recognition Act – Government Consultation*, July 2018.

にならず，不貞行為が離婚理由にならない。シビルパートナーシップは，同性間カップルのみに認められており，婚姻やシビルパートナーにある者，15歳以下，近親間に認められないことから，その基準は，重婚や近親婚を認めない従来の婚姻と同様である（§3 of CPA）。一方で，婚姻では性病が婚姻の取消事由になるのに対して（§12（e）of MCA）[25]，シビルパートナーシップでは取消事由にならない（§50（1）of CPA）。このように，同性間のカップルの制度には，「性」の独占について法的に取り扱わないが，その他の，重婚等を認めないモノガミーを前提にした，一定の親族間のカップル関係を認めないという点においては異性間の婚姻と同一の法的関係ということになる。

コモンロー上の婚姻として，同棲カップルに法的保護が与えられるための要件は「夫および妻として共同生活をしていること（living together as husband and wife）」であり，裁判所は，同性カップルにもその適用を認めている[26]。同棲カップルの法的保護は広範にわたるが，関係の解消に裁判所の特別な介入がないほか，子どもの養育費を除いて，離婚後扶養や財産分与，婚姻中の扶養義務，法定相続，相続における税制上の優遇がないなどの相違がある[27]。一方で，財産の帰属については，信託法理に基づいて意思に基づく，信託および解釈上の信託を認定することにより共同生活中に取得した財産について，その実際の支出の割合に関係なくその帰属を裁判所で争うことができる。

（2）法的親子の地位

子どもとの関係には親を示す「母」「父」「親」と法的な養育の権限を示す「親の責任（parental responsibility）」は峻別されている。親の責任は法的親でなくても取得することができ，子どもの養育に関しての権限を法的に取得していることを示す。一方で，法的親でも，親の責任を有しない者もいる。親の責任については本稿第5章にて詳細を述べるが，ここでは，法的家族を構成する子どもと親の

---

[25] 1973年婚姻法（the Matrimonial Causes Act 1973, MCA）。
[26] Ghaidan v Godin Mendoza [2004] 2 AC 556（HL）。大法官は，20年同居した一方が死亡した本事件で，1977年借家法（the Rent Act 1977）の保護を同性カップルの他方に認めた。
[27] 婚外関係にあるカップルの解消において，同棲関係に基づく法的効果を婚姻関係に近づけるための改正が試みられてきた。2007年の法制審議会の報告書「同棲：関係解消時の財産的取扱いについて」（*Cohabitation: the financial consequences of relationship breakdown*, Cm 7182.）で提案されて，当時の労働党政権，その後の保守党連立政権で見送られたが，2018年に改正に向けた報告書「コモンロー上の婚姻および同棲」（Catherin Fairbairn, *"Common law marriage" and cohabitation*, House of Commons Library Briefing Paper no.03372, 2018）が公表されている。

関係について確認したい。

「母」の地位は分娩により取得する（§3 of HFEA 2008）[28]。ドナーによる卵子提供であっても，代理母による出産の場合でも，分娩する者が母となる。「父」の地位は，コモンロー上，生物学上の父に与えられるものとされる。分娩の母と婚姻関係にある者，出生証明書に父として登録されている者，母が妊娠した際に一緒に過ごしているなどの周知性があり父であることを示す明らかな証拠がある者は，父であることの推定を受ける。ここにいう推定は，遺伝上の繋がりのある父を意味する。よって，ドナーから精子提供を受けた出産の場合や同性カップルの女性との関係では当該推定は受けない。父の推定を受けることができない場合，DNA鑑定などの生物学的試験を裁判所に申し立て，遺伝的つながりを証明できた場合のみ「父」となることができる。裁判所は，子どもが遺伝上の親を知ることが子どもにとって重要であると示している[29]。しかしながら，当該命令は，子の利益になる場合に限定されることになるため，子どもに深刻な危害が発生すると思われる場合には裁判所は生物学的試験の命令を出さない[30]。

生殖補助医療の処置を受けてなされた出産について，母と婚姻関係あるいはシビルパートナーシップ関係にある者（その母の生殖補助医療の処置に同意しなかった者を除く）（§35 and 42 of HFEA 2008），婚姻外の場合には，英国内の認可された者による医療処置による懐胎において父（あるいは親）になることに有効な同意をし，かつ，その懐胎時に生存していた者（§36 and 43 of HFEA 2008）は，父あるいは親（同性パートナーの女性は母となるのではなく親（parent））となる。上記の適用を受けず，同意に基づく父あるいは親が不在の場合には，遺伝的つながりのある者，すなわち，ドナーとして精子を提供した者が父となる[31]。

生物学上の親が誰であるかについて「親の宣言（declaration of parentage）」を，「誰でも」裁判所に申し立てることができる（55A of FLA 1986）[32]。かつては，親の宣言を受ける子のみに申立権が認められていたが，1991年児童扶養法（the

---

(28) 2008年受精および発生学法（the Human Fertilisation and Embryology Act 2008）。
(29) Re H & A (Paternity: Blood Tests) [2002] 1 FLR 1145.
(30) J v C (Void Marriage: Status of Children) [2007] Fam 1.
(31) Leeds Teaching Hospitals NHS Trust v A and others [2003] EWHC 259 (QB) は，妻と生殖補助医療の処置を受けていたAについて，認可されている当該病院が，過誤によりAの精子を異なる女性の懐胎に用いた事件で，その女性の婚姻関係にある男性が同意していないことが明かであったため，Aが父であると判示した。
(32) 2000年子どもの扶養，年金および社会保障に関する法律第83条（the Child Support, Pensions and Social Security Act 2000）による1986年家族法第55A条（the Family Law Act 1986）の制定。

Child Support Act 1991）が，養育費の責任を負わせる目的の範囲で国務大臣に同様の申立てを可能にしていたこと，子どもの出自を知る権利の要請が高まっていたことから，誰もが各自の権限において申し立てることができるように改正された。しかし，この申立てに対して，申立者に固有の利益がない限り，裁判所は職権でその申立てを受理するかどうかを判断することができる（55A（3）of FLA 1986）。養子命令を受けて養親の家庭で育った39歳の者が申し立てた事案で，裁判所は，「全ての養子にとって，その者の生い立ちを知ることには高い価値がある」と判示している（M v W (Declaration of Parentage)［2007］2 FLR 270）[33]。「親の宣言」は登録官（the Register-General）に知らされ出生証明書等の修正がなされるが，養子命令や既存の親の責任に，この裁判所の判決は何ら影響を与えない。

　子どもとの家族関係を構築するもう一つの制度が，養親子関係である。裁判所による養子がなされると，親が有する親の責任は養親に移転して終了する。すなわち，日本の普通養子縁組に該当する養子制度はない。しかし，親の情報が伏せられることはなく，親の情報は養子情報に記載され関係者にオープンにされる[34]。養子命令を申し立てることができるのは，婚姻およびシビルパートナーカップル，同棲カップル（異性間，同性間を問わない），22歳以上の単身者である。養子命令には，親の責任を有しない婚姻外の父[35]を除く全員の親，特別後見人，親の責任を有する者の同意が必要である（§52 of ACA 2002）。

　以上のように，英国現行法における法的効果が及ぼされる「家族」には，婚姻（同性間，異性間）カップル，シビルパートナーシップカップル，同棲（同性間，異性間）カップル，（遺伝子上，生殖補助医療の処置を受ける同意に基づく）親子，養親子，親の責任関係にある者と子どもとの関係がある。カップル間では，制度に基づく関係と，夫婦として生活をする実態に基づく関係とがある。子どもとその他の家族メンバーとの関係では，法的親子の関係とそれと峻別される養育関係とが重複して規定されている。では次に，それらの関係を，カップル間（第4章），

---

[33] 本事案は，申立権者であり，養子命令がなされたMの出生登録書には，「父不明（Father Unknown）」と記載されており，養子情報に記載ある父Fは，申立時においてすでに死亡していた。Mは，「父不明（Father Unknown）」の記載がスティグマとなってきたと主張し，「親の宣言」を申し立てたものである。本事案では，親の宣言が養子命令になんら影響を与えないことをあわせて判示している。

[34] このいわゆるオープン・アダプションは，2002年養子および児童法（the Adoption and Children Act 2002）によって導入された。同法により，単身者や同性カップルの養子決定も認められることとなった。

[35] 親の責任を有しない婚姻外の父も，原則として養子手続き開始について通知を受け，意見を述べることができる。

子どもとの関係（第5章）と，それぞれ確認していきたい。

Ⅳ　婚姻・ジェンダー・セクシュアリティ

（1）離婚と女性

　婚姻制度は，かつて，近代家父長制に基づく家族を制度として保障してきた[36]。婚姻を国家が統治し，国家による家族の公序を構成するとともに，公私二分論によって法が家庭に介入しないという形で，夫が家族内の女（妻）および子どもを支配する権限を制度が保障した。英国では，1753年婚姻法により，議会法が婚姻に関する事項について教会を拘束することとなり，1836年に，出生，婚姻および死亡の登録制度が導入され（the Registration of Birth, Marriages, and Deaths. 登録開始は1837年），国家（議会）による婚姻を基準とした市民の管理が始まる。当時のコモンローの下では，婚姻中，妻は財産権を有さず，妻の財産は夫の管理のもとに置かれた。1857年婚姻に関する法（Matrimonial Causes Act 1857）が，はじめて，教会ではなく裁判所が離婚の判決を出せるとしたが，そのためには，相手方に不貞行為があり，離婚の申立者に罪がないことを証明しなくてはならなかった。また，多額な費用がかかるため，とりわけ労働者階級の女性には離婚は難しいことであった。その後，妻が，夫の暴力からの保護を裁判所に申し立てることを可能にする1878年婚姻法（the Matrimonial Causes Act of 1878）が成立し，離婚ができない場合にも，裁判所から別居命令を取得することによって，夫の暴力から逃れることができる途が開かれた。離婚には，不貞行為の事実に加えて，暴力や遺棄，虐待が必要で，さらに高額な費用がかかったため，横暴な夫であっても，妻は，苦しい婚姻生活に縛り付けられていた。また，離婚が成立すると，その女性は夫の支配から逃れることができるが，子どもに対する権限は何も取得することができなかった。女性運動の末に，1873年子の監護に関する法（the Custody of Infant Act 1873）が制定され，母が，16歳以下の子どもについて監護あるいは面会を裁判所に申し立てることができることとなった。しかし，原則として父が監護権を取得し，母に監護権が認められるのは，父に浪費など特別な事情がある場合にすぎなかった。なお，婚姻している女性に財産管理を認めたのが1882年法，妻が夫の財産を相続できるようにしたのが1922年法，妻に財産の処分権を取得させたのが1926年の法改正であり，妻が平等な法的地位を取得するまで

---

[36] 英国における婚姻制度の歴史については次の文献を参照している。Stephen Cretney, *Family Law In The Twentieth Century: A History*, Oxford Univ Pr, 2005.

長年の年月を必要とした。これらの改正も，1870年代から長期にわたって繰り広げられた女性団体の運動の成果である。離婚法の改正に向けて，1910年前後には大規模な女性運動が展開されていたが(37)，離婚理由を広げるための離婚改正法案は議会を通過しなかった。離婚を求める女性たちの社会運動はさらなる広まりを見せたが，議会の姿勢はなかなか変わらず，実際に改正に結びつくのは，女性に参政権が認められてからの進展が大きかったとされる。ようやく，1937年婚姻法（the Matrimonial Causes Act 1937）で，不貞行為以外の離婚理由，たとえば遺棄や虐待が離婚理由に認められた。大きな転機が1969年離婚法（the Divorce Reform Act 1969）で，両者が離婚に同意する限りにおいて，回復しがたい破綻（irretrievable breakdown）による離婚を認める破綻主義が採用された。1960年代，離婚が急増していて，社会における家族のあり方に大きな変化をもたらしていた。離婚は，婚姻生活からの女性の解放をも意味し，特に，家庭内の暴力や不当な扱いからの保護を女性たちが求めたものでもあった。1973年婚姻に関する法律（the Matrimonial Causes Act 1973）は，離婚に伴う経済的救済や財産分与について規定した。これらの規定は，離婚に伴う女性の経済的困難に対応するためのものであり，住居や一方名義財産の信託法理に基づく帰属の配分，子どもの養育環境を考慮した一定の財産の給付は定期的扶養をその内容とする。

　婚姻を「一生のもの」とする伝統的価値観がある中で，離婚について積極的に制定することに対して，保守層からの反感は大きい。1993年，政府は，コンサルタント・ペーパーで，次のように改正の必要性を説明する(38)。

　　多くの婚姻が崩壊していると事実を認識しないでおこうとすることに先はないし，有害でもある。その原因は社会構造に深く横たわっている。たとえ，政府が家族関係（の継続）に働きかけたいと考えても，婚姻崩壊の段階ではそのような力はもはやない。そして，法を改正することで婚姻を救済することができないことは明らかである。

　1996年の法案は，離婚までの考慮期間を設ける「段階的離婚（a series of

---

(37) 英国では，1910年頃からサフラジェット（Suffragettes）と呼ばれる女性参政権を求める女性たちの運動が活発となって激しさを増し，1918年に一部の女性に参政権が与えられた。普通選挙権の実現は1928年の法（the Representation of the People (Equal Franchise) Act 1928）による。

(38) HM Government, *Consultation Paper: Looking to the future - Mediation and the ground for divorce*, 1993, para. 1.3.

steps)」を含んでいるが，これについては未だ施行されていない。法改正によって離婚のための証明に過失が不要となり，簡便な手続となった。1996年家族に関する法は，「過去の過失を問わず（no-fault），将来に向けた（for future）子ども中心（child-centred）アプローチ」をとり，「住居（family home）」の取り扱いについての信託法理や，住居への占有命令（occupation order）について規定するとともに，虐待禁止命令やDVに基づく諸命令について規定した（part IV of FLA 1996）。

（2）性的指向と婚姻制度

同性カップルの法的保護について，1990年代より議論は高まっていたが，英国は，その保護に積極的な国というわけではなかった。欧州連合諸国をみると，オランダでは，1998年にパートナーシップ法，2001年に同性婚を認める法律が成立している。ベルギーは，同棲としての保護を1998年に，同性婚を2002年に認めている。フランスでは，1999年にパックス（民事連帯契約）について民法典に規定され，同性婚を認める法の成立は2013年である。

英国が批准する欧州人権条約（European Convention on Human Rights）は，婚姻の権利（art.12 of ECHR），家庭生活や私的生活の権利（art.8 of ECHR）を定め，あわせて，性別に基づくものを含むあらゆる差別を禁止する（art.14 of ECHR）[39]。欧州人権裁判所（European Court of Human Rights）は，婚姻とそれによる家族の形成が同性カップルに認められることを欧州人権条約が要請しているかどうかについて，本条が伝統的男女のカップルを保護対象とし，その制限や拡張は各国の制定によると判示している[40]。他方で，欧州人権条約第8条の家庭生活の権利について，同性カップルであることを理由に差別的取扱いをすることが第14条の差別禁止規定に違反するとしている[41]。2000年の欧州連合基本権憲章（Charter of Fundamental Rights of European Union）第9条に婚姻及び家族形成の権利が定

---

(39) 欧州人権条約の同性カップルの法的保護に関する解釈について，渡邊泰彦「ヨーロッパ人権条約における同性婚と登録パートナーシップ——ヨーロッパ人権裁判所シャルクとコプフ対オーストラリア事件とその後のオーストリア憲法裁判所判例より」産大法学47巻1号（2013年）51-100頁，田巻帝子「同性パートナーへの社員家族割の適用と性差別——グラント対サウスウェスト鉄道会社」，馬場里美「遺族年金の同性パートナーへの支給——ヤング対オーストリア」，齋藤恵美子「同性パートナーの居住権」谷口洋幸ほか編『性的マイノリティ判例解説』（信山社，2011年）145-147頁．
(40) C v UK App No 14753/89（9 October 1989, unreported）.
(41) Salgueiro da Silva Mouta v Portugal，［2001］1 FCR 653，［1999］ECHR 33290/96；Karner v Austria［2003］2 FLR 623，［2003］ECHR 40016/98.

められているが，本条について，欧州人権裁判所は，シビルパートナーシップや同性婚として同性カップルの保護を制度的に保障するかどうかは，各国の裁量に任せられると判示している[42]。

英国では，「婚姻の権利（right to marry）」および「家庭生活（right to family life）」や「私的生活（private life）」は，個人の自由を保障し，国家からの介入を排除する基本的権利として認識されている[43]。また，欧州人権条約にある婚姻の権利，家庭生活，私生活の権利等の諸権利は，欧州人権条約を国内で効力を及ぼすために制定された1998年人権保護法（the Human Right Act 1998）に組み込まれ規定されている。家族として法により取り扱われることについて，扶養や生活費負担，離別時の財産の取扱い，住居などの問題への信託法理の適用など，家族であることから取得する法的効果のみならず，病院入院時の面会や葬儀における立場など，法的効果だけではない社会的意義も大きいと指摘されていた。英国における同性カップルの法的保護は，まず，議員立法議案として，2001年に「10分枠（the Ten Minute Rule）」でシビルパートナーシップ法案が議会に提示されたのを始まりとする。本議案は，第2回リーディングがなされたがそのまま持ち越され廃案となったが，その議案では，同性カップルのみならず異性カップルを含む「全てのカップル」を対象としていた。それをベースに政府は検討を進め，2003年に同性カップルのみを対象とする案のコンサルタント・ペーパーを提示した[44]。政府は，シビルパートナーシップ制度について次のように説明する。

> シビルパートナーシップ登録は，婚姻をすることができないイングランドおよびウェールズの同性カップルにとって，重要な平等法案となるだろう。シビルパートナーシップ登録は，同性パートナーに法的承認を与え，永続的な関係を考える相互に依存する同性の関係（relationship）に正当性（legitimacy）を与えるであろう。その登録は，同性カップルがお互いの責任を承認し，財産的管理やお互いをパートナーであると認識することができる基礎（framework）を提供する。信頼関係に基づく同性カップルの関係が認められ登録されたパートナーは，権利と責任を取得し，その責任は，お互いの生活の中での役割が重要であることを現わす。結果として，より安定した家族生活（family life）を促すことになる。…これは公的登録制度であり，政府には

---

[42] Schalk and Kopf v Austria, [2011] 2 FCR 650, [2010] ECHR 30141/04.
[43] Ibid, *Bromley's*, p.35; Ibid, Hayes & Williams', p.5.
[44] DTI Women and Equality Unit, *Civil Partnership: A framework for the legal recognition of same-sex couple*, 2003.

同性婚を導入する計画はない。[45]

　このように，政府見解として，社会承認や正当性（legitimacy），永続性，家族生活という婚姻において重視する要素を用いて説明しながらも，ここにいうシビルパートナーシップ登録が，婚姻とは別のものであることを明示していた。ここで，Wilkinson v. Kizinger[46]事件を確認したい。本事案は，13年間一緒に暮らすイングランド在住のレズビアンカップルが，カナダのブリティッシュコロンビアで婚姻をし，英国法における当該婚姻の有効性を争った事件である。本事案の提訴は2003年で，シビルパートナーシップ制度開始の前であるが，控訴審判決は2006年で，控訴審における審議はシビルパートナーシップ制度の導入後となる。原告は，シビルパートナーシップではなく，婚姻としての効果を求めて次のように主張した。

　　私は，…この婚姻がシビルパートナーシップであると偽ることを，受け入れることはできません。…婚姻が異性カップルのみに開かれていて，レズビアンおよびゲイにはシビルパートナーシップという「残念賞」が整備されるというのは，不快で卑しめです。婚姻は，私たちの社会においてカップルの関係を承認するための基礎的な社会制度で，この社会制度への参加は平等権の問題です。

　判決理由の中で，裁判所は，婚姻について改めて判例を確認した。すなわち，英国コモンローにおいて婚姻とは，「一人の男と一人の女の生涯における自由意思に基づく結合であり，他の全ての者たちを排除する結合である」（Hyde v Hyde[47]）。そして，婚姻法が，当事者の性別を婚姻の要件にしていることについて，2003年のBellinger v. Bellinger 事件[48]の判例を確認し，同性カップルの婚姻の保護は議会が検討することであり，1989年人権保護法の解釈として裁判所が解決できる問題ではないとした。加えて，裁判所は，シビルパートナーシップ法の制定過程における議員の発言を引用している。まず，貴族院での女性男爵スコッ

---

(45) Ibid, paras.1.2-1.3.
(46) [2006] EWHC 2022 (Fam); [2006] H.R.L.R. 36.
(47) [1866] L.R. 1 P. & D. 130.
(48) [2003] A.C. 467; [2003] H.R.L.R. 22. 本事案は，性自認が女性である男性が，性適合手術を受けた後で，他の男性との婚姻の有効性を争った事件で，裁判所は申立てを棄却している。

トランドの主張である。

> （この法案は）同性カップルが現行法の適用によって直面する損害（disadvantage）に非宗教的（secular）な解決を与えるものである。この法案は，婚姻の重要性を損なわせたり，弱体化させたりするものではない。そして，我々は，このシビルパートナーシップを異性カップルに開放しない。シビルパートナーシップは，婚姻することができない同性カップルを対象とするものである。我々は，婚姻制度を支援し続ける。婚姻が異性カップルの子育てに最も確実な基盤であることを確認することが重要である。

続けて，裁判所は，女性及び平等のための副大臣，ジャックリーヌ・スミスの説明を引用する。

> …この法案は，信頼に基づく（committed）安定した同性の関係（relationships）が重要であるとのことの明確なメッセージである。…両議会は，婚姻の特別な宗教的意味合いを理解し，強くそれについて意識している。そのようなことから，政府は，同性カップルの問題の解決に非宗教的アプローチを採用している。また他の者は，これは21世紀にふさわしい現代的なものだと主張している。

裁判所は，シビルパートナーシップ制度が「二級の（second-class）」制度として導入されたのではないと示し，欧州人権条約上も問題がないと判示した。英国にいう宗教的意味合いを，社会制度や価値観に根ざした伝統的文化の一部であると理解すると，ここで重要な点は，婚姻制度を異性カップルに限定することの正当化根拠に，「子どもをもうけ子育てがなされる」という婚姻制度に求められた社会的要請があげられていることである。本裁判がなされていた時期は，2000年代前半であり，米国においてプロマリッジ運動（婚姻奨励運動）が盛んになっていた時期と重なる[49]。なお，プロマリッジ運動で主張される論拠は，母子家庭の社会福祉経費や若年者の犯罪，薬物依存などを，婚姻の破綻やシングルマザー

---

[49] Family Research Council などのプロマリッジ，LGBT カップル保護に反対する団体は，家族の機能としての子の養育を重視し，婚姻家族に対する優遇的政策を奨励する。同時期の，社会家族政策について，Vivian Hamilton, "Making Marriage for Social Policy," 11 Va. J. Soc. Pol'y & L. 307; Marsha Garrison, "Reviving Marriage: Could We? Should We?," 10 J. L. Fam. Stud. 279.

の問題と主張するところに特徴がある。

　司法的判断として議会にゆだねられた同性婚導入の判断は，同性婚実現を政策に掲げた保守党連立政権が2010年に成立したことから導入に向けて動き出し，2012年に同性婚を認める法制定の計画が発表され，2013年に同性婚を認める法案が議会を通過した。しかし，政策を推し進めた保守党内および支持団体の中でも反対意見があわせて高まりを見せていたため，保守党は，議員を非拘束として議決するに至った。

　セクシュアリティやジェンダーに基づく差別を是正するための重要な法律が，2010年平等法（the Equality Act 2010）である。この法律は，性差別禁止法，人種差別禁止法，障がい者差別禁止法の各法律をまとめた上で，性指向差別なども特定の差別類型に加えたものである。同法に基づいて，政府および地方当局は，社会的，経済的不平等の是正を図る義務を負う。現在，英国では，学校教育におけるLGB教育について，カリキュラムとして義務化している。

V　子ども法の展開

　英国家族法の展開で最も重要となるのが「子ども」である。その特徴は，家族法という枠組みを超えて「子ども法」の領域が構築されていったことであろう。本稿では，保育や教育などの領域はカバーしないが，民事手続に限定せず，児童虐待等がある場合の公的手続を含めて「子の養育」に焦点を当ててその展開を確認したい。まず，1989年児童法が制定されるまでのコモンロー上で認められてきた「親権（parental right）」の変遷から振り返りたい。

1　1989年児童法の制定

「子ども」と国家の介入

　親権は，国（および地方当局）との関係から問題にされ，その権利的側面と義務的側面とが明らかにされてきた。最初に国が子どもに関心を寄せたのは，孤児や遺棄された子どもたちである。その法的基盤を担ってきたのが，救貧法（the Poor Law）[50]であり，1601年救貧法は，父の子に対する扶養義務を明らかにした。

---

(50)　制定法である救貧法は，1601年にエリザベス救貧法（the Elizabethan Poor Law）に始まる。1601年法は，親族の一般的な扶養義務に基づいて，義務を怠った者に対する法的制裁を規定し，その範囲は親，祖父母，子どもであった。現在，その範囲は，未成年子に対するもの（1991年児童扶養法）と夫婦間に限定されている（1948年生活保護法，the National Assistance Act 1948）。

救貧法の時代には，その扶養義務者の範囲が一定の親族まで及んでいたが，現在は，児童扶養法（the Child Support Act 1991）等により，同居しない子どもおよび配偶者にその責任の範囲は制限されている。その後の1889年救貧法は，遺棄された子について，救貧後見人に全ての権限を与えた。英国における国の子どもに対する責任（あるいは権限）は，この救貧法の発展にその源があると理解されている[51]。そして，次の改正法となる1899年救貧法は，親に精神的障害や悪しき習慣生活があり子の管理が不適切であると認められた場合に，親の権限を救貧後見人に与えることができると定めた。一方で，1913年救貧施設規定（the Poor Law Institution Order 1913）は，3歳以上の健康な子どもを救貧院に6ヵ月以上とどめることを違法とした。その後に，救貧後見人が子どもに対する権限を行使するというものから，地方当局が子どもの養育を担う責任を負うという枠組みへと転換されていく。このように，子どもに対する最終的な責任が，地方当局（国）にあるとするのが，英国における子ども法の現代的展開の基軸となる。

1946年，マイラ・カーティスを議長とする「子どもの養育委員会報告書（the Report of the Care of Children Committee, 1946, Cmnd 6922）」（以下，カーティス・レポート）[52]が発表され，本報告書の提言に基づいて，1948年児童法（the Children Act 1948）が制定される。カーティス・レポートに基づく新たな法制度は，地方当局に，どのような理由であれ，親や後見人が住居や養育を子に提供しない場合に，「子の福祉」の観点から地方当局に介入の権限を与え，同時に，当該子を養育する義務を課した[53]。それまで福祉の領域は，ボランタリー組織や地域の住民，教会などへのいわゆる「伝統的な信頼」に基づいていたが，地方当局に雇用された社会福祉の専門家がそれを担うこととなった。カーティス・レポートはまた，子ども養育は，大規模な施設への収容ではなく，小規模で家庭的な環境で提供される必要があることを提言し，「子の福祉」のあり方を大きく展開する契機となった。

1948年児童法の下では，地方当局が子に養育を提供するのに法的手続は不要で，法は，地方当局による福祉事業を可能にするが，それは正当化された権利あるいは訴訟を可能にするような性質のものではないと解釈されている[54]。また，

---

(51) Andrew Bainham and Stephen Cretney, *Children The modern law*, Family Law, 1993, p.20. 救貧法の展開を中心にして英国親権法の歴史を研究したものとして，川田昇『イギリス親権法史――救貧法政策の展開を軸にして』（一粒社，1997年）。
(52) *The Report of the Care of Children Committee*, 1946, Cmnd 6922)
(53) § 1 of CA 1948.
(54) Lweisham London Borough Council v Lweisham Juvenile Court Justice [1980] AC 273.

〈特集1〉 1 「家族」の法的境界と新しい家族法原理の可能性〔高田恭子〕

この福祉事業について，子どもに直接的なケアを提供するだけでなく，予防が大切だと早くから認識され，親の就労を促したり，他の地域コミュニティと連携する試みがなされた。子の利益になる場合には，地方当局のケアではなく家庭にとどめるという実務も培われていった。児童労働や刑事手続き等において子どもを保護することを目的とする1963年子ども及び少年法（the Children and Young Persons Act 1963）は，地方当局のケアや少年裁判所に行く必要性を少なくするために，地方当局に親に対する助言や指導，支援する義務を負わせた。一方で，1948年児童法は，親の意思に反する場合には地方当局に何ら権限を与えなかった。すなわち，地方当局や里親が親に代わって子を養育するのは，遺棄などで親がいない場合か，親の同意がある任意の場合に限定されていた[55]。親権を制限する形で地方当局（国）の子どもに対する権限を強化したのは，1975年児童法（the Children Act 1975）である。同法は，地方当局の養育下に入ってから6ヵ月の期間および3年以上経過後に，子の利益のために親の権限を制限することを認めた[56]。一連の法改正の結果，子の福祉の実現を目的として，地方当局が子どもの養育に幅広い義務を負い，一方で，原則として，親の親権が優先するという法的枠組みが確立した。

（1）離婚手続における裁判所の介入

裁判所において子どもに対する権限が争われるのは，これまで示した地方当局（国）との関係と，もう一つが，親権者間において争う場合である。この領域では，親権の帰属や決定内容に対して，国家権力である裁判所が介入することとなる。英国では，1858年に離婚が認められるようになったが，1858年の離婚申立件数は244件にすぎず，申立件数が年に1000件を超えたのは1914年である[57]。ところが，1942年には1万件を超え，離婚は社会に大きなインパクトを与えていた。離婚法の改正を目的としたデニング卿を委員長とする「離婚に関する規定及び手続き検討委員会（the Committee on Procedure and Matrimonial Causes）」は，離婚手続きにおいて，子の福祉が不当に扱われ劣後に置かれているという見解を提示した[58]。1958年離婚手続き（子ども）法（the Matrimonial Proceeding (Children) Act 1958）は，

---

[55] Ibid, Bainham, p.23.
[56] 1975年児童法は，地方当局による養育が開始されて6ヶ月間は，地方当局の許可なく親が子どもを連れ出した場合には刑事罰の対象とすることを可能にし（Ch. 11 of CA 1975），里親が3年以上養育した場合に，里親は監護命令を裁判所に求めることができ，また，地方当局が3年養育すると地方当局が親権を当該子どもに対し有すると推定する（Ch. 6 of CA 1975）。
[57] Bainham, Ibid, p.29.

裁判所が，養育費の支払いをはじめとする諸命令や，一定期間の離婚手続きの却下，地方当局での養育を「子の福祉」を考慮して可能とする規定を提供した。離婚法の改正によって，離婚の自由が認められていく中で[59]，離婚時に子どもがいる場合には，子の福祉を目的として，裁判所に介入する権限を与えたのである。1969年離婚法（the Divorce Reform Act 1969）は，5年の別居で離婚を認める破綻主義を採用すると同時に，他方当事者の経済的困窮や子の養育を理由に，離婚の申立てを却下する権限を裁判所に与え，あわせて，離婚手続きにおいて1948年児童法に基づく裁判所の諸命令を可能にした。

（2）子どもに関する基本法 ── 1989年児童法 ── の制定

子どもに関する法的枠組みを包括的にとりまとめ，婚姻手続きを中心に発展してきた家族法に「子ども法」の領域を明確に与えたのが1989年児童法（the Children Act 1989）である。「親権」に代わる用語として「親の責任（parental responsibility）」を導入し，「子の福祉」が，裁判所が行う決定の「最優先の考慮事項（paramount consideration）」であるとした（§1（1）of CA 1989）。親の責任の内実は，これまでの親権を構成してきた権利と義務であると解釈されているが，親に特有の権限とするのではなく，子の養育に関する権限として再定義することとなった。同法は，子の福祉を基本原則とするとともに，家族法における子どもに関する事項（part II of CA 1989），地方当局の子どもおよび家族への支援（part III of CA 1989），裁判所による養育命令および監督命令（part IV of CA 1989）など，子の養育に関して裁判所が行使する権限を統合的にとりまとめている。では，この1989年児童法がそれまでの家族法を大きく方針転換した点について確認しよう。

まず，根本的に異なるアプローチが，「裁判所命令回避の原則（no order principle）」である。法制審議会（the Law Commission）が示していた見解からは控えめになってはいるが[60]，「子どもに関して裁判所が命令するか否かを判断する場合において，命令が全くなされないよりも子の利益になると考えられる場合

---

(58) *Final Report of the Committee on Procedure and Matrimonial Causes*, Cmnd 7024, para 31.
(59) 1937年離婚法（the Matrimonial Causes Act 1937）は離婚事由を広げ，不貞行為など違法がある場合に加えて，2年以上の違法な遺棄，残虐な行為，5年以上の治癒しがたい精神病などによる離婚を可能にした。
(60) 法制審議会が示した法案では，「子の福祉を保護し又は促進する最も効果的な方法となる場合を除いて，いかなる裁判所も裁判所命令を出さないものとする。」（§1（7）of Draft Bill）と規定していた。*The Law Commission's Review of Family Law, Child Law, Guardianship and Custody*, Law Com. No.172, 1988.

を除いて、裁判所命令はなされない」（§1（5）of CA 1989）と規定し、原則として裁判所が介入しないとする原則が明示された。次の特徴となるのが、「親の責任」の取得について柔軟な制度設計にしつつ、生物学上の「親＝母および父」（その後の改正で生殖補助医療の処置において父、親となった者を含む）の子の養育に関わる権限を強化したことである[61]。1989年児童法制定まで、婚外子の父は親権を取得しなかったが、同法に基づいて、婚外子の父も「親の責任」を取得することができるようになった（§4 of CA 1989）[62]。加えて、複数の者が、同時に「親の責任」を取得することが想定されており、新たに親の責任を取得する者がいても、既存の親の責任がその獲得により自動的に消滅するものではないとされた（§2（5）,（6）of CA 1989）。「親の責任」は、法により与えられる、親が有する子どもおよびその財産に関する全ての権利、義務、権限、責任、権威であり（§3（1）of CA 1989）象徴的な責任として捉えられているが、先に示した裁判所命令回避の原則により、実質的な養育が尊重されることとなる。すなわち、「親の責任」は、生物学上のつながりを基礎として認められるが、その行使が争われる場合にはそれ自体に効力はなく、誰でも取得可能な「養育命令（child arrangement order）」など、子の福祉を目的とした裁判所命令によることになる。では、その内容を次に確認しよう。

2　民事手続における裁判所命令

民事手続における裁判所命令が、いわゆる第8条命令と称されるものである（§8 of CA 1989）。裁判所は、申立てに基づき、子の福祉の実現を目的として、子の住居と交流を内容とする「養育命令（child arrangement order）」[63]のほか、親の責任に該当する諸行為を禁止する「禁止命令（prohibited steps order）」およ

---

(61) 1989年児童法の特徴を捉えて、クレトニーは、子ども法の大改正が、家族の私事化を実現すると述べる。Stephen Cretney, "Privatizing the Family: The Reform of Child Law," Denning Law Journal vol 4, no 1 (1989), p.26.
(62) 婚外子の父は、母と異なって自動的に親の責任を取得せず、裁判所の命令あるいはその子の母との養育協定により親の責任を取得する（§4 of CA 1989）。1989年児童法を基軸に英国家族法における子どもの保護について研究したものに、東和敏『イギリス家族法と子の保護』（国際書院、1996年）があり、「親の責任」の概念について、同書50-51頁。
(63) 子がどの監護者と同居するかを決定することとなる「居所命令（residence order）」と別居親等が面会その他の子との交流を求める「交流命令（contact order）」は、2014年の改正により、あわせて「養育命令（child arrangement order）」と称されることとなった（2014年子ども及び家庭に関する法（the Children and Family Act 2014））。養育命令の内容は、旧来の居所命令と交流命令である。

び固有の事情に基づいて出される「特定事項命令（specific issues order）」の可否を判断する。まず，第8条命令を申し立てることができる者について，続いて，裁判所を拘束する枠組みとなる確認事項（チェックリスト）と独立した専門機関による様々なアセスメントの取り扱い，最後に，第8条命令の効果的な実現に向けた支援制度および裁判所命令の履行確保のあり方について，順にみていきたい。

（1）第8条命令の申立権者および取得者

地方当局（国）は第8条命令の中心をなす養育命令の申立てができず，裁判所は地方当局に養育命令を出すことはできない（§9（2）of CA 1989）。地方当局が子の養育する際には，より厳格な手続きをとる第4編（地方当局によるケアおよび監督）および第5編（子の保護）の規定に基づく必要がある。また，1989年児童法の適用は18歳未満の子どもを対象とするが，養育命令，すなわち居所や交流について命令の対象とすることができるのは，特別な事情がない限り16歳未満の子どもである。

第8条の養育命令は，地方当局を除いて，3年間の養育の事実があれば「誰でも」申し立てることができ（§9（5）（b）of CA 1989），手続きにおいて子の福祉を実現するために，裁判所は，当事者の申立てがなくても職権で命令を出すことができる（§10（1）（b）of CA 1989）。「親の責任」を有する者は，いつでも第8条命令を申し立てることができる。親の責任を有しない法的親や後見人，特別後見人，当該子の家族と婚姻関係あるいはシビルパートナーシップ関係にあった者は，その地位に基づいて申立権者となり，また，地方当局の手続きにより里親になった者や，親戚で子の養育を1年以上行っている者も申立権者となる（§10（4）（5）（6）of CA 1989）。第8条命令の中心である養育命令には，実際の監護者を決定する居所命令のみならず，直接または間接の交流命令を内容として含むため，子の福祉の観点から，ステップファミリーが子どもの養育を終了した後に子と交流を持ち続ける場合のように，子の養育に関わった者が，「親の責任」を失った後も引き続き子どもと交流を持ち続けることが可能な法的枠組みが設計されている。

上記に加えて，裁判所の許可が必要な第8条の申立てがある。これまでみてきた申立権者でない者がそれに該当するが，地方当局の手続による里親は，地方当局の同意がなければ申立ての許可を申請できない。また，親戚や里親で子の養育をする者は，養育開始から1年間はその許可を申請できない。これは，親あるいは地方当局が，短期の里親養育に慎重にならずに済むための配慮である（§9（3）of CA 1989）。

（2） 裁判所の判断を拘束する枠組み

第8条命令，特別後見命令，および地方当局が取得する第4編の裁判所の判断において準則となるのが，福祉チェックリストである。1989年児童法第1条3項は，次の項目について確認しなければならないと定める。

（a）（子の年齢や理解力を考慮した）子どもの確認可能な要望および気持ち
（b）子どもの身体的，情緒的および教育的必要性
（c）環境が変わることにより生じるであろう影響
（d）裁判所が関連すると考える子どもの年齢，性別，成長の経緯およびその子の特質
（e）その子が被っている危害あるいは危害を受けるリスク
（f）各親，あるいは裁判所が関連すると考えるその他の者によって子のニーズを満たす可能性
（g）本法に定められている裁判所の諸権限

虐待など，子どもへの危害あるいは危害のリスクがある場合には，民事手続で当事者が主張しない場合でも，裁判所は，ケア命令や監督命令が適切であると思われる場合には，地方当局など適切な機関に子どもの状況について調査するよう命令することができる（§37(1) of CA 1989）。

裁判所は，いつでも福祉レポート命じることができ（§7 of CA 1989），それを担うのは「子ども・家庭裁判所助言支援機関（Children and Family Court Advisory and Support Service, CAFCASS）」又は地方当局の「福祉レポーター（Welfare Officer）」である。CAFCASSは，裁判所とは独立した機関で，公的予算が支出されている[64]。子どもの意見を調査するのにはCAFCASSが適しているとされ，客観的な当事者の状況を把握するのには地方当局が適しているとされる[65]。裁判所は，特に争いのある事件については，福祉レポートに示された全ての提案を尊重することになる。福祉レポートに従わない場合には，その理由を示さなければならならず，これは控訴の理由にもなる[66]。全事件に福祉レポートを必要とするかどうか，1989年児童法を制定する際に議論されたが，これについては，予算や人員など限りある資源を考慮して，その必要性を裁判所が判断す

---

[64] かつては教育技術省（the Ministry of Education and Skills）からの予算で運用されていたが，2014年子どもおよび家族に関する法（the Children and Families Act 2014）により，現在は法務省（the Ministry of Justice）の予算で運用されている。CAFCASSは，子ども後見人とも言われていた「子ども及び家庭裁判所調査官（Child and Family Court Reporter）」や保護観察官，高等法院内ソリシターなどさまざまな機能を統合して設置された機関である。

[65] Ibid., *Bromley's*, pp. 455-456.

るという枠組みが採用されている(67)。

裁判所は、離婚手続きやDV手続きなどを含む子どもの事項に関わるすべての手続きにおいて福祉レポートを命じることができる。虐待など子どもへの危害やそのリスクがある場合には、裁判所は、ケア命令や監督命令が必要か調査するよう地方当局に命じる（§37 of CA 1989）。その調査で深刻な危害やそのリスクが判明した場合には、地方当局は、当該子どもを保護する責任を負うことになるため、地方当局は、ケア命令や監督命令に必要なアセスメントを裁判所に申し立てることになる（§41 of CA 1989）。

養育命令を求める手続きでDVの恐れがある場合には、裁判所は、「DVおよび危害がある場合の子どもの養育及び交流命令に関する実施規則（the Practice Direction 12J: Child Arrangement and Contact Orders: Domestic Violence and Harm, PD12J）」に従う。本実施規則により、「ドメスティック・アビューズ」とされる事件において、裁判所は、直接当該子どもが虐待の対象になっていない場合にも、ドメスティック・アビューズが子どもへの危害となる、あるいは、危害のリスクになるものとしなければならない（para.1 of PD12J）。ここにいう「ドメスティック・アビューズ」は、経済的暴力を含む様々な形態のDVを包含するが、それらに限定されない広い概念で、ジェンダーやセクシュアリティに関係なく16歳以上の現在あるいは過去のパートナーや家族間の、支配や威圧的脅迫の行動、暴力や虐待をいう（para. 3 of PD12J）。本実施規則に基づいて、子どもへの危害や危害のリスクが推定されるだけでなく、親との継続的な交流が子の福祉に資するとする推定規定、1989年児童法2条（2A）が適用されず、裁判所は、子どもの利益を保護するためにいかなる命令も必要がないと確信しない限り、子どもとの交流については、福祉レポートをCAFCASSに命じなければならない（para.21 of PD12J、§7 of CA 1989）。そして、親と子の交流を進める際には、専門家によるリスクアセスメントがなされ、福祉チェックリストが適用された上で、それが安全で子の利益になると裁判所が考えた場合にも、監督下交流（supervised contact）や他に課すべき条件がないか、一定期間に限定する必要がないか、交流の状況を再調査するスケジュールの設定について検討しなければならない。リスクリスクアセスメントの結果、一方の親が子どもや他方の親に安全上のリスクになるとさ

---

(66) Stephenson v Stephenson [1985] FLR 1140, W v W (A Minor, Custody Appeal) [1988] 2 FLR 505; Re CB (Access: Attendance of Court Welfare Officer) [1995] 1 FLR 622; Re W (Residence) [1999] 2 FLR 142 and Andrew Bainham and Stephen Gilmore, *Children: The Modern Law 4 the ed.*, Family Law, 2103, p.214.

(67) Ibid, Law Com Report no. 172, para 6.15.

れた場合には，任意交流（supported contact）であれ監督下交流（supervised contact）であれ，それは不適切であるとされる（para.38 of PD12J）。

（3）家庭支援と履行の確保

1989年児童法では，離婚などによる親との離別後も，子が親と交流を継続することが子の福祉を促進するという立場を採用している[68]。子の養育に関して争う事件は離婚全体の10％未満とされるが，居所命令と交流命令を巡った争いは増加し，事案は高葛藤化する一方で，第8条命令の実現のあり方が長年に渡り議論され，幾度かの改正がなされている[69]。一連の政策決定において，政府は，当事者の合意に基づく解決が望ましいと，命令よりも合意形成に向けた法整備を重視しているが，DV問題の深刻さと被害者の救済を主張し交流の強制を批判する女性団体と，父親の権利を主張する団体が激しく対立していた。判例では，交流に対してかたくなに合意しない母の「絶対的拒絶（implacable hostility）」や別居親を「疎外させる親（alienating parent）」について，子の福祉を害する否定的要素として取り扱われた[70]。背景で繰り広げられていたのが，父親団体の社会運動で[71]，多くの事案において母親が監護権にあたる居所命令を取得していることを批判し，交流命令の履行確保を求めていた。では，交流命令を内容とする養育命令を中心に，その履行を確保するために整備された法制度を確認しよう。

養育命令を出す際に，期間を限定するなどの指示（direction）や，同居する親に子どもの転校や交流をする親に国外への連れ出しを禁止するなどの条件（condition）をつけることができる（§11 of CA 1989）。また，「家庭支援命令（family assistance order）」により，子ども以外の当事者全員の同意をもとに，裁判所がCAFCASSあるいは地方当局の適切な者に，助言やさまざまな支援を提供させることを可能にした（§16 of CA 1989）。交流の実施を地方当局に監督させる場合には，地方当局の介入となる第31条の監督命令がなされる。具体的な助言や相

---

(68) Ibid, Law Com no.172, para.4.5.
(69) 2006年児童および養子法（the Children and Adoption Act 2006），2014年児童および家族に関する法（the Children and Families Act 2014）。
(70) Re (A Child) (Contact: Domestic Violence) [2001] Fam 260; Re M (Intractable Contact Dispute: Interim Care Orders) [2003] 2 FLR 636; Carol S. Bruch, "Parental Alination Syndrome and Alienated Children – getting it wrong in child custody cases," CFLQ, vol 14, no 4, pp381-400, 2002.
(71) 「Fathers 4 Justice」や「Families need Fathers」は父親の権利を主張する大規模な団体で，CAFCASSや議会など，公的機関への直接的アプローチがメディアにおいても大きく取り上げられた。Richard Collier, "Fathers 4 Justice, law and the new politics of fatherhood," CFLQ vol. 17, no.4, pp.511-, 2005; Ibid, Bromley's, p.480.

談支援を命じることも可能で，Re M「交流家庭支援命令（Contact Family Assistance Order）」［1999］事件[72]では，「真の恐怖（genuinely in fear）」にある母のために，父の間接交流に対して実施支援が命令された。また，Re E「家庭支援命令（Family Assistance Order）」［1999］事件[73]では，裁判所は，精神疾患の母と子の交流に対して，地方当局に家庭支援を命じた。交流命令を出す前に，当事者の同意を前提として，家庭支援命令を出し，交流を設定し実現するためのCAFCASSスタッフによる助言や試行的実施など，個別事案にあわせた柔軟な援助を当事者に提供することも可能である（§16(4A)(4B) of CA 1989）[74]。

養育命令を出すか否かを判断する際に，裁判所は，交流を設定，実施および改善することを目的に，親教育プログラムやアンガーマネジメントプログラム，カウンセリングなどの交流促進プログラム（contact activities）を内容として，交流事業指示（contact activity direction）を出すことが可能である（§11A of CA 1989）[75]。そして，交流事業指示を受けた者がプログラムを受講しているかどうかについて，CAFCASSに命じて監督させ（monitoring）報告させることができる（§11H of CA 1989）。その後，裁判所は，さらに交流事業要件（contact activity condition）としてプログラムの受講等を課すことができる（§11C of CA 1989）。

交流命令は，前節で示したとおり，同居親に交流が可能なようにする義務を負わせ，本命令は子の福祉を実現するための裁判所の命令であるため（CA 8条），同居親がそれを拒む場合には，裁判所は，裁判所命令への違反として罰を科すことができる。それは最後の手段としてのみ用いられると判例は示しているが[76]，継続的で悪質とみられる命令違反については，裁判所への侮辱として投獄が命じられる[77]。しかし，同居親が投獄されると，子どもには里親や施設による擁護が必要となるし，また，罰金については，親の経済状況が悪化して子の福祉を害することは明らかである。そこで，交流を実質的に確保するために，2006年法および2014年法による一連の改正により[78]，柔軟な履行の確保が模索された。裁

---

[72] Re M (Contact Family Assistance Order) [1999] 1 FLR 75.
[73] Re E (Family Assistance Order) [1999] 2 FLR 512.
[74] このような交流命令における家庭支援命令は，司法実務では1992年の養子に関する事件からみられ（Re: P (A Minor) [1992] WL 12678822），その後の判決に採用されていた。そして，交流を促すための制度として，2006年子どもおよび養子法§20（Children and Adoption Act 2006）により1998年児童法に導入された。
[75] 交流事業命令は，2006年子どもおよび養子法§1によって導入された。
[76] Ansah v Ansah [1977] Fam 138, CA.
[77] A v N (Committal: Refusal of Contact) [1997] 1 FLR 533, CA; Re L-W (Children) (Enforcement and Committal: Contact) [2011] 1 FLR 1095.

判所は，養育命令を出す際に，違反した場合にどのような強制があるかについて警告通知（warning notice）を添付し（§11I of CA 1989），養育命令および交流事業要件に違反している合理的疑いがある場合には，裁判所は履行命令（enforcement order）および経済的損失の賠償（compensation for financial loss）を命じることができる（§11J, 11O of CA 1989）。履行命令とは，社会奉仕の無償労働を科すことであり，最大200時間まで命じることができる（§11J of CA 1989）。この履行命令は，裁判所侮辱にあたる準刑事罰であるため，必要があれば，その無償労働をさらに追加して科すこともできる。当該履行命令に従っているか，裁判所は，CAFCASSに監督させ報告を受ける（§11M of CA 1989）。

2014年法では，親との離別後も子と継続して関わることが子の福祉を促進させるとする推定規定が置かれるとともに（§1 (2A) of CA 1989），いわゆる監護権を争う居所命令と交流命令をあわせて「養育命令」とした。家族司法制度調査委員会（Family Justice Review）は，裁判所での争いに人々は「勝者と敗者」があると考え，申立内容の取得や防御のために，対立や衝突が激しくなっていると指摘し，当事者が対立関係を構成しないように，両者を含めた新しい概念の導入に意味があると説明している[79]。用語の変更やさまざまな家庭支援オプションの整備，強制ではない履行確保制度について，これらは，子どもの養育についての紛争性を排除して，子の福祉を実現する協議へ繋げていきたいとする制度設計の現れである。

3　子どもの保護：公的手続（Public Law）

1989年児童法の特徴の一つは，子の福祉実現に向けて，裁判所が柔軟に民事手続から公的手続を開始できるなど，公的手続と民事手続を総合的にとりまとめ，子の福祉という同じ基本原則のもとで，子どもの基本法として再構成したことである。公的介入における裁判所の適切な判断を手続的に保障することは，家庭生活を権利として保護することをを実現するものでもある。

1989年児童法第3編は，地方当局による家庭支援サービスについて規定している。第3編の規定に基づいて，自らの養育が難しい家族に公的支援が行われるが，

---

(78) §3-6 of Children and Adoption Act 2006; Sch. 2 paras 15-20 of Children and Families Act 2014.
(79) Family Justice Review, *Final Report*, 2011, paras.4.50-4.60. 用語を変更することについて批判もある。かつて，監護権（custody）と面会交流権（access）としていたのを1989年児童法により住居（residency）と交流（contact）に変更したが，20年経過した現在も一般的にcustodyやaccessは使用され，対立は依然と収まらなかったとして，用語の変更が混乱を生じさせるとする意見もある（Prof. Liz Trinderの諮問に対する意見）。

あくまでも第一義的に役割を担う「家族の失敗」を強調するのではなく，地方当局が協力関係（partnership）のもとで家庭を中心として（family centres）支援が提供されることを目指す[80]。地方当局は，子の保護（safeguard）および子の福祉を促進する一般的義務を負い，要保護（in need）の子に適切な保護を提供する具体的義務を負う（§17 of CA 1989）。親の責任を担う者がおらず，住む所がない子どもに住居を与える義務や（§20 of CA 1989）や，保育所（§18 of CA 1989），家族に対する経済的支援（§17A of CA 1989）などがある。

児童虐待などの緊急時に，迅速な保護を実現し過度な介入を防ぐための制度的枠組みとして，地方当局には，緊急保護命令を申し立てたり，警察の保護にある子ども，その他，子どもが重大な危害（significant harm）を受けているか，あるいは危害を受けていると思われる場合に，子の保護や子の福祉実現に向けた措置をするために調査を実施する義務が課されている（§47 of CA 1989）。緊急的救済として，家庭に介入し子どもを保護する場合になされるのが，緊急保護命令（emergency protection order）の申立てである（§43 of CA 1989）。これは8日間（必要がある場合に7日間の延長が認められる）を最大にして緊急保護を可能にするもので，地方当局のみならず「誰でも」申し立てることができる。これに対して，実際の緊急の救済よりも，もう少し緩やかな介入，すなわち，実際に虐待があるかどうか疑わしい場合に強制的な調査を可能にする措置として導入されたのが「子どもアセスメント命令（child assessment order）」である（§43 of CA 1989）。この子どもアセスメント命令は，地方当局と第三者機関の全国児童虐待防止協会（the National Society for the Prevention of Cruelty to Children, NSPCC）のみが申し立てることができる。子どもを家庭から引き離すことを前提としておらず，調査のために子どもに面会する権限を与えるにとどまる。裁判所の「指示」がある場合には1晩程度の子どもの確保ができるが，それが限度であり，調査によるダメージを子どもに被らせないよう設計されている。その後に，長期的に子どもの保護を図る措置として，危害や危険状況に応じて地方当局が取得する「ケア命令（care order）」や「監督命令（supervise order）」がなされる（§31 of CA 1989）。長期の保護がなされる場合には，地方当局は，子どもの養育について「ケアプラン（care plan）」を策定しなければならない（§31A of CA 1989）。

ケア命令がなされると，地方当局は子を養育する義務を負い，当該子どもの「親の責任」を取得する。親の責任を取得している法的親は，引き続き親の責任を保

---

[80] Department of Health, *The Challenge of Partnership in Child Protection: Practice Guide*, 1995. Sch.2 of CA 1989.

持することになるが，当該地方当局は，子の福祉に必要な範囲で他の「親の責任」権限を制限することができる（§33（3）of CA 1989）。また，公的ケアの下にある子どもと親や後見人，親の責任を有する者との交流は，合理的なものであるとの推定を受け，子の福祉を促進する上で緊急性がない限り，その交流を制限することはできず，制限が可能な場合も7日間を超えて制限することはできない（§34 of CA 1989）。

4 セーフガーディング制度

児童虐待について，英国では19世紀後半から社会的関心を高く集め，全国児童虐待防止協会（NSPCC）の前身となるリバプール虐待防止協会（the Liverpool SPCC）が1883年に設立され，その5年後にNSPCCとなる。子どもの権利章典（children's charter）とも呼ばれる1889年児童虐待の防止及び保護に関する法律（the Prevention of Cruelty to, and Protection of, Children Act 1889）が制定されて以来，国家が家庭に介入して子どもを保護する制度的枠組みが構築され，地方当局が子どもを保護する責任を負い，あわせて，福祉の専門性を高めて，ソーシャルワーカーが専門家として関わるようになった。この児童福祉制度が展開していくきっかけとなったのが，いくつかの悲惨な児童虐待事件およびその報道である。1973年のマリア・コウエル（Maria Colwell）事件は，幾度となく虐待が通報され，地方当局やNSPCCが関わりながら，また，いくつもの福祉サービスが提供され多機関が関わりながらも，子ども（マリア，7歳）を救済できず死亡に至らせた事件である。本事件について詳細な調査が行われ，数々の提言がなされている[81]。同様に，大きな衝撃を社会に与えた事件が，クリーブランド（Cleveland）事件である。これは，医者による疑わしい性的虐待の診断を理由に，一方的な子どもの救済（引き離し）が数多く行われた事件で，性的虐待を理由に保護され親から引き離されていた120人近い子どもたちの80％が，調査後に虐待の事実はなかったとして自宅に戻されている[82]。これらの，子どもを救済できなかった事件，不要な介入がなされた事件の調査報告を受けて制定されたのが，1989年児童法である。1989年児童法は，関係機関の連携（co-operation）を義務づけ，その実現に

---

[81] DHSS, *Report of the Committee of Inquiry into the Care and Supervision Provided in Relation to Maria Colwell*, HMSO 1974; East Sussex County Council, *Children at Risk: A study by East Sussex County Council into the problems revealed by the Report of the Inquiry into the case of Marie Colwell*, 1975.

[82] Elizabeth Butler-Sloss, *Report of the inquiry into child abuse in Cleveland 1987*, Cm 412, HMSO, 1988.

向けてガイドラインが設定された[83]。このように，運用において守るべきガイドラインを詳細に設定して，運用の質を担保する手法は，子どものセーフガーディングを実現するための施策の特徴である。1989年児童法では，福祉の分野とされていた児童福祉を，司法が密接に関わって判断することとし，子どもの保護と家庭生活や私的領域の保護とのバランスを図り，子どもが親と継続して関係を持つことを法的に保障することを目指した。しかしながら，その制定後も，児童虐待問題への社会的関心を高めることとなる事件が相次いで発生する。中でも，ビクトリア・クレンビア（Victoria Climbié）事件およびその調査報告書は，子どもの安全を図るための包括的な制度整備をする重要な契機となる[84]。本事件も，幾度となく虐待の通報があり地方当局およびNSPCCが関与していながらも，子どもを救済できなかった事件で，当時8歳のビクトリアは，多数の残虐な傷跡を残して死亡した。本事件の調査報告書を受けて，政府の政策となるグリーンペーパー「全ての子どものために」[85]が提言された。本政策では，生まれてから19歳に達する青年期までの全ての子どもたちをカバーするものとして，子ども・青年の支援政策として設定され，ポジティブな成果項目[86]である子の福祉実現のために次の5つをあげる。すなわち，健康，安全，楽しみと達成，積極的貢献，経済的福祉の実現である。子どもの保護だけでなく，家庭支援，教育など総合的な政策をすることの提言のほか，親や監護者への支援，地域と地方当局，中央政府を統括する体制，子どもの保護については，政府および医療，学校などの公的機関とNSPCCなどの民間団体の連携，子の福祉に関わる専門人材の育成などをあげる。そして，2004年児童法（the Children Act 2004）が制定された。同法により，子どもの権利保障を目的として，政府から独立した「子どもの権利委員会（Children's Commissioner）」が設置され（第1編），子の保護（セーフガーディング，safeguarding）を実現するための枠組みと協力義務（第2編）を主な内容として，他の法制度および関係機関をとりまとめて子どもの保護を図り福祉を促進する

---

[83] Department for Education, *Children Act 1989 Guidance and Regulations vol.1-3*, HMSO, 1991; Department for Health, *Working Together Under the Children Act, 1989: A Guide to Arrangements for Inter-agency Co-operation for the Protection of Children from Abuse*, HMSO, 1991.
[84] Load Laming, *the Victoria Climbié Inquiry Report*, Cm 5730, 2003.
[85] *Every child matters*, Cm 5860, 2003
[86] 労働党ブレア政権は，「第三の道」を標榜に掲げ，それまでの福祉的政策をネガティブアプローチとし，ポジティブな成果を目標に設定した。それまでの福祉国家が目指した「ゆりかごから墓場まで」を象徴する項目をネガティブとして，それを転換したポジティブ・ウェルフェアを目指したとされる。田邊泰美『イギリスの児童虐待防止とソーシャルワーク』（明石書店，2006年）264-266頁。

〈特集1〉 1 「家族」の法的境界と新しい家族法原理の可能性〔高田恭子〕

「セーフガーディング制度（Safeguarding）」の枠組みを整備した。2006年、政府は、それを実現するためのガイドライン「ワーキング・トゥギャザー ―― 子の福祉を保障し促進するための機関間連携のガイドライン ―― 」[87]を発表した。現在、2018年7月のバージョンが適用されている[88]。

　子どもの安全を確保するためのセーフガーディングに示された準則は、子どもに危害（harm）が発生している緊急時や子どもにニーズが発生している（in need）場面に限定されずに、予防的、福祉促進的にも、子どもに関わる全ての関係者が従うべき指針である。そのため、子どもに関わる機関の目的がそれぞれ異なっても、各機関は、子どもの安全を確保するためにセーフガーディングの基準を全て満たす必要がある。とりわけ重要となるのが、本セーフガーディングの枠組みの中で、他の関係機関と協力する義務を課していることである。その協力のあり方や情報共有の方法、手順について、細かな実施マニュアルを各機関、協会等で設定し、セーフガーディングの実施および改善のために実際のアクションを起こすことが義務づけられている。たとえば、地方公共団体は、親の虐待による危害から子を緊急保護し、その後、必要な支援を提供する義務を負うが、その場の危害から救済するだけが目的ではなく、セーフガーディングに基づいて子のニーズを把握し、福祉を促進するよう計らう義務を負い、加えて、関係の機関、たとえば厚生省（Department for Health）や教育省（Department for Education）、CAFCASS、警察等と有機的に連携し、情報共有しなければならず、また、公的機関に限定されず、医療機関や学校とも連携して子の保護にあたる。そして、そこで必要となったアクションに対して、各関連機関は、連携をして子の福祉の実現のために行動する義務を負う。同時に、ビクトリア・クレンビア事件の教訓から、子ども保護のための行動をためらってはならず、セーフガーディングは、さまざまな関連機関が絶対に遵守すべき義務として設定されており、各機関の認証や機関評価において必要条件となっている[89]。たとえば、面会交流の当事者支援を行う各地の交流センターの認証を行う交流センター全国協会は、その認証の基準、支援者の研修プログラムを提供するが、セーフガーディングの項目を考慮して認証基準や研修プログラムを策定している。交流支援事業関係者は、認証を受けるために、設備整備から従業員の研修、支援事業の提供まで、セーフガーディ

---

[87] HM Government, *Working Together to Safeguard Children: A guide to inter-agency working to safeguard and promote the welfare of children*, TSO, 2006.

[88] HM Government, *Working Together to Safeguard Children: A guide to inter-agency working to safeguard and promote the welfare of children*, TSO, 2018.

[89] Ibid., *Working Together*.

ングの基準を認証基準や研修プログラムから学び，それを遵守する。これは，親から子どもへの危害だけではない，全般的な子どもの安全確保の基準である。筆者が調査のため訪問した交流センターで，記録のために建物の外観を写真撮影したところ，このデータについても，写真がネット等に流出して子どもの安全が害されるとして，セーフガーディングによりデータを削除させられた。小学校などのWebサイトに掲載される子どもの個人情報も，セーフガーディングの基準を満たすように管理しなければならない。このように，公的な機関だけでなく，子どもに関連する教育機関，チャリティなどの民間団体も，全てがセーフガーディングの枠組みに従って子どもの安全を図り，法的な手続は1989年児童法に基づいてなされる。

　セーフガーディングのフレームワークは，子どもを巡る法律関係を捉える際に極めて重要な思考の転換を促している。すなわち，1989年児童法は，家族法の親の権限も，児童福祉における地方当局の責任も，子を危害から救済し，危険を予防し，成長までの支援を与えて子の福祉を実現するためのものとして包括的な枠組みを提供する。それに加えて，セーフガーディング制度の枠組みで，異なる根拠法に基づくさまざまな機関が有機的に結びつけられる。そうすることで，子の福祉実現を目的とする1989年児童法は，チャリティなどの民間団体も含めて，子に関わる全ての社会的機関が遵守すべき子どもの基本法となる。子の養育を巡り，親が第一義的に養育を担うことを前提として私的領域を確保するとともに（裁判所判断回避の原則），子どもが「危害を被っている（suffering a significant harm）」場合の積極的介入と，子どもに「ニーズがある（in needs）」場合の支援的介入を正当化し，専門機関を交えた司法判断を行う法的枠組みが構築されていると評価することができる。そして，セーフガーディングは，危害の予防および子の福祉の促進という理念を指針として，子どもを巡る社会の中で幅広く機能することになる。

Ⅵ　家族司法制度改革

　2010年に，労働党政権から保守党連立政権に移行し，家族に関する司法制度に変革がもたらされた。それは，緊縮財政を推し進める中で，法律扶助の対象を大幅に制限したこと[90]，「家族司法調査委員会（Family Justice Review）」[91]の提言に基づく制度改革がなされたことである。2011年11月に発表された「家族司法制度調査：最終報告書（the Family Justice Review: Final Report）」を基にして政府の方針が発表され[92]，一連の改正が行われている。「家族司法制度（Family

Justice System）」としてここで対象とされているのは，複雑だった裁判所制度の改革を含む，家庭生活に関連する諸機関およびその基盤となる諸制度，すなわち，裁判所システムだけでなく，それに関わる専門家，福祉，地方当局，教育機関など実際の司法実務に関わる全ての領域を対象とし，総合的に改革することを目指した。委員会の中間報告書で提示された「家族司法制度」のイメージが〔図１〕である。子どもとその家族を中心として，関係する各機関，周辺の支援機関を含めて総合的に検討しようというものである。

家族司法制度調査委員会の基本方針は次の通りである[93]。

— 子どもの利益があらゆる決定において最も重視されなければならない。子どもの利益のため，裁判所申立てに対する結果の遅延は最小限に止めなければならない。

— 裁判所の役割は，危害，迫害および搾取から弱者（vulnerable）を保護することに集中すべきである。そして，裁判所の介入が子どもや成人弱者の利益となることが明らかな場合を除いて，裁判所の家庭への介入は避けるべきである。

— カップルの離別において，結果として発生する責任を果たすことをできるように，個々人が，正確な情報と支援を取得できなければならない。

---

(90) 英国の法律扶助制度は，1949年の当時の労働党政権が福祉国家を目指して導入した扶助制度で，弁護士からアドバイスを受ける費用および法廷での弁護費用を，所得のない者に支援する制度である。The Legal Aid, Sentencing and Punishment of Offenders Act 2012が2013年４月に施行され，家事事件では，DV，強制された婚姻（forced marriage），子ども略奪（child abduction）を証明しない限り扶助を受けることができない。これまで扶助対象とされていた約60％が制限を受けるという調査結果が出されている。その他，住居関係は緊急の危険がある場合，社会福祉の事件は控訴および上告事件に制限される。法改正後，英国では家事事件を弁護士なしで提訴することが多くなり，書店では家事事件を自身で提訴するための手引書が並んでいる。

(91) デイヴィッド・ノーグローブ（David Norgrove）を委員長とする委員会で，2010年に設置され，2011年３月に中間報告書（Interim Report）が出され，各専門機関からの協議がなされた後，2011年11月に最終報告書（Final Report）が発表された。

(92) 2012年に，政府は家族司法調査委員会の最終報告書に対して「家族司法調査への政府の回答：本質的に子どもと家族の制度へ（The Government Response to the Family Justice Review: A system with children and families at its heart）」を発表し，統一した家庭裁判所の創設を目指す「2011年刑罰および裁判所に関する法案（the Crime and Court Bill 2011）」および公法（public law）における子どもの保護や親の離別における親の協同を促すことを目指す「2013年児童および家族に関する法案（the Children and Family Bill 2013）」を議会に提出した。政府の担当省庁が，法務省（Ministry of Justice）と教育省（Department for Education）の共同によることも特徴的であった。

(93) Ibid, Annex A. この基本方針は，委員会の諮問において政府（法務省，教育省，ウェールズ政府厚生省）が提示したものである。

〔図1〕家族司法制度（the family justice system）

出典：*Family Justice Review: Interim Report*, 2011, para. 2.25.

―― 離別後も，両方の親が積極的に子どもに関わることが，奨励されなければならない。
―― 裁判所により子の養育内容が命令されるよりも，可能な限り，当事者が養育について合意に達することができるように，調停その他の支援が利用されるべきである。
―― 家族紛争解決や将来の養育事項の取り決めの手続きは，当事者に分かりやすく，シンプルで，効果的で，かつ，当事者のみならず広く社会に対して透明性の高いものであるべきである。
―― 当事者間の紛争性が可能な限り小さくなるように配慮すべきである。

　この家族司法制度改革の根底にあるのが，1989年児童法が達成しようとしていたパラダイムシフトの実現がある。「子の福祉」を最も重要な考慮事項として公法と私法をまたいだ総合的な制度を導入し，各機関の連携を目指して幾度となく改正をしたが，その機能不全が指摘されていた。なかでも，子どもに関わる事件の遅延に対して強く批判がなされていた。最終の結論が出されるまで平均60週間（約1年3ヵ月）を要し，多くの事案でそれよりも長くかかっている。子どもの養子手続きには平均して2年と7ヵ月かかり，2万人の子どもたちが判決を待って

いる事態が発生している，と報告している[94]。最高裁判所判事フィリップ卿とレディ・ハル[95]は次のように述べる[96]。

> 「家族司法制度」は，何よりもまず，司法制度（a justice system）である。裁判外の養子実務は制限された。他の司法領域と異なり，懲罰や過去の過失に対する補償を求めるのではなく，家族の将来に向けた取り決めを設定するものである。望ましくは，彼らが想定していたものよりも，よりよい未来に向けた設定となるように。そのためには，他が担えない機関（たとえば，CAFCASS，調停員，交流センター[97]など），裁判所および法実務家の専門家，不平等がはびこる分野での「武器平等の原則（equality of arms）」，そして，福祉や感情的な問題への大きな配慮が必要とされる。

調査委員会の最終報告書は，裁判官その他の関係者は，子どもの利益や弱者の保護にその判断がどのような結果（outcome）をもたらしたのかを学ばなければならず，制度の具体的な結果や当事者の態様の変化（behaviour）を踏まえて政策を評価するべきであると指摘した。統一の「家庭裁判所」が導入されたほか，1998年児童法を含む家族法の改正（2014年子どもおよび家族に関する法（the Children and Family Act 2014））がなされた。では，重要な改正について確認しよう。

（1）総合的な家族司法制度の整備

2013年犯罪および裁判所に関する法（the Crime and Courts Act 2013）は，一つの「家庭裁判所（Family Court）」を創設し，統一された家庭裁判所で家族（とりわけて子ども）に関する事案を取り扱うこととした。それまで，事案によって高等裁判所家事部（the Family Division of High Court），群裁判所（County Court），治安判事裁判所（Magistrates Courts）の3つの裁判所が事案を取り扱っていた。

---

(94) Ibid, *Final Review*, i.
(95) 英国最高裁判所は，2005年憲法改正法（the Constitutional Reform Act 2005）により設置され，2009年に貴族院（House of Lords）の機能が最高裁判所（Supreme Court）に移行した。レディ・ハル（Baroness Brenda Hale）は，英国最高裁判所（旧貴族院を含む）で初の女性裁判官である。2011年に就任。フィリップ卿は初代最高裁判所長官（当時）である。
(96) Ibid, *Final Review*, para.2.5.
(97) 交流センター（a contact centre）は面会交流を支援する機関で，公的機関ではない。交流センター全国協会の認証を受け，高葛藤の父母間における面会交流の場を提供し，安全な面会交流の実施をサポートする。監督下交流を行う交流センターの当事者支援はCAFCASSの予算で運営されている。

治安判事裁判所の判事は，3人の無償による非専門家（lay person）である裁判官と俸給を受け取る法律専門家の裁判官が，法律の訓練を受けた裁判所事務員の助言のもとで裁判を担っていた。高等裁判所では，1981年から家事部が家事事件を取り扱い，専属的にではないが，主として家事事件を取り扱う判事が担当していた。当事者はどの種類の裁判所に申し立てるか選択することができるが，離婚やシビルパートナーシップ，相続，子どもの養育に関する命令，養子決定，DVに基づく申立てなど，ほとんどの事案を取り扱う裁判所は，群裁判所であった。地方当局の1989年児童法に基づく子どもに関する申立ては，群裁判所に専属管轄があり，複雑なケースでは，手続開始後に裁判所の移管がなされなければならないなどの問題が発生していた[98]。

家族司法調査委員会報告書では，「一つの家庭裁判所（the single family court）」の実現と表現されるが，これは，管轄裁判所を統一するだけでなく，各郡や地域の管轄を，全国レベルで統一するという意味を含んでいる。法改正によって，国際間の争いや欧州条約に関する事案は，引き続き高等裁判所で取り扱うが，その他の事案はすべて家庭裁判所の専属管轄とした。また，各裁判所区域に，「指定家庭センター（Designated Family Centre）」が設置され，裁判所に申立てがなされる場合には，まず本センターが窓口となり，適切な裁判所やその他の機関に事案が振り分けられる。

2002年に，裁判所運営における他機関連携をスムーズにするための「家族司法協議会（Family Justice Council）」が設置されていたが，家族司法制度の方針や運用について監視するその上位機関として「家族司法委員会（Family Justice Board）」が新に設置された。家族司法協議会は家族司法委員会の直接の諮問機関となり，家族司法委員会は，家族司法制度の評価および改善提案を行う。このように，裁判所から独立した機関が，専門委員としてガイドラインや方針，運用の評価を行う体制を強化した。

現在，司法手続のルールとして，2010年家事手続規則（the Family Procedure Rules 2010）とそれに基づく指令（direction）が整備され，ケア命令などの児童法の公的手続については，26週期間内にするものとしている（4.1 of PD 36 C）[99]。この指令群は，いわゆる実際の家事手続だけでなく，裁判所に申し立てられた事案について検討すべき事項，手続当事者が知っておくべき情報，検討すべき事項

---

(98) Ibid, *Bromley's*, pp.15-17.
(99) Practice Direction 36C – Pilot Scheme: Care and Supervision Proceedings and Other Proceedings under Part 4 of the Children Act 1989.

などを総合的に定めている。離婚時の子どもの養育に関する指令（PD 12B）では，弁護士なしに裁判所に申立てをする当事者に向けて整備されている情報や，助言を提供するチャリティー機関（the Personal Support Unit），CAFCASS が構築した子ども養育プランプログラム（Parenting Plan）など，裁判官がその指令に示された手続に従うことを目的としているのと同時に，関係する諸機関（CAFCASS や鑑定人，地方当局），申立当事者，関係する子どもたちがアクセスすべき情報などが確認できるように整理，記述されている。

（2）離婚の私事化——調停前置主義・養育事項の合意形成

a）離婚法改正の基本方針

英国における離婚法は，前述したように，1996年家族に関する法（the Family Law Act 1996）が大きな転期となり，婚姻の維持を支援すると表明しながら，破綻主義を推し進め，過去の過失責任の追及から，将来にむけた協議へと離婚手続きの目的を移行し，その中心的役割を「子の福祉」の実現に置いた。同法において議論され未施行のままとなっていたのが，すぐに離婚を認めず，考慮期間を設けて段階的に手続きを進める規定（§7 of FLA 1996），および，離婚手続きの前にカップルの対面による協議を手続に取り入れる規定（§8 of FLA 1996）である。家族司法調査委員会は，離別を考えるカップルが必要な情報を得ておらず，当該カップルに必要な支援が考慮されるべきであるとしたこと，弁護士のアプローチが紛争を激化させるものであること，離婚訴訟による解決は時間がかかり高額であること，子どもたちの意見や利益が十分に反映されていないことなどを指摘した。そこで，訴訟によらない離婚の成立を目指すこと，当事者に正確で適切な情報提供と合意形成に向けた支援が行われるべきこと，離婚前に親の責任について理解し子の福祉にむけた協議ができるようにすること，子どもの意見表明の手続的保障が必要であることが離婚法改正の方針とされた[100]。

b）インターネットの活用

市民への情報提供，行政手続の自動化，さまざまな研修プログラムの構築に，インターネットの活用が積極的に行われることとなった。このインターネットの活用は，政府の政策方針の一つである。当事者への情報提供としては，法務省の情報提供サイトから，CAFCASS や当事者を支援するチャリティー，交流センターなど，必要な情報にシンプルにわかりやすくアクセスすることができるように整備している。養育費の算定と取立て等を担う児童扶養局（Child Support

---

[100] Ibid, *Final Review*, paras. 102-134.

[ジェンダー法研究　第 5 号(2018.12)]

Agency) の閉鎖と新制度への以降とともに，主に養育費の算出を目的としたアプリの開発（養育費分担アプリ（the Sorting Out Separation web app））を行うことも政策の一つとなった。また，現在，離婚手続きについては Web 申請が基本となっており，子の養育内容等に問題がない場合には，必要事項をタイピングして入力し，手続費用をクレジットカードにて支払えば，全ての手続をインターネットを介して完了することができる。これらのシステム化およびインターネットの活用は，緊縮財政の中での効率的で効果的な業務遂行に必須であるとして導入されており，スタッフ研修にも積極的に導入されている(101)。

　c）調停前置主義の導入

　家事調停は，英国において30年以上の歴史があるとされているが，家事仲裁も含めて，政府が期待するほど活用されていなかった。家族司法調査委員会の最終報告書では，離別する親が裁判所で紛争解決の支援を受ける前に，調停か ADR を試みるべきであると提言した。同時に，裁判所が介入する必要性をアセスメントする必要があり，DV の危険，当事者間の不均衡，児童虐待の恐れがある場合がそれにあたると指摘して，調停情報およびアセスメント会合（the Mediation Information and Assessment Meeting, MIAM）を設けるべきであると提言している(102)。

　裁判所は，裁判外紛争手続（Alternative Dispute Resolution, ADR）について，離婚手続きのあらゆる段階において適切かどうかを検討しなければならず（§3.3 of FPR 2010），裁判所手続開始の前に，MIAM を行い，DV の危険など一定の免除項目に該当しない限り調停が義務づけられることとなった（§10 of CFA 2014(103)）(104)。MIAM は1989年児童法の第 8 条命令手続きにおいても，家庭支援事業として命じることが可能である（§11A, 11C of CA 1989）。調停で遵守すべき規定（家事調停実施規定（the Code of Practice for family mediators））の設定や調停員の資格基準や認証を行うのは，家事調停に関わる 6 専門機関により構成される家族調停協

---

(101) 2017年 3 月英国実地調査における Cafcass Nottingham Office および交流センター全国協会（the National Association for Child Contact Centres, NACCC）ヒアリング，2018年 4 月英国実地調査における NACCC ヒアリングによる。CAFCASS のスタッフ研修プログラムの多くがネットに掲載されたビデオや PDF，プレゼンテーション資料で，研修経費を抑えていると説明を受けた。また，NACCC でも，3 年に一度の対面のマネージャー研修を除いて，各交流センターのスタッフは，マネージャーの指導のもと，Web に掲載された研修プログラムを受講することになる。NACCC の各地域の交流センター支援では，Web の掲示板機能を使用した情報共有など，積極的にインターネットを活用している。
(102) Ibid, *Final Review*, paras. 1.15-1.22.
(103) 2014年子どもおよび家族に関する法律（the Children and Families Act 2014）。

会(the Family Mediation Council, FMC)である。MIAM では，当事者が調停員により調停やその後の手続について情報提供を受けるだけでなく，経済的，精神的，法的支援についての情報およびCAFCASSなどで構築された養育プランプログラムなどについて教示され，その後に調停に入るための合意の確認がなされる。調停は，調停員を含むメンバー全員の同意がなければ開始することができない。家族司法協議会は，調停に関するさまざまなガイドラインや当事者向け情報を作成して公開している。たとえば，離婚時に争いとなる財産分与については，「離婚における「経済的ニーズ」ガイド (Guidance on "Financial Needs" on Divorce)」(105)があり，どのようなニーズを考慮しなければならないのか，また，その算定方法や関連条文，例として過去の判例などをまとめて提示している。子どもの養育関係については，CAFCASSが養育プランについての冊子や子どもに向けた情報について提供し，養育費については，「養育費サービス (Child Maintenance Service)」や，養育費の算定について情報提供や計算システムを提供する「養育費の分担 (Sorting Out Separation)」サイトなどが整備されている。

(3) 子どもの意見表明の保障

英国では，長らく，限定された場面を除き，子どもの意見表明が権利として保障されていなかった(106)。親権(当時)との関係で，子どものオートノミーが裁判によって争われ(ギリック事件(107))，子どもに一定の理解力が伴っている際に，親権者の判断と異なる子どもの意見や判断が優先され，親権が制限されることが明示されている。しかし，子どもが手続きの当事者でない場合には，公的な子どもの保護におけるケアプランや親の離婚手続きにおいて，Cafcassのスタッフが福祉レポートやリスクアセスメントにおいて子どもの意見や気持ちを聞き取ることがあっても，子ども自身の固有の権利としてはそれが保障されていたなかった。家族司法調査委員会の最終報告書は次のように指摘した。

---

(104) 3.8 (1), (2) of FPR. DV などの危険がある場合の手続きに関しては，拙稿「面会交流の法的性質——英国における司法手続きの分析から」立命館法学369・367号 (2017年) 384-286頁。
(105) Family Justice Council, *2nd ed.*, 2018.
(106) 法で認められている場面として，養子決定における手続がある。2002年養子および子ども法では，養子決定において裁判所および養子斡旋機関は，子どもの年齢と理解力に照らし合わせて子どもの希望を確認して (ascertainable wishes) それを配慮する義務を負う (§1 (19, (4) a of ACA 2002)。
(107) Gillick v West Norfolk and Wisbech Area Health Authority [1986] AC 112, HL.

子どもの利益が家族司法制度の運用の中心である。その決定において，子どもの希望（wishes）が考慮されるべきであるし，子どもは，何がおきていて，それはなぜなのか，知ることができなければならない[108]。

2014年の法改正で，裁判所が考慮すべき福祉チェックリストの1つめに「確かめることができる子どもの希望（ascertainable wishes）」が加えられた（§1（3）（a）of CA 1989）。「子どもアレジメントプログラム」が家事手続規則に設定され（PD 12B of FPR 2010），子ども中心の手続きとして子どもの意思を尊重すること，子どもの年齢や理解力に応じて子どもが手続きに関わること，CAFCASSスタッフが子どもの希望を聞き（wishes），あるいはCAFCASS等のサポートのもと裁判官に手紙を書いたり，場合によっては，子どもは当事者として手続きに加わるとされている。離婚手続きやその後について子どもが知る権利を保障するために，子どもに向けたWebサイトやリーフレットを整備している[109]。

子どもの意見をどのようにくみ取っていくのか整備するための諮問機関として，7歳から25歳までの50人以上で構成される「家族司法子ども委員会（Family Justice Young People's Board）」が設置された。同委員会は，家族司法委員会に直接助言を行う。また，2004年児童法により導入された子どもの利益や意見を代わって表明する「子ども委員長官（children's commissioner）」（イングランド，ウェールズにそれぞれ就任）について（Part 1 of CA 2004），その役割の強化が2014年改正法により図られ，子どもの権利を促進し，保障する法的義務を負うこととなった（§9 of CA 2004）。

Ⅶ　家族法に求められる原理と機能

国家は，いつの時代も「家族」に関心を寄せてきた。統治する基本にも，社会政策の基礎にもその単位として「家族」があるからである。一方で，個人生活にとって，「家族」や「家庭生活＝私生活（family life: private life）」は「生」の基盤である。それを規律する家族法は，どのようなものであるべきなのだろうか。これまでみてきた英国における家族法の変遷およびパラダイムシフトを分析して考えてみたい。

---

(108) Ibid., *Final Report*, para. 8.
(109) 子どもに向けた情報は，CAFCASSが整備してWebサイトおよびPDFにて提供している。

〈特集1〉 1 「家族」の法的境界と新しい家族法原理の可能性〔高田恭子〕

　家族形態に大きな変化を及ぼした現象が離婚の増加である。歴史的に，婚姻制度は，「家族」を将来にわたり固定するもので，家父長制，性別役割分業に基づく規範として，女性を伝統的役割に縛るつける機能を有していた。英国において，離婚が，女性運動によって獲得された暴力や虐待等からの女性の救済であったことは重要な史実である。近代から現代へと時代が移るとともに，キリスト教や地域コミュニティなど社会の中の「伝統的な」依存関係に変容が生じた。離婚の増加により家庭内で吸収できない依存関係，すなわち母子家庭の貧困問題が社会問題として可視化された。ますます重要となる国家による社会保障の枠組みも，家族形態の多様化から，制度設計の前提としてきた近代家族（＝夫婦と子どもの核家族）は，もはやモデルとはならなくなった。セクシュアリティの多様性が可視化され，それに基づく差別が許されないということも，当然のこととして共有されるようになった。グローバル経済のもとで，労働力としての移民の受け入れもあり，社会はますます多様化し，文化や世代をまたいで価値の多様性が進む。さて，そのような社会構造の変化を，家族法はどのように受け止めたのだろうか。

　形式的なものであったにせよ，妻となる女性の法的平等の実現が，家族法の現代化の重要な要素である。離婚が可能になることで，家庭内の暴力や虐待，遺棄から逃げる途が，女性に開かれた。同時に，社会の関心を集めたのが「子どもの保護」である。チャリティ（慈善団体）であるNSPCCを中心に，その活動が社会的にも認められ，被虐待児の救済が，家庭内への国家介入を正当化した。加えて，DVの問題から，プライベートな領域も法（国家）が救済を与えるべき領域であるものとして確立され，刑事手続のみならず，民事手続の中での法的救済が整備された。このように，家族法の役割について，家庭内の個人間に特有の権利義務関係を創設し，夫婦間，親子間を規律するという法的性質から，危害からの子どもの救済，DV被害者の救済として，裁判所あるいは地方当局の介入がなされる手続きへと，重視されるポイントが移行した。一方で，子どもの保護を巡っては，ひとり親貧困家庭や誤ったアセスメントによる不当な親子分離が問題となり，家庭生活を守るための手続きの保障と，信頼できる危害リスクアセスメントのスキーム構築が促された。本稿では取り扱わなかったが，DV被害者（多くは女性）の保護では，民事手続，すなわち，当事者からの訴えによる司法手続による保護の不十分性と効果の低さが認識され，警察の一時的介入や刑事手続による救済が重視されるようになり，民事・刑事・行政の手続きを総合的に運用し，関連する諸機関の協働を目指す枠組みが構築された。

　多様な「家族」に，必要な法的効果を及ぼすために，同性婚や旧来の近親婚の一部[110]に婚姻を認めて「法的家族」形成の対象を広げ，婚姻をしない同棲カッ

プル家族の法的保護が，異性間，同性間を問わずなされるようになった。子どもとの関係では，法的親子関係に遺伝上の繋がりがない生殖補助医療の処置を受けた親子関係を認め，養子制度の改正によって，家族の形態を問わずに多様な養親子家族を形成できるようになった。また，法的親子関係の有無を問わない「親の責任」という枠組みで，法的保護がなされる「家庭生活（family life）」を構成することも可能である。このように，法的に保護される親密圏の広がりを確認することができる。

　「婚姻」を求める同姓カップルの社会運動と，それを認めるかどうかの政治の中で，公的な登録制度である婚姻の意味，すなわち，社会的承認制度としての婚姻の機能が全面に出された。あわせて，婚姻が前提としてきたカップルのあり方，すなわち「性的な２人（モノガミー）の将来にわたる関係を示すロマンティックな関係」が強調されたように思われる。他方で，婚姻をしない同棲カップルが「家族」として社会で広く認識され，長期の愛情に基づく家族関係を示すものは，もはや婚姻関係に限定されない。このように，婚姻は，当事者間の関係性構築のあり方の一つオプションとして位置づけられるに至っている[111]。これまで，婚姻制度が重視されてきた理由――それが同性カップルの婚姻を拒んでいた理由でもある――，それは，婚姻家族に期待された子どもをもうけ養育する機能であった。しかし，離婚と婚外子の増加により，婚姻家族が子どもを養育する唯一の仕組みであるということの説得力はなくなった。あわせて，同性カップル家族の子育てについても，社会的偏見を除けば何ら問題のないことが明らかとなっている。すべての子どもが，大人になるために必要な愛情と養育を受けることを保障するためには，重視すべきところは貧困問題の解決と家族形態に対する偏見に基づく差別の解消である。婚姻家族か婚外家族か，あるいは遺伝上の繋がりの有無など，養育環境で差別されることは許されてはならないし，それを是正することができる法制度の設計が必要となろう。「婚姻」が個人の選択肢の一つとなった際に，法的家族のあり方で制度的に重視すべきは「子ども」となる。婚姻制度だけが子どもの養育を保障する場であった時代には，子どもは，家族に属しているか否か，

---

(110) 養親子関係にあった者同士の婚姻がそれに該当する。
(111) John Eekelaar and Mavis Maclean, "Marriage and the Moral Bases of Personal Relationship, Journal of Law and Society, Vol.31 no.4, 2004, pp.510-538. 現在，異性カップルにも，歴史的宗教的意味を持つ婚姻制度ではないシビルパートナーシップを保障すべきであるとして異性カップルが裁判所に提訴し，また，その適用を求める運動が展開されている。Steinfeld et al. v. Secretary of State for Education [2017] EWCA Civ 81; "Opposite sex couples to be permitted civil partnerships Owen Bowcott" Guardian, 2 October 2018 (Online edition).

〈特集1〉 1 「家族」の法的境界と新しい家族法原理の可能性〔高田恭子〕

その家庭に虐待等があるかの運命に全て左右され、救済される余地はなかったのかもしれない。そうではなく、子どもに適切な国家介入による救済と新たな家庭生活の提供がなされ、婚姻や遺伝上の繋がりに関係なく子どもが安全な家庭生活を保障されることが重要であり、婚姻制度が唯一の養育の場という前提が崩れることは、子の福祉を実現するために、必要な転換であると評価することができる。

一方で、子どもにとっても親にとっても、親子関係は重要である。しかし、その「重要性」はいくつもの層を構成している。まず、法的に保護され、国家からの介入を許さない「家庭生活」を構成するものとして重要となる。次に、子どもにとっては、養育親が異なっても、遺伝上の親を知る権利として重要になる。親にとっては、遺伝上の繋がりがなくても、自身の子どもとする親として、あるいは子どもを養育する親として、法的に保護されることが重要となる。英国では、「遺伝上の親」という基準で親を確定すること、子どもの遺伝上の親を知る権利を保護するために「遺伝上の繋がり」を重視すると同時に、人工生殖補助医療の処置の際に親となることを同意した者や、出産を行った者を法的に親とし、それとは峻別して子を養育する権限を「親の責任」として幅広く子どもとの関係を認める法構造をとり、子どもと関わる家族メンバーの調整を図っている。また、養子制度の基本が、血縁上の親との連絡の途を残した上でなされるようになっていること（オープン・アダプション）、養子手続きは、同性カップルのみならず、ひとり親としても受けることができるということも、上記の方向性と合致する。

社会学者のワーラースタインは、離婚に至ったカップルが長期にわたって互いに怒りを持ち続けていることを社会調査から明らかにしている[112]。離婚に至る過程で、当事者の間には高い葛藤が生じており、離婚の取り決めにおいて紛争性は高まる。婚姻が法的家族に持つ意味が薄れると、家族法に求められるのは、カップル関係解消時における正義にかなう解決であろう。

財産的側面では、住居に対する権利や、実際に支出を伴った共有の財産の取り扱いは、信託法理の展開によりカバーしている。これらの規定は、婚姻カップルだけでなく、婚外の同棲カップル家族にも適用される。財産分与で重視される要素は生活上の必要性であるが、それを超えて「大きな財産」がある場合にはその寄与度合いが考慮される。現在、離婚手続おける財産分与についてはほとんどが合意により解決し、主な争いは、養育費の一時金や長年の婚姻者間の年金の取り扱い等となっている。養育費については、算定基準が国より提示されていて、計

---

(112) Judith S. Wallerstein, Julia M. Lewis and Sandra Blakeslee, *The Unexpected Legacy of Divorce: the 25 year landmark study*, Hyperion 2000, pp.5-6.

算システムがWebで公開されており，養育費の支払いを促すための政策が実施されている。

　離婚手続で最も問題となるのが，子の養育に関する事項である。「裁判所判断回避の原則」に基づいて，当事者の合意が優先される。当事者が裁判を求めたとしても，事前のミーティングとしてMIAM（調停情報およびアセスメント・ミーティング）が開かれ，原則として調停が行われる。MIAMでは，DV等からの安全の確保と当事者への適切な情報提供が重視される。合意に至らず裁判手続に移行した際には，「子の福祉」に基づいて司法判断がなされる。ここで，離婚手続改正のポイントを整理しよう。第1に，離婚手続の紛争性をなくし合意形成に向けた支援制度の側面を重視したことである。養育についての取り決めとして居所命令と交流命令を「養育命令 child arrangement order」として統合したこと，別居親も子との交流を継続することが前提となることが明示された。また，合意形成に必要な当事者の交渉力の確保に焦点が置かれ，Webを中心としてアクセスが容易でわかりやすく正確な情報提供が行われている。第2に，司法手続を「子の福祉」を実現するためのものであると明確に打ち出したことである。子の養育に関して当事者間で合意が形成できない場合には，合意内容の決定としてではなく，子の福祉を実現するための親に対する「裁判所命令」として裁判所の判断がなされる。第3に，裁判所の役割が子の「安全確保（safeguarding）」であることを明示したことである。調停を含む裁判所における手続きにおいて，裁判官が危険（DVや虐待の蓋然性）を確認した後は，子の安全が図られる（危険がない）ことを，裁判所の責任において明らかにしなければならない。これらの判断においては，民事続と公的手続をまたいで，リスクアセスメント，福祉レポートなど，必要な措置がなされることになる。第4のポイントが，履行確保のための柔軟な制度設計である。裁判所は，家庭支援命令により適切な助言やプログラムを提供でき，また，最も実施に困難が伴う直接交流（面会交流）の実現に向けては，親教育やカウンセリング，交流の試行などを交流事業指示として提供することができる。交流命令において，監督下交流の命令がなされた際には，監督下交流支援事業団体として認定を受けた交流センターが，公的経費によって交流支援を行い，一定期間の監督下交流の後に，安全が確認されてから任意の交流へと進むことになる。この仕組みによって，安全性を危惧する同居親の心配が担保されることになる。

　一連の家族法改正で流れは，民事法領域に限定されない包括的な制度設計が目指されてきた。子どもの虐待等からの救済において，各関係機関の連携（ワーキング・トゥギャザー）を実現し，子どもを様々な危険から保護するスキームの構築が目指された。これが，セーフガーディング制度である。DV被害者（多くは

〈特集1〉 1 「家族」の法的境界と新しい家族法原理の可能性〔高田恭子〕

女性）の保護を巡っては，子の福祉もあわせて考慮されなければならない。各機関の権限を活かしながらいかに連携をするか，当該連携のスキームと各機関の質を確保のための詳細なガイドラインの設定がなされている。その取り組みの一環として重視されているのが，当事者を支援する専門家の養成である。必要な資格としての学位取得に向けた奨学金や，継続的な研修プログラム，関わる人々へのセーフガーディング研修などがこれに該当する。これらの研修プログラム，リスクアセスメントスキームを，研究者と実務専門家，チャリティなどの関連機関が連携して構築していることも重要な点である。

　最後に，裁判官の役割について確認しよう。裁判官に求められるのは，事件を取り扱うマネジメント力であると，家族司法改革で強調された。DV関係が確認された事案では，裁判官は，支配を試みるDV加害者を抑制する役割も負う。訴訟の遅延は，子の福祉を害するという推定を受ける。そのため，最終的な判断がなされるまでの期間を含めて，必要な措置を速やかに進めていくマネジメント力が求められる。子どもの安全性や福祉に関わる事項のアセスメントは，裁判所から独立したCAFCASSのスタッフが担う。同時に，CAFCASSの機関は，独立してその業務を行うため，その質を含めて厳しい評価も受ける。子どもに危害のリスクや保護の必要性がある場合には，裁判官はCAFCASSや地方当局に調査を命じなければならず，その調査結果と異なる判断には特別な理由が必要となるため，原則として，裁判官の判断は他の領域の専門家に拘束されることになる。

　英国における現在の司法制度が，さまざまな問題を見事に解決しているわけではない。子の保護を目的とする手続きの遅延，面会交流におけるDV加害者による被害者や子どもの殺人事件，「子の福祉」という名目のもとで正当化されるジェンダーに基づく不平等，離別後の別居親の不当な介入など，その運用において生じている問題や，司法支援制度はありながら予算不足で事実上提供されていない当事者支援など[113]，筆者が現地で行ったヒアリング調査や論文等から，多くの課題が散見される。しかしながら，英国の経験から多くの示唆を得ることができる。まず，多様な家族，個人の価値をカバーすることができる制度の枠組みとして，「法的家族」の境界を婚姻家族から，子どもを中心とした重層的な構造にすることである。ここで，文化的，社会的意味を持つ婚姻制度を否定する必要はなく，その利用は当事者に判断に任せればよい。なによりも，日本では，「子ども」

---

(113) 筆者が2017年3月に実地調査をしたCAFCASSノッティンガムでは，面会交流のためのカウンセリング等の事前プログラムは，年間数件しか命令されておらず，それは予算不足が原因であるとの説明を受けた。

の権利の保障があまりに不十分である。子どもの出自を知る権利と，子どもの家庭生活を保障し，さまざまな養育環境にある子どもたちが差別されない制度へと向かわなければならない。遺伝上の繋がりのある親，生殖補助医療の処置によって親となることを同意した親，実際に子の養育にあたる親と，子どもに対して法的に関わる者は複数いてもなんら問題はない。そして，子どもへの関わり方を一律的に制限する必要もない。家庭生活における権限を優先させながら，最終的に司法の場が人権を守る砦として機能するよう制度設計がなされる必要があろう。公私二分論は，国家からの不当な介入を防ぐ重要な原則であるが，司法制度の枠組みとしてこれを固持する必要はない。英国での家族司法制度改革のキーワードは「子の福祉」と「弱者保護」である。関連機関の協働によって子どもと社会的弱者を保護し，それ以外のところで不当な介入が発生しない法制度が必要となる。また，そのような制度が機能するためには，家庭内のジェンダー不平等の是正と暴力など支配関係の排除を実現することも重要な課題となる。そのための制度整備として，適切な情報や司法支援，福祉支援がなされる仕組みが総合的に検討される必要がある。

　本稿では，日本家族法が直面しているさまざまな問題を解決するための鍵を，英国家族法の変遷を分析することで探ってきた。家族法が実現すべき正義は，家族メンバー，すなわち，私たちひとりひとりの尊厳と幸福の実現にほかならない。その実現にむけて，英国におけるこれまでみてきた改正された法制度がどのように運用され機能しているか研究することを今後の課題にし，本稿を締めくくりたい。

2 日本の同性カップルに対する権利保障の現状と課題
―― アメリカ，オランダの自治体レベルの同性パートナーシップ制度との比較から

佐 藤 美 和

はじめに
I 諸外国における自治体レベルの同性パートナーシップ制度の導入過程：オランダとアメリカの事例
II 日本のパートナーシップ証明制度の現状とその導入過程
III 結びに変えて：国際比較から考える日本の同性カップルに対する権利保障の課題

はじめに

　現在日本では，同性カップルの権利保障の法制化に対するニーズが可視化してきている。同性カップルが共同生活を営む実態があるにもかかわらず，社会保障，相続，住宅，入国管理上の問題，病院等での面会権，親子関係などにおいて何ら法的保障がないことで不利益を被っていることに対して，さまざまな形で当事者の声が上げられている。また，日本社会に存在するゲイ・レズビアンに対する差別や偏見の解消という社会的承認の観点からも，立法による権利保障が求められている。

　これに対して，現在日本では，同性カップルの権利保障に対する法整備は行われていない。婚姻の権利が異性カップルのみに限定されているのに加えて，婚姻とは別の制度としての同性パートナーシップに関する法律や，SOGI（性自認および性的指向）に基づく差別禁止法が制定されていない状況にある。

　一方で，こうした日本の同性カップルをめぐる法状況に対して，2015年から自治体レベルで同性パートナーシップを証明する取組が始まった。2015年11月から2018年7月までに，東京都渋谷区，東京都世田谷区，三重県伊賀市，兵庫県宝塚市，沖縄県那覇市，北海道札幌市，福岡県福岡市，大阪府大阪市の8自治体が，同性カップルに対して公的な証明書を交付するなど，同性パートナーシップに対する施策を実施している。

　このように，現在日本においては，同性カップルの権利を保障する法整備が進

展をみせない中で、自治体レベルでの取組が拡大している。先行研究では、婚姻の平等化にいたった諸外国では、多くの場合、1）同性間性行為の非犯罪化、2）差別禁止法制の整備、3）同性パートナーシップ制度の法制化、4）婚姻平等という段階的な法的プロセスを経たことが明らかにされている。また、同性パートナーシップ制度の導入に関しては、国レベルでの法制化に先立って、自治体レベルでの取組が開始されていた事例があったことが分かっている。こうした自治体レベルの初期の制度は、法的効果がないか、あるいは限定的なものであり、法的効果そのものよりも、議論を喚起する政治的効果や、同性カップルの存在を公的に承認する象徴的効果が大きかったことが指摘されている[1]。現在の日本の同性カップルをめぐる状況は、このような先行事例における同性パートナーシップ制度の法制化や婚姻の平等化に先立つ段階に類似していると考えることができる。

しかし、これまでの婚姻の平等化にいたる法的プロセスの研究では、主に国レベルの法制度に焦点が当てられてきた。そこで本稿では、まず、自治体レベルでの同性パートナーシップに対する取組に関する海外の先行事例として、アメリカとオランダを取り上げる。次に、国内の自治体におけるパートナーシップ証明制度の概要と導入過程の分析を行う。その上で、国内の自治体レベルでの取組と海外の先行事例との比較を通して、日本における同性カップルの権利保障の課題に対する示唆を得たい。

I　諸外国における自治体レベルの同性パートナーシップ制度の導入過程：オランダとアメリカの事例

本節では、欧米において、国レベルでの同性パートナーシップ制度の法制化や婚姻の平等化に先立って導入されていた、自治体レベルの同性パートナーシップ制度について実施した調査に基づき、その導入過程と特徴を明らかにする。調査対象は、次の2つの自治体である。1）アメリカのウェスト・ハリウッド市。調査期間は2017年1月、調査方法は議事録・新聞記事等の資料分析とした。2）オランダのデーフェンター市。調査期間は2016年8月から2017年2月、調査方法は新聞記事・団体機関誌等の資料分析とした。また、補足的に当事者団体・市議会

---

[1] Eskridge, William, N. Jr. & Spedale, Darren R. (2006) *Gay Marriage: For Better or for Worse?*, New York: Oxford University Press., Waaldijk, Kees (2005) "Others May Follow: The Introduction of Marriage, Quasi-Marriage, and Semi-Marriage for Same-Sex Couples in European Countries ", Judicial Studies Institute Journal, Vol. 5, pp. 104-127.

表1　調査対象一覧

	自治体名（国名）	制度名	根拠	施行年
1	ウェスト・ハリウッド市（アメリカ）	ドメスティック・パートナーシップ登録制度（Domestic Partnership Registration）	条例	1985
2	デーフェンター市（オランダ）	婚姻登録（Huwelijksregister, Marriage Register）	なし	1991

議員への聞き取り調査を行った。

1　アメリカ，ウェスト・ハリウッド市の事例

（1）背　景

アメリカ国内において，カリフォルニア州では他に先駆けて自治体レベルの同性パートナーシップに対する取組の導入について議論され，実施に至っていた[2]。1982年に，サンフランシスコ市がはじめてドメスティック・パートナーシップの導入の検討を開始した。1984年12月には，バークレー市が市職員に対するドメスティック・パートナーシップ制度を制定した[3]。1980年代後半から90年代にかけて，多くの都市が同様の制度を導入した[4]。こうした市レベルの制度の導入を経て，1999年にはカリフォルニア州がドメスティック・パートナーシップ法（California Domestic Partnership Act）を制定した。

また，自治体レベルでの取組の背景には，同性カップルの権利保障に関わる司法の動向も関連している。アメリカでは，1970年代から同性カップルが婚姻の権利を求める訴訟を始めるが，敗訴が続いていた。また，1986年には連邦最高裁がソドミー法を合憲とする判決[5]を下した。自治体レベルでの取組は，こうした同性カップルの権利保障を否定する司法の動きの下に出てきものである。1989年には，ニューヨーク州最高裁において，はじめて同性パートナーを「家族構成員」

---

(2) アメリカにおける自治体によるドメスティック・パートナーシップ制度については，棚村政行「アメリカ合衆国」棚村政行・中川重徳編著『同性パートナーシップ制度――世界の動向・日本の自治体における導入の実際と展望』（日本加除出版，2016年）117-134頁参照。
(3) 登録が認められるのは1991年になった。
(4) サンタ・クルーズ市（1986），ラグナ・ビーチ市（1990），サンフランシスコ市（1991），サクラメント市（1992），ロサンゼルス市（1994），サンディエゴ市（1994），サンタバーバラ市（1998）など。
(5) Bowers v. Hardwick, 478 U.S. 186 (1986)。同判決は2003年に Lawrence v. Texas, 539 U.S. 558 (2003) で覆される。

と認める判決が下された(6)。1993年以降,州レベルで同性パートナーシップ・同性婚を認める判決が出始めた。

(2) 導入の経緯(7)

まず,1985年1月の市議会において,市議会議員 John Heilman による提案と市長 Valerie Terrigno の主導の下で条例案の検討が開始された。1985年2月の市議会で,条例案の第一読会,第二読会が行われ,同居要件,市民以外の登録,職員への医療保険給付等について検討された。こうした審議を経て,1985年2月21日,ドメスティック・パートナーシップ条例(8)が成立した。1985年3月には,市議会で市職員のドメスティック・パートナーの医療保険給付について配偶者と平等な扱いにすることを確認し,その後段階的に適用範囲を拡大した。

(3) 制度の概要

条例において,以下の要件を満たす二者間の関係をドメスティック・パートナーシップと定義し,登録を受け付けた。1)カリフォルニア州において婚姻が禁じられる血縁関係にない者,2)婚姻関係あるいは姻戚関係にない者,3)生活必需品を共有している者,4)18歳以上の者,5)契約を締結する法的能力を有する者,6)互いに唯一のドメスティック・パートナーであることを宣誓する者,7)互いの福祉に責任を持つ者,8)ドメスティック・パートナーシップの身分に関する変更を市に届出ることに同意する者,9)他にドメスティック・パートナーがいない者,10)規定されたドメスティック・パートナーシップの宣誓書を提出することが要件である。登録は,宣誓書を市役所担当者に提出し,所定の料金を支払うことで完了し,市から登録証明書が交付される。

登録の効果は,1)市内全ての医療関連機関および刑務所での訪問権の保障,2)賃貸住居に関する条例(Rent Stabilization Ordinance)による保護(9),3)市職員の福利厚生(病気休暇,忌中休暇,健康保険,医療保険等)である。

---

(6) Brashi v. Stahl Associates, 543 N.E.2d 49, 544 N.Y.S.2d 784 (1989)
(7) West Hollywood City Council, "City Council Minutes 01_24_1985", "City Council Minutes 02_07_1985", "City Council Minutes 03_07_1985" および新聞報道等をもとにまとめた。
(8) "Domestic Partnership Ordinance", West Hollywood, Cal., Ordinance No. 22, (February 21, 1985)
(9) 貸主がドメスティック・パートナーの転入によって家賃を引き上げたり立ち退かせたりすることを禁止する。

(4) 特　徴

ウェスト・ハリウッド市は、アメリカではじめて条例制定によってドメスティック・パートナーシップの登録を認めた自治体である。その導入の経緯において、取組に積極的な首長およびオープンリーゲイの議員が主導的な役割を果たしたことが特徴といえる。

また、制度構築においては、同性カップルも異性カップルも登録可能であり、性的指向を問わない制度であること、および、性的関係を要件としないことが特徴である。このような制度構築に至ったことは、ソドミー法が合憲であり、司法において同性カップルの権利が承認されていないという、同性カップルが置かれた法的な状況と関連していると考えられる。そうした状況のもと、同性婚合法化を要求することなく、婚姻制度とは別の枠組みで同性カップルの権利保障を実現するメカニズムを提供したといえる。

2　オランダ、デーフェンター市の事例

(1) 背　景

まず、オランダにおける同性カップルが置かれた法的な状況を確認する。オランダでは、1811年に同性間性行為が非犯罪化されている。1979年からは、事実婚保護が段階的に進展し、住居の賃貸、相続、社会保障、所得税、年金、移民等において保護を受けられるようになっていくが、この事実婚には同性カップルも含まれていた。1994年には、包括的差別禁止法に性的指向による差別の禁止、および、民法上の地位（婚姻／非婚）による差別の禁止が盛り込まれた。1998年に登録パートナーシップ法が施行され、2001年には世界で初めて婚姻を平等化する民法改正が行われた。

司法においては、1989年のアムステルダム地裁[10]、および、1990年オランダ最高裁[11]で、同性カップルに婚姻が認められないことは差別に当たらないとの判決が下された。しかし、判決において、法律の文言上では婚姻は男女間に限られていないことを確認し、立法府による精査の可能性が示唆された。

こうした司法の動向を受けて、同性カップルの婚姻に関する専門家委員会が設置された[12]。1991年に設置された第一次専門家委員会（First Kortmann Committee）では、はじめに2つの枠組みが提示された。一つは地方自治体による婚姻の登録（'light registration'）で、もう一つは民事登録役場での登録（'heavy

---

(10) Rb Amsterdam, 13 February 1990, *NJCM* 1990, 456-460.
(11) HR（Dutch Supreme Court）19 October 1990, *NJ* 1992, 129.

registration') である。その後，後者のみを維持し，国レベルでの登録制度が検討された。1996年に設置された第二次専門家委員会（Second Kortmann Committee）は，1997年10月に同性カップルへの婚姻の開放を支持する報告を行った。この背景には，政治状況の変化があった[13]。1994年に，キリスト教民主同盟の連立政権退陣により同性カップルの法的保障に肯定的な政権が成立したことや，オープンリーゲイの議員が当選したことで，婚姻の平等化を推進することを政府に要請する環境が整っていった。

さらに，オランダにおける同性カップルの権利保障の進展には，運動団体の組織的活動も影響力を持った[14]。1980年代から，ゲイ・コミュニティ向けの新聞である Gay Krant の編集長 Henk Krol によるゲイ・クラントの友（Vrienden van de Gay Krant, SVGK）の組織化が進められ，専門家との連携による調査の実施や訴訟戦略を立てた他，地方自治体に対して同性間の婚姻を可能にするよう求める書面を送付するなどの活動が展開された。また，1946年に発足し，オランダで現在でも最も影響力を持つ団体COCは，当初ラディカルな社会変革を指向する団体として婚姻の要求に反対の立場をとっていたが，1995年からはGay Krantの活動に賛同するようになった。

（2）導入の経緯と取組の概要[15]

まず，SVGKからデーフェンター市への，同性間の婚姻を可能にするよう求める要望に対して，市が理解を示す回答を出したことから始まった。デーフェンター市は，市で可能な何らかの対応をしたいとの意向を持っていたが，同性カップルの婚姻の登録には象徴的な機能以上の効果を持たせることはできないとした。しかし，市庁舎でセレモニーを執り行うことができると考えたとのことである。こ

---

(12) Curry-Sumner, Ian. (2011) "Same-Sex Relationships in Europe: Trends Towards Tolerance?", Amsterdam Law Forum (3). pp. 43-61., Waaldijk, Kees (2001) "Small Change: How the Road to Same-Sex Marriage Got Paved in the Netherlands", Wintemute, Robert & Andenas, Mads eds. *Legal Recognition of Same-sex Partnerships: A Study of National, European and International Law*, Hart Publishing. pp. 437-464., Waaldijk, Kees 前掲注（1）参照。

(13) 谷口洋幸「同性婚・パートナーシップ法の可能性：オランダの経験から学ぶ」法律時報86巻12号（2014年）104-110頁，石嶋舞「オランダ」棚村・中川・前掲注（2）85-101頁参照。

(14) Kollman, Kelly (2016) *The same-sex unions revolution in Western democracies: International norms and Domestic policy change*, Manchester University Press.

(15) De Gay Krant 1991年6月15日号，Hans van Velde (2008) *Nederland kent geen homohuwelijk*, SVGK. 参照。

うした経緯を経て，1991年6月5日，オランダ国内で初めて女性同士のカップルに対して異性カップルと同じ婚姻の登録とセレモニーを執り行った。

このようなデーフェンター市の対応は，市庁舎で形式的な婚姻の登録・証明書の発行とセレモニーを執り行う（Symbolic Marriage Register）ことができるようにしたものであり，なんらかの法的効果を発生させるものではなかった。

（3）特　　徴

デーフェンター市は，オランダの自治体としてはじめて同性カップルに対する対応をおこなった。これは，当事者団体の要望に対して自治体が支援する形で関わった事例である。

つまり，最高裁判決や専門家委員会等の動向を背景とした，当事者団体の時宜を得た働きかけに対して，その要望に賛同した自治体が市レベルで可能な方法で対応したことで実現したといえる。デーフェンター市のこの対応は，そもそも国レベルでの立法の必要性を念頭に置いたものであり，セレモニーでもそうしたコメントが出されている。このセレモニーは全国規模で報道され注目を集めたため，自治体が対応した最初の事例としての影響力をもった。報道では同性カップルの婚姻を認める立法の必要性が強調された。この時期に，SVGKは再度全国の自治体への要望を出した。こうした動きを受けて，1998年の登録パートナーシップ法制定までに130以上の自治体[16]が同様の対応を行った。

II　日本のパートナーシップ証明制度の現状とその導入過程

本節では，まず自治体によるパートナーシップ証明制度の導入の現状について概観する。次に，制度の導入過程と特徴について，調査に基づいた分析を行う。

1　日本のパートナーシップ証明制度の現状

前節で述べた通り，日本においては，同性カップルに対する権利保障は法制化されていない。そのため，同性同士で共同生活をしている場合，住宅の賃貸，パートナーの入院や手術に際しての医療機関での扱い，パートナーの死亡による遺産相続や祭祀，年金・社会保障，子どもの親権，パートナーが外国人の場合の在留

---

(16) オランダは，12の州（Provincie）に分けられ，さらに467の基礎自治体（Gemeente）に分けられる（2005年1月1日時点）。自治体国際化協会『オランダの地方自治』（自治体国際化協会，2005年）15頁。

資格など様々な場面においてパートナーとして扱われず，不利益を被っている。こうした問題を解消するために同性カップルの権利を保障するには，1）婚姻の適用，2）パートナーシップ制度の創設，3）事実婚規定の適用という複数の方法が考えられるが，いずれにおいても法制化に向けた動きはみられない。

このように同性カップルが法的に不安定な地位に置かれたまま共同生活をせざるを得ない状態が続く中で，2015年11月に渋谷区がパートナーシップ証明の交付を，世田谷区がパートナーシップ宣誓書の受理を始めるという動きが起きた。これを皮切りに，同様の証明制度を開始する自治体が後に続いた。現在取組みを実施しているのは，表1に示した8自治体である。加えて，同様の制度の導入を予定している自治体もある。東京都中野区は，「中野区パートナーシップ宣誓」の開始を発表し，2018年8月から予約を受け付けている[17]。また，千葉県千葉市は，2019年4月から事実婚の異性カップルも含む同性カップルらをパートナーとして証明する制度を施行する予定であることを発表している[18]。さらに，東京都江戸川区，東京都港区，埼玉県さいたま市，香川県丸亀市，滋賀県大津市，長崎県長崎市，愛知県名古屋市など，検討を開始したことを公表している自治体もある[19]。

自治体によるパートナーシップ証明制度は，一定の要件を満たした同性カップ

表2　パートナーシップ証明制度を導入した自治体[20]

	自治体名	制度名	根拠	施行年月
1	東京都渋谷区	パートナーシップ証明	条例	2015.11
2	東京都世田谷区	パートナーシップ宣誓	要綱	2015.11
3	三重県伊賀市	パートナーシップ宣誓	要綱	2016.4
4	兵庫県宝塚市	パートナーシップ宣誓	要綱	2016.6
5	沖縄県那覇市	パートナーシップ登録	要綱	2016.7
6	北海道札幌市	パートナーシップ宣誓	要綱	2017.6
7	福岡県福岡市	パートナーシップ宣誓	要綱	2018.4
8	大阪府大阪市	パートナーシップ宣誓証明	要綱	2018.7

---

(17)「中野区も性的少数者のカップル認定制度　8月にも導入」朝日新聞2018年5月10日，「中野区　同性カップル『パートナー宣誓』8月受け付け」毎日新聞2018年7月25日。
(18)「千葉市　パートナーシップ制度を導入　事実婚の異性同士も」毎日新聞2018年8月24日。
(19)「同性カップル公的認証へ一歩　港区議会が請願採択」朝日新聞2017年12月9日，「さいたま市　パートナーシップ制度導入へ　県内初」毎日新聞2018年7月4日などの新聞報道をもとにまとめた。

ルに対して，パートナーシップに対する証明書あるいは宣誓書受領証を交付するものである。証明書や宣誓書受領証の取得による効果は自治体により異なるが，主に区・市内における病院での手続きや公営住宅の入居資格において家族に準じる扱いを受けることができることが挙げられる。

　こうした自治体によるパートナーシップ証明制度に対して，その意義と限界が以下のように検討されている[21]。自治体による公的認証は，同性パートナーシップを肯定的にとらえ，性的マイノリティの人権を保障し，スティグマを除去するような象徴的な意義をもっている。また，きわめて限定的ながらも，自治体内での公営住宅や医療機関，民間企業での扱いにおいて，同性カップルのパートナーシップが尊重されるという一定の効果が期待できる。一方で，自治体による認証には法的拘束力がないという限界が指摘されている。同性カップルが自治体による認証を受けたとしても，異性カップルの婚姻と同等あるいは類似の法的な権利義務関係が発生することはない。しかし，将来的には事実婚的な扱いにつながる可能性があることが指摘されている[22]。

2　パートナーシップ証明制度の導入過程と特徴

　次に，2017年6月までにパートナーシップ証明制度を導入した6自治体（表3）を対象として実施した調査をもとに，それぞれの導入過程と特徴を明らかにする。

表3　調査対象一覧

	自治体名	人口（人）	施策名	根拠	施行年月	利用件数[23]
1	東京都渋谷区	22.5万	パートナーシップ証明	条例	2015.11	24
2	東京都世田谷区	90万	パートナーシップ宣誓	要綱	2015.11	56
3	三重県伊賀市	9.5万	パートナーシップ宣誓	要綱	2016.4	4
4	兵庫県宝塚市	22.5万	パートナーシップ宣誓	要綱	2016.6	0
5	沖縄県那覇市	32.3万	パートナーシップ登録	要綱	2016.7	18
6	北海道札幌市	196.2万	パートナーシップ宣誓	要綱	2017.6	31

---

(20)　2018年8月31日時点。
(21)　棚村・中川・前掲注（2），谷口洋幸・綾部六郎・池田弘乃編『セクシュアリティと法 ―― 身体・社会・言説との交錯』（法律文化社，2017年），二宮周平編『性のあり方の多様性 ―― 一人ひとりのセクシュアリティが大切にされる社会を目指して』（日本評論社，2017年）など。
(22)　大島梨沙「『パートナーシップ証書』から考える共同生活と法」法学セミナー753号（2017年）48-49頁，二宮周平「同性パートナーシップの公的承認」棚村・中川・前掲注（2）6-28頁，山下純司「渋谷区条例の意義：パートナーシップから同性婚へ」ジュリスト1485号（2015年）66-72頁など。

調査期間は2016年12月から2017年6月，調査方法は各自治体の担当部署への聞き取り調査，および，議事録，新聞記事等の資料分析とした。

（1）東京都渋谷区

渋谷区は，2015年11月から，「渋谷区男女平等及び多様性を尊重する社会を推進する条例」[24]に基づき，要件を備えた同性カップルに対してパートナーシップ証明書を交付する，「パートナーシップ証明」を実施している。条例は，前文において，日本国憲法の個人の尊重及び法の下の平等の理念，および，区の男女共同参画行動計画を引用している。制度の趣旨は，法律上の婚姻とは異なるものとして，条例において，男女の婚姻関係と異ならない程度の実質を備える戸籍上の性別が同一である二者間の社会生活関係を「パートナーシップ」と定義し（第2条），二人がパートナーシップの関係にあることを確認して証明するものである。

対象となるのは，1）渋谷区に居住し，かつ，住民登録があること，2）20歳以上であること，3）配偶者がいないこと及び相手方当事者以外のパートナーがいないこと，4）近親者でないことという要件を満たした同性カップルである。申請にあたっては，任意後見契約に係る公正証書，および，合意契約に係る公正証書が必要となる[25]。

証明書取得の効果は，区内の医療機関，不動産業者等でパートナーシップ証明が尊重されることと，区営住宅の入居資格を得られることである。パートナーシップ証明の尊重義務に関しては，罰則規定（第15条）が設けられている。

導入の経緯は以下の通りである。2005年に長谷部健区議会議員（当時，現渋谷区長）が性的マイノリティの当事者と交流ができたことをきっかけとして，2012年から2013年にかけて，区議会においてパートナーシップ証明の実現可能性について質問したことが端緒となった。2014年7月には専門家らによる条例制定検討会が発足し，当事者のヒアリングや，制度の方向性，証明事項，発行要件等についての検討を重ねた。2015年2月にはパートナーシップ証明を含む条例案を発表，3月の区議会で可決した。条例の施行は4月1日からであったが，パートナーシップ証明に関しては，10月28日に申請受付を開始し，11月5日からの交付となった。

---

(23) 2017年11月時点。渋谷区『渋谷区パートナーシップ証明実態調査報告書』（平成29年11月5日）参照。

(24) https://www.city.shibuya.tokyo.jp/assets/detail/files/kusei_jorei_jorei_pdf_danjo_tayosei.pdf

(25) 特定の事由に該当する場合には，「合意契約公正証書」のみによって証明を行うことができる（第10条第2項ただし書）。

（2）東京都世田谷区

世田谷区は，渋谷区と並んで2015年11月から，「世田谷区パートナーシップの宣誓の取扱いに関する要綱」に基づき，同性カップルからのパートナーシップ宣誓書を受付け，それに対するパートナーシップ宣誓書受領証の交付を開始した。この施策は，世田谷区基本構想および世田谷区基本計画における，多様性の尊重，人権の尊重の理念に基づくものとして位置づけられている。また，2017年策定の世田谷区第二次男女共同参画プラン，および，2018年4月施行の「世田谷区多様性を認め合い男女共同参画と多文化共生を推進する条例」では，その基本的施策として定められた性的マイノリティに対する支援[26]に関連する施策の一つとして位置づけられた。その趣旨は，同性カップルである区民がその自由な意思によるパートナーシップの宣誓を区長に対して行い，同性カップルの気持ちを区が受け止め，区長名の宣誓書受領証を交付するものである。

対象となるのは，次の要件を満たす同性カップルである。1）双方が20歳以上であること，2）双方が区内に同一の住所を有すること。または，一方が区内に住所を有し，かつ，他の一方が区内への転入を予定していること，3）公序良俗に反しない関係であること。（他の人とパートナーシップ関係にないこと／他の人と法律上の婚姻関係にないこと／宣誓人同士が親子・兄弟姉妹関係でないこと）。

宣誓書受領証の運用については，要綱等に明記されたものはない。区から区内の医療関連団体や民間不動産関連団体への理解を求める説明を行っていることから，宣誓書受領証が尊重される可能性がある他，民間企業のサービスにおいても家族として扱われる可能性がある。

導入の経緯は以下の通りである[27]。まず，2014年9月の区議会において，同性パートナーシップに関する質疑応答が行われた。ここでは，上川あや区議会議員から，欧米の自治体による同性パートナーの登録認証制度を例に挙げ，区に対して同性間パートナーシップの名義的届出の受付等の検討が要請された。これに対して所管部に調査，検討を指示する区長答弁が行われた。2015年3月には，当事者団体（「世田谷ドメスティック・パートナーシップ・レジストリー」）から区長に対して，要望書「同性カップルを含む『パートナーシップの公的承認』に関する要望書」が提出された。その主旨は，「同性同士で生活する者も家族として扱い，

---

[26]「性的マイノリティの性等の多様な性に対する理解の促進及び性の多様性に起因する日常生活の支障を取り除くための支援」（第8条第1項第5号）。

[27] 区議会議員の立場から，議会での質問や当事者団体の要望書提出，要綱策定までの担当部署との議論等について詳細に記述したものとして，上川あや「世田谷区における同性パートナーシップの取組について」棚村・中川・前掲注（2）180-209頁。

そのパートナーシップを承認してほしい」というものであった。具体的には，同性カップルが直面している住宅の賃貸や医療機関での面会等の場面における困難が伝えられた。議会での質疑応答などを経て徐々に機運が醸成してきた中で，2月には渋谷区がパートナー証明を含む条例案を発表したことでメディアがこの問題を盛んに取り上げていたことに加えて，区内の当事者から直接の要望があったことが，取組に対する具体的な検討を促した。2015年4月に「性的マイノリティ支援検討PT」が設置され，区長の裁量でできる内容，法令等との整合性，行政手続きとしての正当性，課題と実現可能な支援策などの検討が始まった。7月の常任委員会において要綱案の説明が行われ，9月の区議会において要綱制定に至った。11月1日に要綱が施行，5日から宣誓書の受付，宣誓書受領証の交付が開始された。

　さらに世田谷区は，2017年6月に区営住宅に関する条例の入居資格要件を改正し，同性カップルが区営住宅に申し込みをできるようにした[28]。世田谷区は，制度開始後に，宣誓した当事者に対するアンケート調査の他，性的マイノリティを対象とした意識調査を実施し，当事者のニーズをくみ上げる取組をしている[29]。その中で，行政に対する要望として，区民住宅への入居をできるようにすることが挙がっていたことが条例改正の背景にある。最初に条例改正案が提出された2017年2月の区議会では，「周知が不十分」などの意見により審議継続となった。しかし，その後区が実施した区民を対象とした性的マイノリティに対する取組に関するアンケート調査[30]では，同性カップルも区営住宅の入居申込ができるようにする必要があるか問う質問に対して，半数以上が賛成する回答をしたことな

---

[28]　世田谷区区営住宅管理条例の資格要件（第5条）に「区長は，相当と認めるときは，区営住宅を使用しようとする者が現に同居して共同生活を営み，又は共同生活を営むため同居しようとする同性者（規則で定める者に限る。）を同居予定者とみなすことができる。」という1項を加えるとともに，「使用者又は同居する親族」（第12条）を「使用者若しくは同居する親族又は第5条第4号の規定により区長が同居予定者とみなした者であって現に同居するもの（以下この項においてこれらを「使用者等」という。）」に改正した。
[29]　「世田谷区パートナーシップ宣誓の取組みに関するアンケート調査」（2016年9月実施）http://www.city.setagaya.lg.jp/kurashi/101/167/1871/d00150344_d/fil/houkoku.pdf。「性的マイノリティ支援のための暮らしと意識に関する実態調査」（2016年8～9月実施）。http://www.city.setagaya.lg.jp/kurashi/101/167/1871/d00148191_d/fil/houkokusyo.pdf
[30]　「多様性が尊重される地域社会への取り組みに関する区民アンケート調査」（2017年4月実施）http://www.city.setagaya.lg.jp/kurashi/101/167/1871/d00153479_d/fil/a.pdf。「同性カップルも区営住宅の入居申込ができるようにすること（入居を優遇するものではありません）を，区として進めていく必要があると思いますか。」という質問に対して，「そう思う」57.2％，「そう思わない」10.4％という回答結果が出た。

ども受け、2017年6月には条例改正案が可決した。なお、この改正は、入居資格要件に同性カップルを加えたものであり、宣誓をしていることが要件になっているわけではないため、宣誓の効果として区営住宅への入居資格が付け加えられたものではない。

（3）三重県伊賀市

伊賀市は、2016年4月から、「伊賀市パートナーシップの宣誓の取扱いに関する要綱」に基づき、同性カップルからのパートナーシップ宣誓書を受付け、それに対するパートナーシップ宣誓書受領証の交付を開始した。この施策は、伊賀市総合計画における「あらゆる差別を許さず、互いの人権を尊重するまちづくり」という基本構想、および、伊賀市人権施策総合計画において性的マイノリティに対する差別解消が人権課題として挙げられていることが根拠となっている。その趣旨は、互いをその人生のパートナーと約束した同性カップルの宣誓書を市が受け取り、受領証を交付するものである。伊賀市はその目的として、「同性カップルの認知、生活上の困難の解消」、「LGBT当事者への支援を表明」、「『性の多様性』について市民への正しい理解の啓発」を挙げている。

対象となるのは、次の要件を満たす同性カップルである。1）双方が20歳以上であること、2）双方が独身であること、3）双方または一方が市内在住であり、一方が市内に住んでいない場合は市内に転入の予定であること。

宣誓の効果は、市民病院での手続き時に家族同様の扱いを受けられることと、市営住宅に入居申請が可能になる[31]ことである。

導入の経緯は以下の通りである。伊賀市は、性的マイノリティに関する問題を人権課題として位置づけ、2014年には人権啓発パネルの展示、2015年には当事者を招いた市民講演会を開催する他、当事者に対するヒアリングを行ってきた。同性パートナーシップに対する取組に関しては、2015年12月に岡本栄市長から担当課に対して、2016年4月からの制度開始の意向が伝えられたことから始まっている。そのきっかけとして、2015年に発表された、日本におけるLGBTは人口の7.6％とする民間の調査結果が挙げられる[32]。また、背景には、2016年5月に三重県でのG7伊勢志摩サミット開催が控えていたことがあったものとされる[33]。市長の意向を受けて庁内プロジェクトチームを発足、検討を開始し、すでに取組の

---

(31) 伊賀市営住宅管理条例の入居資格に定められた親族要件に、パートナーシップ宣誓を行っていることを読み込んで運用する形をとっている。
(32) 電通ダイバーシティ・ラボ「電通LGBT調査2015」（2015年）。

方針を取りまとめていた宝塚市への視察などを行った。2016年3月に取組方針の議会への説明を行い，4月には要綱を施行，パートナーシップ宣誓書の受付とパートナーシップ宣誓書受領証の交付を開始した。

（4）兵庫県宝塚市

宝塚市は，2016年6月から，「宝塚市パートナーシップの宣誓の取扱いに関する要綱」に基づき，同性カップルからのパートナーシップ宣誓書を受付け，それに対するパートナーシップ宣誓書受領証の交付を開始した。この施策は，第2次宝塚市人権教育および人権啓発基本方針に掲げられる人権尊重の理念に基づくものとして位置づけられている。その趣旨は，市民一人ひとりの人権が大切にされ，多様な生き方を認め合い，誰もが自分らしく暮らせる社会をめざし，同性カップルが行うパートナーシップの宣誓の取り扱いを定める要綱を制定するというものである。

対象となるのは，次の要件を満たす同性カップルである。1）双方が20歳以上であること，2）双方または一方が市内在住であり，一方が市内に住んでいない場合は市内に転入予定であること，3）双方に配偶者がいないこと及び当事者以外の者と同性カップルでないこと。

宣誓の効果は，要綱の制定段階では特に明確にされていないが，市内の民間医療機関および民間不動産業者に理解を求める働きかけや，市営住宅の入居資格要件に加える検討がなされている。

導入の経緯は以下の通りである。まず，2015年4月に，渋谷区のパートナー証明を含む条例制定の動きを受け，中川智子市長の意向により「性的マイノリティ支援方策検討部会」が設置された。検討部会では，2013年にLGBT支援宣言を発表している淀川区の視察や渋谷区，世田谷区等への聞き取りを経て，取組の方向性の検討を重ねた。また，性的マイノリティに関する職員研修や当事者へのヒアリング，当事者による講演会を実施した。これを経て2015年11月に「性的マイノリティに寄り添うまちづくりの取組」（「方針」）[34]を取りまとめ，議会への説明を行った。「方針」は，全体としての啓発・理解の促進，発信事業，相談事業

---

(33) 岡本栄市長は，制度の開始に先立つ告示に際して，「多様性のある社会を実現するための第一歩だ。伊勢志摩サミット開催県の自治体として，性的少数者（LGBT）の人権課題に国際的な感覚で取り組んでいくことは大きな意義がある」旨を述べている。「三重・伊賀市も同性パートナー制度証明書　全国3例目」日本経済新聞2016年3月10日。

(34) http://www.city.takarazuka.hyogo.jp/_res/projects/default_project/_page_/001/014/164/lgbttorikumi.pdf

への取組，教育・保育現場の取組，市立病院の取組，同性パートナーを尊重する仕組みづくり等からなる。ここで同性パートナーを尊重する仕組みづくりとして，要綱制定が位置づけられた。また，市立病院の取組として，同性パートナーが，入院時の連帯保証人になれる，保証人になれば手術等の承諾書にサインできる，病状の説明を受けられることが明記されている。「方針」の策定を経て，2016年6月に要綱を施行，パートナーシップ宣誓書の受付とパートナーシップ宣誓書受領証の交付を開始した。

（5）沖縄県那覇市

　那覇市は，2016年7月から，「那覇市パートナーシップ登録の取扱いに関する要綱」に基づき，同性カップルのパートナーシップ登録申請を受付け，パートナーシップ登録証明書の交付を開始した。この施策は，那覇市総合計画および「性の多様性を尊重する都市・なは」宣言（「レインボーなは宣言」）の理念に基づくものと位置づけられる。その趣旨は，人がその多様な性を生きることは人権として尊重されるものであり，その中で築かれるパートナーシップもまた尊重されるべきものであることから，誰もが差別や偏見にさらされることなく，安心して暮らすことのできるまちづくりを目指すものである。「登録」とは，申請内容が認められた場合に，パートナーシップを登録簿に登録することである。市は，登録に基づき，パートナーシップ登録証明書の他，利用者の必要に応じて登録に関する事実証明書の交付も行う。

　対象となるのは，1）互いを人生のパートナーとし，継続的に共同生活をしている，又はそうしようと約束していること，2）2人の戸籍上の性別が同一であること，3）20歳以上であること，4）住所につき，下記のいずれかに該当すること（2人とも那覇市民であること／1人が那覇市民，もう1人が市内への転入を予定していること／2人とも市内への転入を予定していること），5）下記に該当する，1対1の関係にあること（配偶者がいないこと／申請者以外の者とのパートナーシップの関係がないこと）を満たしている者である。

　登録証明書の運用に関しては，市立病院との連携を検討している他，市内の医療機関と不動産業者に対して理解を求める説明を行っている。また，要綱制定時には市営住宅の入居資格要件は検討事項であったが，2017年1月からパートナーシップ登録証明書の交付を受けている同性カップルは入居申し込みが可能になった。

　導入の経緯は以下の通りである。那覇市では，早くから女性センターが中心となって性的マイノリティに関わる問題を取り上げてきた。たとえば，1997年から

セクシュアリティに関する市民講座を継続的に開催したり，電話相談を受けたりしてきた経緯がある。2013年からは，性的マイノリティが生きやすい社会を目指すイベントである「ピンクドット沖縄」を共催している。2015年2月には，市議会において，渋谷区のパートナーシップ証明や淀川区のLGBT支援宣言といった取組を取り上げ，市の性的マイノリティに対する取組に対する質問があった。こうしたことを受けて，2015年7月に「レインボーなは宣言」を発表した。この宣言は，パートナーシップに関する取組のバックボーンになることを見すえたものであった。この宣言に基づいて，「レインボーなは」として，相談窓口，広報活動，市民への啓発，レインボー交流会など，幅広い取組を実施している。パートナーシップに関しては，2016年2月から，那覇市男女共同参画会議での審議を重ねた。この間，当事者との意見交換も行った。また，2016年4月には，琉球大学ロースクールとの連携・協力の協定を締結し，法的なアドバイスを受けることができるようにした。こうした経緯を経て2016年7月に要綱を施行，パートナーシップ登録を開始した。さらに，2017年1月には，要綱制定時には検討事項であった市営住宅の入居に関して，那覇市営住宅管理条例に定められた同居者の親族要件に，パートナーシップ登録証明書の交付を受けた同性カップルも含めるものとした。

（6）北海道札幌市

札幌市は，2017年6月から，「札幌市パートナーシップの宣誓の取扱いに関する要綱」に基づき，同性カップルからのパートナーシップ宣誓書を受付け，それに対するパートナーシップ宣誓書受領証の交付を開始した。政令指定都市としては初めての取組である。この施策は，札幌市まちづくり戦略ビジョンに掲げられた，市民が互いの個性や多様性を認め合う寛容さと相互の信頼感の下でつながる共生のまちづくりを進めることなどの理念に基づくものとして，また，第3次男女共同参画さっぽろプランにおける性的マイノリティへの支援に関わるものとして位置づけられる。その趣旨は，性的マイノリティの方の気持ちを受けとめる取組として，お二人が互いを人生のパートナーとして，日常生活において相互に協力し合うことを約束した関係であることなどを札幌市長に対して宣誓をする制度というものである。

対象となるのは，次の要件を満たす一方又は双方が性的マイノリティの二人である。1）双方が20歳以上であること，2）市内に住所を有する，または，市内への転入を予定していること，3）双方に配偶者がいないこと及び他にパートナーシップの関係にないこと。

宣誓書受領証の運用に関して，市として明らかにしている取組はないが[35]，「札幌市パートナーシップ宣誓制度に関するQ＆A」[36]には「既に一部で認められている携帯電話の家族割といった同性パートナーなどでも活用可能な民間サービスに波及すること」を期待しているとの記載がある。

　導入の経緯は以下の通りである。札幌市では，渋谷区と世田谷区の動きを受けて，2016年2月に，制度の導入を目指す当事者団体「ドメスティック・パートナー札幌」が立ち上げられた[37]。同団体は，鈴木賢教授を呼びかけ人・代表とし，弁護士[38]や市民が参加した。同年4～5月には賛同者の署名を取りまとめ，賛同者に対しては，札幌市民からの要望であること明確にするために住民票の提出を求めた。同年6月，同団体は，秋山克広市長および市議会に対して，「同性カップルを含む『パートナーシップの公的認証』に関する要望書」を，賛同者リストと住民票とともに提出した。これを受けて市長は，定例記者会見において，行政内部での検討を進める意向を発表した。この間同団体は，議員向けの勉強会を札幌弁護士会主催で開催したり，各会派への説明をしたりするなどの活動も進めた。札幌弁護士会による勉強会が，性的マイノリティに関する問題が人権課題であることを市として認識するきっかけになったとのことである。また，4月に開催した札幌での同性パートナーシップ制度導入に向けた講演会では，先行自治体であ

---

[35] 新聞報道によれば，札幌市住宅管理担当課は「LGBTカップルの市営住宅への入居は検討課題の1つと認識している」が，条例の改正が必要となるため具体的な方向性は見えていないと話している。「札幌市もLGBTカップル『公認』冬季大会招致にらむ」日本経済新聞2017年6月9日。

[36] http://www.city.sapporo.jp/shimin/danjo/lgbt/documents/shitumonkaitou.pdf

[37] 同団体の立ち上げに先立つ札幌市における当事者の活動の歴史については，鈴木賢「地方都市にも性的マイノリティが生きる空間をつくる」栗原彬編『ひとびとの精神史　第9巻　震災前後——2000年以降』（岩波書店，2016年）333-345頁参照。同団体の立ち上げに至る経緯やその活動については，鈴木賢「法的権利を獲得してゆくLGBT——札幌，台湾での成功」世界897号（2017年）34-37頁，蔵田伸雄「シティズンシップと市民運動：LGBTをとりまく日本的事情」北海道大学大学院文学研究科応用倫理研究教育センター主催　一般公開フォーラム「シティズンシップと市民運動——LGBTをとりまく日本的事情」資料　2016年12月18日開催（2017年）参照。また，同団体の活動を含めた制度導入の経過については，二宮周平「ハートナーシップ証明制度の意義と展開～札幌市と台湾を例に」戸籍時報759号（2017年）14-23頁に詳しい。

[38] 札幌市におけるパートナーシップに関する当事者の活動は，当初より市内の弁護士と連携していることが特徴の一つとして挙げられる。2016年7月には，北海道弁護士会連合会が「性的マイノリティに対する差別と偏見をなくし，暮らしやすい地域を作るための制度を求める決議」(http://www.dobenren.org/activity/h28ketsugi02.html）において，「各自治体において，性的マイノリティ当事者の存在を可視化し，当事者が日常的に直面する困難を直接的に解消するための制度として，いわゆるパートナーシップ認証制度を創設すること」を求めている。

る世田谷区と那覇市からスピーカーを招き，制度実現に向けた運動の方向性を学んだ。8月には，札幌市男女共同参画センターとの共催で，当事者であることを公表している南和行弁護士の講演会を開催した。ここで副市長による挨拶が行われ，取組に対して前向きな発言があった。

　この間，担当課は，市長が6月の記者会見で取組の検討を発表したことを受けて，検討を進めた。要綱での制度開始を念頭に，先行自治体への視察等を重ねながら，札幌市独自の制度構築，具体的にはトランスジェンダーに配慮した同性に限定しない制度にする方向性を固めていった。2月に開かれる市議会での説明を控え，担当課は自民党に反対意見があることをふまえて慎重に調整する必要性を認識していたが，12月に予期しない形で制度導入の方針が報道された。このことは，市の内外から賛否ともに大きな反応を招いた。その後2017年1月には，札幌弁護士会から制度の早期創設を求める会長声明[39]が出された。

　2017年1月，市議会財政市民委員会において，「札幌市パートナーシップ制度について」として，取組の背景と制度の概要が説明され，実施時期は2017年4月とされた。しかし，2月の市議会本会議において，自民党の市議会議員により，性的マイノリティに関する人権課題の認知度が低い中，市民に同性婚を認めるのではという誤解や混乱が生じていることから周知期間が必要であるとの質問が行われたことを受けて，2か月の周知期間が設けられた。周知期間に市は，広報に性的マイノリティや制度の開始についての記事を掲載したり[40]，パートナーシップ宣誓と結婚制度や同性婚との違いに言及するなど慎重論に配慮した内容の「札幌市パートナーシップ宣誓制度に関するQ&A」を作成するなどの対応をした。こうした経緯を経て，要綱が3月に策定され，6月からパートナーシップ宣誓書の受付とパートナーシップ宣誓書受領証の交付を開始した。

3　導入過程における推進要因と制度構築の特徴

　次に，以上の調査により明らかになった自治体によるパートナーシップ証明制度の導入過程について，以下の2つの視点から分析した。

---

(39)「同性間で使えるパートナーシップ制度の早期創設を求める会長声明」2017年1月26日（https://www.satsuben.or.jp/info/statement/2016/10.html）。
(40)「NEWS1　性的マイノリティの方のパートナーシップ宣誓制度を6月に新設」（「広報さっぽろ」2017年5月号）。
　http://www.city.sapporo.jp/somu/koho-shi/201705/documents/20170506.pdf

(1) 導入過程における推進要因の分析

以上の調査から，パートナーシップ証明制度の導入を可能にした4つの推進要因を抽出した。第1に首長のリーダーシップ，第2に議会での質問等の自治体議員の関わり，第3に当事者団体の要望，第4に先行する取組である。

まず，制度の導入過程におけるアクターとして，取組に積極的な首長・当事者団体と連携した議員・当事者団体の3つが重要な役割を果たしていることが分かった。導入過程ではその他にも，自治体職員，弁護士や研究者といった専門家，メディアなどが関わっていた。また，主要なアクターの他に，性的マイノリティや人権に関して先行する取組があるかどうかも関連していた。表3は，6つの自治体の導入過程における，以上の4つの推進要因の有無を表している。

以下で，4つの推進要因について検討する。

① 首長のリーダーシップ

これまでにパートナーシップ証明制度を導入した全ての自治体において，首長の意向のもとに導入が進められてきたことが分かった。特に，当事者団体からの要望や議会での質問等がなかった場合に，首長の強いリーダーシップが制度の導入を可能にしている。

さらに，6自治体の導入過程の分析から，首長のリーダーシップには2種類あることが分かった。1つ目は，初めから首長の主導で取組を開始する場合であり（トップダウン型），2つ目は，当事者団体からの要望を受けたり，議会での質問を受けて課題として認識し，取組を主導する場合である（ボトムアップ型）。

まず，どちらの場合も，同性パートナーシップに関する問題が取り組むべき人権課題であるという認識が根幹にあることは共通している。特に，同和問題や民

表4　推進要因

	自治体名	首長のリーダーシップ	議会での質問	当事者団体の要望	先行する取組
1	東京都渋谷区	○	○	×	×
2	東京都世田谷区	△	○	○	○
3	三重県伊賀市	○	×	×	×
4	兵庫県宝塚市	○	×	×	○
5	沖縄県那覇市	○	○	△	○
6	北海道札幌市	△	×	○	×

族問題といったマイノリティの人権課題に対する取組の蓄積がある自治体では，当事者の要望がない場合でも，首長や担当職員が，性的マイノリティに関する問題が人権課題であるという理解や，それに基づく取組への積極性を持ちやすい可能性が高く，スムーズな制度の導入につながっていると思われる。

それに加えて，同性パートナーシップに関する取組が，自治体の広報や魅力発信の要素であり，国際化や多様性のアピールになる施策として位置付けられている場合は，首長の積極的な取組を後押しする形になっている。たとえば，グローバル都市としての多様性推進（渋谷区），サミットの開催（伊賀市），オリンピック・パラリンピックの招致（札幌市）といった国際社会に向けたアピールや，観光誘致，移住，ふるさと納税などといった財政的な要因（伊賀市，那覇市）が挙げられる。

さらに，世田谷区が考案した要綱方式は，首長決裁で可能となるため，議会での質問や当事者団体からの要望がない場合でも，取組に積極的な首長によるトップダウン型の導入をしやすくしていると考えられる。

② 議会での質問

取組に関心がある議員や当事者団体と連携した議員が，積極的に性的マイノリティ全般や同性パートナーシップに関する質問を行うことが，取組の推進を具体化する要因のひとつになっていることが分かった。たとえば，渋谷区，世田谷区，那覇市は，それぞれ，当事者と交流のある議員や従来から性的マイノリティの人権課題に取り組んできた議員の質問が取組検討の発端となっている。議員からの質問がなされることによって，担当部署が回答を検討したり，首長が答弁することになるため，議題に上がること自体が意味を持つ。また，当事者団体からの要望がない場合でも，首長や議会，自治体職員らが，同性パートナーシップに関する問題を人権課題として認識する機会となりうる。

③ 当事者団体からの要望

当事者団体からの要望は，同性カップルが置かれた状況が人権課題であることを自治体が直接認識するきっかけとなり，首長や担当部署の検討を強く促したことが分かった。特に，現実に当事者が生活していることを可視化することになる住民から要望は，取組の必要性を自治体に伝えることができるという意味で，推進要因として重要な役割を果たしたと考えられる。たとえば世田谷区と札幌市の場合は，首長が当事者から実際に困っている状況を聞いたことによって，取組が必要とされているとの認識を持つきっかけになったり，それを強めたという経緯がある。

一方で，伊賀市や宝塚市のように，当事者からの要望がないにもかかわらず，取組を始めた自治体もある。このような場合は，LGBTが人口の7〜8％いるという調査結果などを受けて，要望としては表れていないとしても当事者は必ず存在することを前提として，人権課題として取り組む必要があるという考えから導入の検討が開始された。このように，必ずしも当事者の要望がなくても取組が可能であることは，カミングアウトしづらい社会である日本においては重要な示唆となるのではないかと思われる。

④ 先行する取組

以上で検討した3つの主要なアクターの働きとは別に，性的マイノリティをめぐる課題に関して先行する取組があるかどうかが，制度の導入のしやすさに関わっていることが分かった。自治体の基本計画や人権または男女共同参画分野に性的マイノリティに関する施策が位置づけられている場合，それらを制度導入の根拠とすることができる。

たとえば世田谷区の場合は，「世田谷区基本構想（2013〜2032）」（2013年策定），および，それに基づく「世田谷区基本計画（2014〜2023）」（2014年策定）によって，多様性の尊重，人権課題の枠組みに性的少数者が位置づけられている。また，「世田谷区男女共同参画プラン」（2007年策定）に「性的少数者への理解促進」が施策として盛り込まれている。このように，区の公的文書に性的マイノリティが位置づけられていることが，要綱策定の根拠になっている。宝塚市の場合は，人権と男女共同参画分野において性的マイノリティに関する啓発事業等を位置づけてきた。2015年11月には性的マイノリティ支援に関する「方針」をとりまとめ，それに基づいて幅広い取組を実施している。パートナーシップ証明制度は，それらの取組の一環として位置づけられている。那覇市の場合は，早くから性的マイノリティに関する取組をマイノリティの人権課題および男女共同参画事業の一つとして行ってきた。また，2015年に発表された「レインボーなは宣言」は，性の多様性に関する啓発事業，職員研修などの取組みに加え，パートナーシップ登録制度の根拠になっている。

現在日本では，性的マイノリティに関する取組には，いわゆる性同一性障害者特例法を除いて法的根拠がない。そのため，以上の例でみてきたように，議決を必要としない要綱による制度導入をおこなう場合にも，その根拠となりうる基盤があるかどうかが推進要因として関わっているといえる。

(2) 制度構築からみる日本の自治体の取組の特徴

次に、調査で明らかになった制度導入の経緯から、制度構築に着目し、1）施策の位置づけ、2）方式、3）パートナーシップ証明の効果の3点について検討する。

① 施策の位置づけ

各自治体の施策の位置づけは、条例・要綱に関わらず、人権施策あるいは男女共同参画、またはその双方にまたがる形になっている。日本においては、性的マイノリティに対する権利保障の根拠法となるものがないため、自治体がこれまでおこなってきた人権施策あるいは男女共同参画の枠組みの中に同性パートナーシップに関する施策が位置づけられている。

② 方　式

条例（いわゆる渋谷方式）、要綱（いわゆる世田谷方式）の違いは、下表のように比較することができる（表5）。

渋谷区は、導入過程の当初より条例化を念頭に置いた議論を重ね、全国で初めてのパートナーシップ証明制度を構築した。条例の制定によって、パートナーシップ証明書を尊重することを区内の事業者に義務づけ、違反した場合の罰則規定を設けるなど、区内における効果を持たせることができた。また、議会を経て制定される条例は民主的基盤を持つため、制度としての安定性がある。また、後述する要綱による制度とは異なり、法的根拠となりうる。一方で、申請に公正証書の作成を要することなど、申請にかかるコストが高いことが指摘されている。

世田谷区は、導入過程において、庁内でスピード感を重視し、区長裁量でできる内容にすることや法令等との整合性などを検討した結果、要綱によって開始することを決定した。首長決裁で導入可能な制度を構築したため、短期間で実現することができた一方で、民主的基盤が薄く、法的根拠としては弱いことが指摘さ

表5　条例と要綱の比較

	条例（渋谷方式）	要綱（世田谷方式）
制定過程	議会を経る必要（会派の理解が必要）	首長決裁で可能（トップダウン）
要する期間	時間がかかる	短期間で制定可能
根拠	・民主的基盤を持つ ・法的根拠となりうる	・民主的基盤が薄い ・法的根拠として弱い
効力	義務や罰則規定などの規定が可能	強い効力を持たせることができない

れている。世田谷区のパートナーシップ宣誓制度は，渋谷区の制度と比較して，申請に公正証書などは必要なく，手続きは簡便なものとなっている。後続する自治体は，世田谷区が策定した要綱を参考にしながら制度構築を行っている。

③ パートナーシップ証明の効果

上記で比較した条例による証明と要綱による証明は，いずれも法的拘束力を持たない点で，その効果において大きな相違はない。自治体レベルでは，上位法や既存の制度との整合性から，同性パートナーシップに対して婚姻と同等あるいはそれに類似する法的効果をもつ制度構築をすることはできないからである。

しかし，そうした中で，各自治体は自治体レベルで可能な取組の拡充の模索を続けていることが今回の調査で分かった。たとえば，自治体の条例で規定されている区営・市営住宅の入居資格や，職員の互助会等での福利厚生の適用などが挙げられる。公営住宅の入居資格に関して，渋谷区，伊賀市，那覇市は既存の条例の解釈によって，世田谷区は条例の改正によって，同性パートナーとの入居資格を認めている。

Ⅲ 結びに変えて：国際比較から考える日本の同性カップルに対する権利保障の課題

ここまで，先行事例であるアメリカのウェスト・ハリウッド市とオランダのデーフェンター市における自治体レベルの同性パートナーシップ制度，および，現在自治体レベルでの同性パートナーシップに対する取組が始まっている日本の現状について，調査に基づく検討を行ってきた。最後に，諸外国の事例と日本の現状との共通点と相違点に着目しながら，日本の同性カップルに対する権利保障の課題について考えたい。

（1）同性カップルの権利保障に関する司法の動向との関連

アメリカもオランダも，同性カップルの権利保障に関する訴訟での敗訴の経験が，その後の運動の方向性を決定しているという共通点がある。つまり，司法による救済や立法による解決が短期的には見込めない状況の中での可能な取組として，自治体レベルでの承認という形がとられたと考えられる。ここから，立法・司法の動向，政治状況等の背景を踏まえたアプローチが必要であることが分かる。

一方，日本の場合は同性カップルの権利保障にかかわる訴訟をほとんど経験していない現状において，自治体レベルの取組が始まっている。これに対して，今

後日本において訴訟を提起することが戦略的に有効かどうかは不透明であるため，一概に欧米の事例を参考にすることはできない。日本独自の法的な背景となる，戸籍制度や法律婚主義を踏まえた議論が必要だと考えられる。

（２）立法過程におけるアクターとしての当事者および当事者団体

　アメリカとオランダの事例ではいずれも，当事者および当事者団体がアクターとして主要な役割を果たしていた。二つの事例では，当事者の提案や働きかけに自治体が対応する形で取組が実現した。当事者の可視化と働きかけが欠かせないことは，重要な示唆である。しかし，これらを直接日本の現状に当てはめて今後の展望を考えることができるわけではないだろう。アメリカの場合は，自治の単位が比較的小さく，意思決定のスピードが速かったり，また，地方自治体の権限が大きいため，実効性のある制度を構築できたりする点が日本と異なっている。一方，オランダの場合は，中央集権的なシステムは日本と類似している。しかし，早くから当事者団体の組織化が発達しており，地方自治体の動きをとりまとめて立法につなげやすかった点が，日本と大きく異なる。

　とはいえ，日本の現状においても，当事者の可視化と働きかけが制度実現の主要な推進力となったことは，今後の動きにつながるものといえる。しかしながら，日本では未だ顔を出して活動することができない性的マイノリティが多いことを考えると，伊賀市や宝塚市のように，必ずしも当事者の要望がなくても人権課題として取組を始められることも参考となりうる先例としてとらえられるべきだと考える。

（３）事実婚保護との関連

　同性カップルに対する権利保障に関しては，法制度としての同性パートナーシップ制度や婚姻の平等に焦点が当たりがちだが，アメリカもオランダも，事実婚規定の適用，契約や遺言の有効性といったカップルの共同生活に対する保護の状況も，運動や取組の方向性に影響していた。アメリカの場合は，同性カップルに対する保護が弱かったため，自治体レベルのパートナーシップ制度では段階的に事実婚的な保護を拡大していった。オランダの場合は，同性異性を問わずに事実婚保護が進んでいたため，自治体の取組は法的効果を持たない象徴的なものであり，国レベルでの立法を促すことに主眼が置かれていた。このようにアメリカとオランダでは，自治体レベルの同性パートナーシップに対する取組と事実婚保護との関連の仕方は異なっていた。日本の現状においては，どちらの事例にも参考になる点があると思われる。

すでに議論がなされている通り[41]、現在開始されている自治体によるパートナーシップ証明が事実婚的な扱いにつながっていく可能性がある。そのため、取組を始める自治体が増えたり、すでに制度導入をしている自治体も公営住宅への入居や福利厚生などの効果を広げていったり、自治体の取組に対応して民間企業の取組が広がることなどが望まれる。また、このように自治体による取組が質量ともに拡大することは、国レベルでの立法に向けた具体的な議論を促すものと考えられる。以上から、現段階では、現行法下で可能な自治体による取組の拡充が重要な課題の一つになっているといえるのではないだろうか。

＊本研究の一部は、JSPS科研費17K13299および、竹村和子フェミニズム基金、東海ジェンダー研究所の助成を受けて実施した。

---

(41) 前掲注(22)参照。

3 韓国における子の氏の決定ルール
―― ジェンダーの視点からの検討

金　成　恩

はじめに
Ⅰ　父姓主義の原則に対する批判と変化
Ⅱ　憲法裁判所の憲法不合致決定
Ⅲ　憲法裁判所の決定に従う法改正
Ⅳ　子の氏の変更時の判断基準
Ⅴ　ジェンダーの視点からの検討
おわりに

はじめに

　韓国民法は，子は父の氏と本[1]を継ぐという父姓主義を採っていた。この規定について，憲法裁判所に違憲法律審判提請[2]がなされた。同時に違憲提請されていた戸主制について，憲法裁判所は憲法不合致決定[3]を行い（2005年2月3日)，これを受けて直ちに民法改正が実現された[4]（同年3月1日)。この改正では，

＊読者の便宜を考慮し，和訳を添える。
（1）氏名は，個人の同一性を識別する最も基本的な記号である。そのうち氏は個人の血統を象徴し，名は個人の個別性を象徴する。名は個人一人一人に対する固有の名称として付与されるのに比して，氏は一定の規範的な血統集団に対する名称として使用される。一方，本は一般に本というもので，その家系の初代の発祥の地を意味し，氏だけで血統の同　性が識別できない場合が多いので，本は氏を特定して血統の同一性を識別させる機能を持つ（헌법재판소2005.12.22. 2003헌가5・6，和訳：憲法裁判所2005.12.22.2003ホンガ5・6）。韓国では，氏を姓と表記しているが，日本法と対比するために本稿では氏と表記する。ただし，父姓主義はそのまま表記する。
（2）法律が憲法に違反するかの可否が一般裁判所で裁判の前提になる場合に，裁判所の職権又は当事者の申立により憲法裁判所に違憲法律審判を提請する（憲法第107条1項，第111条1項1号）。提請の意味は，ある案件を提示し，決定を求めることである。
（3）戸主制の主要条項である第778条（戸主の正義），第781条1項（子の入籍，氏と本)，第826条3項（妻の夫家入籍）に対して憲法不合致決定を下した。
（4）民法改正の過程で儒林の反発と激論が最も大きかったのは，戸主制の廃止ではなく，子の氏と本の条項であった。양현아『한국가족법읽기』창비（2011）476면，和訳：ヤン・ヒョンア『韓国家族法を読む』（チャンビ，2011年）476頁。

父姓主義と付与された氏と本は変更してはならないという不変主義が改められ，母の氏の選択と氏の変更が可能となった。しかし，改正民法781条1項は，「子は父の氏と本を継ぐ。ただし，両親が婚姻届出時に母の氏と本を継ぐことを協議した場合には，子は母の氏と本を継ぐ」とする。法改正後であったが，憲法裁判所は，旧規定の父姓主義について合憲としつつ，例外的な場合についての規律が不十分であるとして憲法不合致の決定をした（同年12月22日）。父の氏を原則とする考え方はなお根強いものがある。

　一方，子の氏の決定ルールは2008年1月1日から施行されているが，相変わらず父の氏を継ぐことは，父と父系家族との紐帯感の強化に寄与するものと認識されており，再婚家庭においては変形された形態の父姓主義が維持されている。また母の意思は父の意思に比して副次的なものとされており，子の氏の決定について子の福祉より自身の利益のために申立てをしていると誤解される。さらに，婚姻の届出をするとき夫婦の協議で母の氏に従うことにしても，実際に子が生まれると，社会的風潮や周囲の圧力により父の氏に変更しているケースもある。母の氏を例外とする制限的な改正にとどまったがゆえに，改正されても上述のように現実社会を変えるほど大きな影響はなかった。ジェンダー平等は現実社会を変えなければ，本当に達成されたとはいえないのである。

　本稿では，韓国における子の氏の決定ルールについて，憲法裁判所の示した氏の人格権的把握と，最高裁が提示した氏の変更の判断基準とその後の下級審を検討することを通じて，ジェンダー平等の可能性を探りたい。

I　父姓主義の原則に対する批判と変化

1　法改正による両性平等

　1958年2月2日，法律第471号として制定され1960年1月1日から施行された親族法は，「婚姻と家族生活は，個人の尊厳と両性の平等を基礎に成立し維持されなければならない」という憲法理念を具現するために，1962年第1次改正にはじまり2017年改正（2018年2月1日施行）に至るまで，韓国社会の変化した家族関係を反映し，両性平等のために数度の改正があった。特に1977年，1990年，2005年改正を通じて，①協議離婚時の離婚意思確認手続きの導入，②親権の共同行使，③離婚時の子の養育および面接交渉，④財産分与請求権，⑤再婚禁止期間の廃止，⑥母の嫡出否認権，⑦戸主制廃止，および新しい身分関係登録に関する法律の制定，⑧子の氏と本の変更制度新設，⑨婚姻年齢の男女統一，⑩協議離婚手続きの改正等，ようやく親族編に規定されていた両性差別条項および時代変化

に合致しない諸条項が全面廃止，もしくは改正された。親族法改正以降，戸主制が廃止された2005年から現在まで持続する家族法改正を，家族法改正運動または家族法改正史と称するほど，家族法の改正は韓国女性運動の生きた歴史であり，女性団体と法律家，そして家族法学者たちの努力の産物だと言える。

2　戸主制廃止[5]と家族関係登録制度の導入

2005年，憲法裁判所は「子は父の氏と本に従い，父の家に入籍する」という規定（781条1項）と「妻は夫の家に入籍する」という規定（826条3項）が，憲法第11条1項（国民平等に関する規定）と憲法第36条1項（婚姻と家族生活においての両性平等に関する規定）に違反するとして，憲法不合致決定[6]をした。戸主制に対する憲法不合致決定が下されてからすぐに民法改正が実現し，2005年民法一部改正により戸主と家族に関する章を削除すると同時に家族法の範囲と子の氏と本を新設した。さらに戸主制を廃止することによって戸籍制度に代わる新しい家族関係登録制度を設けて2008年1月1日から施行した[7]。

3　父姓強制主義に対する改正運動

民法旧781条の改正運動は，次のような批判から展開してきた。父姓主義の強

（5）韓国の家族法改正運動において戸主制度は常に重要な議題であったし，主に弁護士や学者，あるいは女性団体によって主導されてきたが，1990年代末ごろから市民たちの小さな集まりによって戸主制の問題点が広められ，韓国社会を揺るがす戸主制廃止運動につながった。若い世代の平凡な市民で構成された戸主制廃止のための市民たちの集まりはオフラインとオンラインで自発的に結成され，かれらは市民の目の高さで戸主制度の弊害を知らせ始めた。特に90年代に急速に普及したインターネットを通じて戸主制に伴う被害を知らせ，共有することが，政治的・法的言説よりも波及力がかなり高くなり，効果的だったと評価されている。

（6）戸主制の骨格を成している審判対象の諸条項が違憲になれば，戸主制は存続することが難しく，その結果，戸主を基準として家別に編製するようになっている現行戸籍法がそのまま施行されることが難しいため，身分関係を公示・証明する公的記録に重大な空白が発生することになるという理由で，戸籍法を改正するまで審判対象の諸条項を暫定的に継続適用させるために憲法不合致決定を下した。헌법재판소2005.2.3. 2001헌가9
和訳：憲法裁判所2005.2.3ホンガ9

（7）国民個々人別に出生・婚姻・死亡などの身分変動事項を電算情報処理組織によって記録・管理し，その登録情報を使用目的によって多様な証明書の形態で発給するようにするという内容の家族関係の登録に関する法律が，2007年5月17日に制定され，2008年1月1日から施行されている。

（8）ある事実について自己の確信を担保しようとする場合に使われる，「事実でなければ氏を変える」という表現や，信頼に背く行為に対して「氏を変える人」という表現が使われることにも良く表れているように，韓国の氏本制度は絶対不変の原則を固守してきた。

制及び氏不変の原則(8)によって，再婚及び養子縁組を通じて形成された家庭において，義父と子の間で氏が異なるために家族が心理的苦痛を経験し，子の健全な成長・発育が妨げられていること，離婚した母が子の親権者および養育者として子を養育しているのに，父が子に対して養育費を長期間負担しない等の理由から，父子間の紐帯関係が喪失しているにもかかわらず，子に父姓を強制して子の福祉を侵害していること，両性平等の観点から家族内の女性の地位が男性と平等でないために母である女性が差別を受けているということである(9)。

　このような批判を受けて氏の決定条項について改正作業が行われ，2003年5月に議員発議案と，法務部が作成した政府改正案が，国会に提出された。国会議員改正案は，「両親が協議したところに基づいて，父または母の氏と本を継ぐことを原則」としており，政府改正案は父姓主義を原則とするが，「婚姻届出時に両親の協議に基づいて母の氏と本を継ぐことができる」とした。政府改正案は，両性平等の原則に反するという批判(10)にも関わらず，法律はその時代の文化と観念を度外視することはできず，現実を勘案してみる時，両親の協議によって子の氏を決めるようにすることは国民の混乱と反発を助長することが憂慮されるという見解を受け入れて(11)，現在の民法781条の規定の形をとることになった。

Ⅱ　憲法裁判所の憲法不合致決定(12)

　父姓主義を強制し，例外を認めなかった改正前の民法781条の本文中の「子は父の氏と本を継ぎ（以下，「本」は省略する。ただし，条文はそうではない）」という部分について，憲法裁判所に違憲提請がなされた。憲法不合致決定は上記の民法改正がなされた後に下された。民法改正後に憲法裁判所の決定が下されたために，実際的な法の改正を引き出したのではないとしても，氏の変更制度がいかなる基準に基づけば憲法に合致するのかという問題についての枠組みを提示したという

（9）　김유경「자의 성과 본 변경 허가심판의 판단기준」이화젠더법학 제 4 권 2 호, 이화여자대학교 젠더법학연구소（2012）213〜214면, 和訳：キム・ユギョン「子の氏と本変更に関する許可審判の判断基準」梨花ジェンダー法学4巻2号（2012年）213〜214頁。

（10）　이은정「성의 변경－친자관계를 중심으로」『가정법원사건위 제문제』제102집, 법원도서관（2003）757면, 和訳：イ・ウンジョン「氏の変更——親子関係を中心に」『家庭裁判所事件の諸問題』102集（裁判所図書館，2003年）757頁。

（11）　이유정「부성승계 및 성불변원칙의 문제점」『민주사회를 위한 변론』제55호, 역사비평사（2003）160면, 和訳：イ・ユジョン「父姓承継および氏不変原則の問題点」『民主社会のための弁論』55号（歴史批評社，2003年）160頁。

（12）　헌법재판소2005.12.22. 2003헌가 5・6, 和訳：憲法裁判所2005.12.22. 2003ホンガ5・6

点で，その意味は大きい。

1　事件の概要

X_1とX_2（違憲提請申立人）の父は死亡しており，X_1X_2の母AはBと再婚した。BはX₁X₂と養子縁組をし，X_1X_2は義父のBの氏を継ぐことを希望してソウル地方裁判所に戸籍訂正の申立てをした。その事件が継続している間に「民法781条1項本文が憲法に違反する」と主張して違憲法律審判提請を申立てた。上記裁判所は民法781条1項の本文中の「子は父の氏を継ぎ」という部分について違憲法律審判提請の決定を行った。

2　憲法裁判所の決定[13]

憲法裁判所は2005年12月22日，民法781条1項本文中の「子は父の氏を継ぎ」という部分は憲法に合致していないと宣言[14]した。ただし法廷意見の7人の裁判官のうち5人の裁判官は，この事件の法律条項そのものは合憲であるが，例外的な場合についての規律が不足していることから，憲法に合致しないという決定をすべきだという意見であり，2人の裁判官は，父姓主義を規定したこの事件の法律条項そのものが憲法に違反しているが，単純違憲を宣言する場合に発生する法的空白を防止するために憲法不合致を選択するという立場を取った[15]。

---

[13] 韓国では，憲法裁判所の判断を「判決」ではなく，「決定」であると表現する。憲法裁判所の多様な判断――違憲法律審判，憲法訴願審判，弾劾審判，権限争議審判，政党解散審判――を決定であると称する理由は，憲法裁判所が判断を下す過程が，本質的に「決定」過程と類似しているからである。憲法裁判所の裁判の殆どを占める違憲法律審判及び憲法訴願審判の場合，原則として書面審理をし，例外として関係人らを出廷させ，法廷で口述審理を行っている。憲法裁判所は，記載された事実関係が真実であることを前提にして，憲法解釈を通じて違憲可否だけを判断する。

[14] 憲法裁判所は，違憲可否の結論（決定）を宣告しなければならない。宣告は，毎月最終週の木曜日14時に憲法裁判所の大審判廷で行っており，傍聴することができる（韓国憲法裁判所のホームページより）。

[15] 憲法裁判所の終局決定の類型は，①本案判断としての却下決定と，②本案判断としての違憲決定または合憲決定に，大別される。また，違憲決定には，単純違憲決定だけではなく，憲法不合致決定，限定合憲決定，限定違憲決定が該当される。単純違憲決定とは，審判対象条項が違憲法律だと決定されると，決定の当日から審判対象条項の効力を喪失させることをいう。憲法不合致決定とは，審判対象条項が違憲だとしても，立法者の形成を尊重して，審判対象条項について単純違憲決定を宣告することなく，「憲法に合致しない」ことを宣言するにとどまる決定の形式である。原則として法律の違憲性は確認するが，この形式的な尊属を維持させながら，立法者に対して法律違憲性の除去義務を負わせることである。

3 判　　旨

　a　父姓主義原則の合憲性　　憲法裁判所は，父姓主義そのものについては合憲だとした。その理由を次のように述べる。「氏は，記号が持っている性質によって個人の権利義務に及ぼす実質的な影響は大きくなく，氏の使用についての立法は，主に新たな規律を創設することというよりは，すでに存在している生活様式を反映する形態でなされるという点から，氏の使用に関する規律には幅広い立法形成の自由が認められるといえる」。…中略…しかし，「氏名は個人のアイデンティティを表す人格の象徴であって，個人が社会の中で自身の生活領域を形成し発現する基礎になるものといえることから，自由な氏の使用もまた憲法上の人格権から保護される。また憲法36条 1 項は，婚姻と家族生活は個人の尊厳と両性の平等を基礎に成立し維持されねばならず，国家はこれを保障すると規定し，個人の尊厳と両性の平等を基礎にした家族制度を憲法的次元において保障している」。…中略…「氏に関する規律について幅広い立法形成の自由が認められるとしても，それが個人の人格権を侵害したり個人の尊厳と両性の平等に反してはならない」が，「父姓主義は，規範として存在する以前から生活様式として存在してきた社会文化的現象であったし，今日においても大多数の社会構成員は依然として父姓主義を自然な生活様式として受け入れているものと見られる」。…中略…「したがって，氏は家族や親族の範囲，財産の相続など家族法上，個人の具体的な権利義務について何らの実体的な影響を及ぼさないので，父姓主義による事実上の差別的効果は個人の尊厳と両性の平等を侵害するまでに至っていると見ることはできない」。

　b　例外的な氏の変更の必要性　　ただし，多数意見は一部例外的な状況では，父姓主義の強要が個人の人格権を侵害し，個人の尊厳と両性の平等に反すると判断した。その理由は次のとおりである。まず「父姓の使用が単に実父の氏を確認させる以上の意味を持たない反面，母とともに生活しながら母系の血縁集団を中心に生活関係を形成することが明らかに予想され，母の氏の使用については具体的な利益が存在する状況になったと見うる場合」，母の氏に変更することが必要だとした。このような例外的な場合としては，まず出生直後の子に氏を付与する時に，父がすでに死亡していたり，両親が離婚して母が単独で親権を行使して養育することが予想される場合，そして，婚外子を父が認知したが，依然として母が単独で養育する場合を挙げる。さらに「たとえ血統関係は存在していなくとも，同一の氏の使用を通じて形成された家族の構成員であることを対外的に表そうとすることは，個人の人格的利益と非常に密接な関係を持っている。このような場

合にも，個人の生活関係に実質的に何らの意味を持ちえない生物学的な父の血統を氏によって象徴するよう強要することによって，新たに形成された家族が使用する氏を使用できないようにさせ，内部的に情緒的統合の妨げになり，対外的には家族の構成に関連した非友好的な好奇心と偏見を誘発することもある」と述べ，このような例外的な場合としては，父が死亡したか，あるいは両親が離婚した後に，母が養育していた子を連れて再婚する場合を挙げている。具体的な判断基準として，再婚した母の子が義父の氏を継ごうとする場合には，義父が実質的な父としての役割を遂行する場合と再婚した母の子もまた義父とその家族との恒久的な生活関係を形成するものと見られる場合を挙げる。

　c　少数意見　婚姻と家族生活における個人の尊厳を保障している憲法第36条1項に違反しているとした。その理由は次のとおりである。「法律条項が規定している父姓主義は，父と男性を中心にした血統継承を強制して父と男性を家族の中心に置くようにさせ，家父長的な価値秩序を維持・強化し，家族内の女性の地位を男性に比して副次的で劣等なものとして放置し，女性を差別している」。…中略…「今日の生活様式や社会構成員の意識構造に照らして見ると，父姓主義はこれ以上正当化されえない。また父姓主義が長い間維持されて来たがゆえに，今日においても正当化されうるという主張は，伝統的に男性と女性を差別的に取扱って来たがゆえに，今日もその差別的取扱いが正当だという論理に過ぎない」として，婚姻と家族生活における両性の平等を命じている憲法36条1項に違反するとした。さらに「婚姻と家族生活において個人の氏をどのように決定して使用すべきなのかについて，個人と家族の具体的な状況や意思をまったく考慮せず，国家が一方的に父姓の使用を強制しているが，そのような父姓使用の強制について具体的な利益を見出すことができない」。

4　不合致決定に対する評価

　憲法裁判所の憲法不合致決定が行われて以降，二つの立場からそれぞれ批判が提起された。一つは「息子と娘を差別せず父の氏を付与したものが韓国の伝統である氏制度だが，これを男女差別だと主張することは男女対決論理にのみ執着することであり[16]，父の氏は父一人だけの氏ではなく，父系祖先すべての氏を意味するもので，父系血統主義，すなわち父系社会において父姓承継原則は必須かつ不可欠の要素であると憲法裁判所決定を批判した[17]。他の一つは，憲法裁判

---

(16) 한국성씨총연합회・정통가족제도수호범국민연합，2006.6.1，和訳：韓国氏氏総連合会・伝統家族制度守護汎国民連合．2006.6.1

所の決定を要約すれば，結局のところ義父の氏を継ぐことができるよう例外条項を作らねばならないということであり，なぜ父の氏を継がねばならないかという問題の核心を避けていると批判した(18)。

III 憲法裁判所の決定に従う法改正(19)

1 立法趣旨

　氏の変更制度の立法趣旨として，第一に，血統の表示は氏が持っている多様な機能のうちの一つである，第二に，氏は人格の一部であり，人格権に属するものであるから，自分の義務を履行しない父が子の意思と福祉を無視したまま，自分の氏を強要するのは，子の人格権と人権を侵害する，第三に，再婚家庭の子の福祉を犠牲にして，実父の氏を継ぐように強要する権利は認められない，ということを挙げている(20)。

2 改正後の民法781条

　①子は父の氏と本を継ぐ。ただし，両親が婚姻届出時に母の氏と本を継ぐことを協議した場合には母の氏と本を継ぐ。②父が外国人で場合には，母の氏と本を継ぐことができる。③父のわからない子は，母の氏と本を継ぐ。④両親のわからない子は，裁判所の許可を受けて氏と本を創設し，一家を創立する。しかし氏と本を創設した後，父または母が判明した場合には，父または母の氏と本を継ぐことができる。⑤婚姻外の子が認知された場合，子は両親の協議に基づき，従前の氏と本を継続して使用することができる。ただし，両親が協議できなかった場合，

---

(17) 한국성씨총연합회・정통가족제도수호범국민연합, 2007.2.21, 和訳：韓国氏氏総連合会・伝統家族制度守護汎国民連合, 2007.2.21
(18) 강성준「그래도 부성주의는 합헌 이라는 헌재의 아버지들」『인권하루소식』2005.12.24, 和訳：カン・ソンジュン「それでも父姓主義は合憲だという憲法裁判所のお父さんたち」『人権一日消息』2005.12.24
(19) 「改正前781条」
　　①子は父の氏と本を継ぎ，父の戸籍に入籍する。ただし，父が外国人である場合には母の氏と本を継ぐことができ，母の戸籍に入籍する。
　　②父のわからない子は，母の氏と本を継ぎ，母の戸籍に入籍する。
　　③両親のわからない子は，裁判所の許可を受けて氏と本を創設し，一家を創立する。しかし氏と本を創設した後，父または母がわかった場合には，父または母の氏と本を継ぐ。
(20) 김상용「개정민법（친족・상속법）해설」법조제43권 8 호, 법조협회（2005）117〜118면, 和訳：キム・サンヨン「改正民法（親族・相続法）の解説」法曹43巻8号, 法曹協会（2005）117〜118頁。

あるいは協議が成立しなかった場合には，子は裁判所の許可をうけて，従前の氏と本を継続して使用することができる。⑥子の福祉のために子の氏と本を変更する必要がある場合には，父，母または子の請求によって，裁判所の許可を受けてこれを変更することができる。ただし，子が未成年者であり，法定代理人が請求できない場合には，第777条の規定に基づき，親族または検事が請求することができる。(以上，下線部分が改正されたものである)

3　変更の手続き

　子の氏と本に関する家族関係登録事務処理指針（家族関係登録例規第518号）は，次のように定める。第14条1項は，子の福祉のために子の氏と本を変更する必要があるときには，「民法」第781条第6項に基づき，父・母または子の請求により裁判所の許可を得てこれを変更できる，但し，子が未成年者であり，法定代理人が請求できない場合は，「民法」第777条に基づく親族または検事が請求できるとする。2項は，婚姻届出前に出生申告されて認知などにより父の氏と本に従っている子を，第3条の協議（父母が婚姻届出時に協議した場合）によって母の氏と本を使用する子と同一の氏と本に従うようにするためには，第1項の手続きによるとする。第15条1項は，第14条に基づき子の氏と本を変更する場合は，家事訴訟法第2条[21]により子の氏と本を変更する内容の家庭裁判所の氏・本変更許可審判書を添付して氏・本変更申告をしなければならないとする。2項は，第1項の場合，裁判を請求した当事者は申告書に変更前の氏と本，変更した氏と本，審判日などを記載して審判告知日から1ヵ月以内に氏・本変更申告をしなければならず，これを受理した家族関係登録公務員は，子の氏と本を審判書の趣旨通りに変更・記録しなければならないとする。

4　審　理

　子の氏と本の変更許可請求は，父・母または子が行うことができる。養父・養母は請求権者になれるが，継父・継母は請求人適格がない。子の氏と本の変更許可事件は，事件本人の住所地の家庭裁判所が管轄する。家庭裁判所は氏と本の変更許可請求がある場合，父・母および子（15歳以上）の意見を聞くことができ，子の両親のうち子と氏と本が同じ人の死亡その他の事由により意見を聞くことが

---

[21] 同法同条1項）家事事件についての審理と裁判は，家庭裁判所の専属管轄とする。2項）家庭裁判所は他の法律や最高裁規則で家庭裁判所の権限と定めた事項についても審理・裁判する。

できない場合には，子と氏と本の同じ最も近親の直系尊属の意見を聞くことができる（家事訴訟規則59条2項）。意見を聞く方式には制限がないので，当事者や参考人として審問したり，または証人として審問することもでき，家事調査官によって調査・報告をさせることもできる[22]。

5 改正法の特徴

第一に，両親が婚姻届出時の協議によって子に母の氏を継がせることができる。改正前の規定は，母の氏を継ぐことができるケースは，父の認知がなかったか，父が外国人である場合などに制限されていた。母の氏を継ぐということは，母が未婚の母であったか，または法律婚でない男女間に生まれた子として避けられない選択である場合だけだと考えられた。しかし，改正法によって母の氏を継ぐということは，例外的ではあるが堂々と選択することのできる事項となった。第二に，子が認知された場合にも子の氏を維持できる。改正前の法律によれば，婚外子として母の氏を使用してきた場合でも，父が認知すれば，母と子の同意がなくても自動的に父の氏に変更されたが，改正法により婚姻外の子が認知された場合でも，子は両親の協議に基づいて，従前の氏を使用し続けることができるようになった[23]。第三に，子の福祉のために子の氏を変更する必要がある時には，父，母，または子の請求によって裁判所の許可を受けてこれを変更することができる。

---

(22) 진한미「자의 성과 본 변경제도에 관한 실무적고찰」법관가사재판실무연구회 발표자료 5면이하（2008），이은정，앞의 논문，754면 이하．和訳：シン・ハンミ「子の氏と本の変更制度に関する実務的考察」法官家事裁判実務研究会発表資料（2008年）5頁以下，イ・ウンジョン・前掲注(10) 754頁以下．

(23)「子の氏と本に関する家族関係登録事務の処理指針（家族関係登録例規第101号，制定2007.12.10，施行2008.1.1)」
　　第8条（婚姻外の子が認知された場合）①婚姻外の子が認知された場合には，父の氏と本を継ぐ。ただし，認知申告時に両親の協議によって従前の氏と本を継続に使用することにする別紙2様式の協議書を提出した場合には，従前の氏と本を使用することができ，子の場合，子の家族関係登録部には従前の氏と本を維持するという趣旨を記録しなければならない。②両親が協議することができないとき，または協議が調わないときは，子は「家事訴訟法」第2条1項2号カ目の5）に従い，裁判所の許可をうけて従前の氏と本を継続に使用することができる。③第2項の場合，市（区）・邑・面の長は子の家族関係登録部の子の氏と本を認知申告の効力によって「民法」第781条1項本文に従い，まず父の氏と本に変更・記録しなければならない。その後，従前の氏と本の継続使用許可審判書謄本を添付して氏・本の継続使用申告がある場合に，父の氏と本に記録した子の氏と本を改めて従前の氏と本に変更・記録する。

Ⅳ　子の氏の変更時の判断基準

　子の氏の変更制度は，民法改正3年後の2008年1月1日から施行され，2008年の1年間だけで16,525件の変更許可申請が受け付けられた[24]。改正民法は，子の氏を変更することができる要件として「子の福祉のために氏を変更する必要がある場合」に裁判所の許可を受けてこれを変更することができると抽象的に規定しているので，子の福祉を具体的にどのように解釈するべきかという問題は裁判所の判断基準に任されていたが，下記の最高裁（最高裁）決定によって具体的な判断基準が提示された。

1　最高裁2009.12.11. 2009ス23決定——義父の氏に変更する場合

　①事実概要　X（申立人）はAと婚姻して，息子Bと娘C（事件本人）をもうけた。XとAは離婚すると同時にBはAが，CはXがそれぞれ養育することになった。XはCが16歳であった2001年4月，Dと再婚し，2003年2月，DはCと養子縁組をした。Xは2008年1月にCの氏をDの氏に変更する許可を申立てた。事件本人CはDと氏が異なるので，就職のために履歴書，住民登録謄本を提出するたびに，不便をしていると主張した。Cは実父Aととりたてて交流がなく，実父が養育費を支給した事実もない。しかし実父AはCの氏の変更について反対する意思表示をした。

　原審は[25]，実父が事件本人の氏の変更に反対していること，事件本人の兄が実父の氏を使用していること，事件本人が成人になって以降も実父の氏で生活関係を形成してきたことを総合考慮して，事件本人の福祉のために氏の変更をする必要性がないとして，Xの申立てを棄却した。

　②決定要旨　「民法781条6項の『子の福祉のために子の氏を変更する必要がある時』に該当するかどうかは，子の年齢と成熟度を勘案し，子または親権者・養育者の意思を考慮するが，まず子の氏の変更が実現しない場合，内部的に家族間の情緒的統合の妨げになり，対外的に家族構成員に関連した偏見や誤解などによって学校生活や社会生活において経験することになる不利益の程度を審理する。次に氏の変更が実現する場合にもたらされるアイデンティティの混乱や，子と

---

(24) 『사법연감』법원행정처（2009）948～950면，和訳：『司法年鑑』（裁判所行政処，2009年），948～950頁．
(25) 인천지방법원2009.1.29. 자2008브44결정，和訳：仁川地裁2009.1.29. 2008ブ44決定

氏をともに使っている実父や兄弟姉妹などとの紐帯関係の断絶及び扶養の中断などによって経験することになる不利益の程度を審理する。その上で子の立場から上記2つの不利益の程度を比較衡量して子の幸福と利益に役立つほうに判断しなければならない。

このように子の主観的・個人的好みの程度を超えて子の福祉のために氏の変更が必要だと判断し、犯罪を企図または隠蔽したり、あるいは法令に基づいて各種制限を回避したりしようとする不純な意図や目的が介入しているなど、氏の変更権の濫用と見うる場合でなければ、原則的に氏の変更を許可することが相当である」。

しかし、本件は「すでに成年に達しており思慮分別がある事件本人が氏の変更を希望していること、事件本人とともに生活している義父は事件本人と養子縁組をしているなど、家族としての帰属を感じており、事件本人が住居を同じくしている義父と氏が異なることによって、就職などのために履歴書などを提出するたびに不便をかこっていると思われること、実父が氏の変更に反対しており、氏の変更がなされる場合、実父や兄との関係に影響を及ぼすと思われはするが、事件本人は両親の離婚以降、実父及び兄ととりたてて交流がなく、紐帯関係がすでに喪失した状態だと思われるので、事件本人に発生する不幸や不利益は微々たるものと推断されること、その他にこの事件請求が氏と本の変更権を濫用していると見るに値するいかなる資料もないことなどを注意深く見れば、氏の変更請求を許可することが相当である」として、原審決定を破棄し差し戻した。

2　最高裁2010.3.3. 2009ス133決定——母の氏に変更する場合

①事実概要　X（申立人）とAは婚姻して子BとC（事件本人ら）をもうけ、2001年協議離婚をすると同時に、事件本人らの親権者をA、養育権者をXに指定した。離婚後、Aは養育費を支給しなかった。2006年、XがBとCの親権者に指定された。一方、Xは2004年にDと事実婚関係で同居を開始し、Dは事件本人たちの養育に寄与した。BとCはDを実父と思って生活していた。現在、中学校2年生と小学校4年生であるBとCは、父として一緒に生活しているDと氏が異なることを友人たちに知られないかと不安に思い、そのために交友関係や学校生活もうまくいかなくなるなど精神的な苦痛を受けている。XとDはたまたま同じ氏である。そこで事件本人らのために、XはDの氏と同じ自分の氏へと子の氏を変更することを申し立て、実父であるAも変更に同意した。

原審は[26]、申立人がこの事件の申立てをする1か月前に同一の申立てをし、その事件では子の情緒及び成長発達に障害があると見ることはできないという理

由で，棄却され確定した事実があるのだが，この事件の申立ても特別な事情変更がないので棄却すると決定した。

②決定要旨　最高裁は１の2009ス23決定と同一の判断基準を説示した後，「事件本人らの親権者及び養育者として，彼女らを誰よりも愛し，もっともよく理解すると思われる請求人が事件本人たちのために，その氏の変更を請求していること，未成年者ではあるが少なくともその変更について喜ぶかどうかについて意思を明らかにすることができる年齢に達しており，変更を望んでいること，実父の関係当事者たちの間で意思が一致していること，事件本人らの事実上の義父としてその実母とともに事件本人らを養育し，対外的・対内的に一つの家族を構成して生活していること，事件本人らが父と考えている事実上の義父と氏が異なるため心理的困難を経験すると思われること，実父と交流や扶養なしに生活してきたため氏が変更されたとしても実父との関係においてこうむることになるアイデンティティの混乱や不幸，または不利益はほとんどないと見ることができることなどを総合してみる時，この事件申請を許可することが相当である」として，原審決定を破棄して差し戻した。

Ⅴ　ジェンダーの視点からの検討

判例１は，義父の氏への変更を請求した事件であり，判例２は，たまたま義父の氏と同じ呼称の母の氏への変更を請求した事件である。判例１は，氏の変更制度が施行された2008年１月１日以降，氏の変更許可時の具体的な判断基準を提示した最初の最高裁判例であり，判例２は，判例１と同様の立場であることを再確認した判例である。

1　子の福祉の判断

二つの最高裁判例は，子の氏の変更の許可可否に関する具体的な判断基準として，①子の年齢と成熟度，②子または親権者・養育者の意思，③子の氏の変更が実現しない場合の，家族間の情緒的統合の可能性，④子の氏の変更が実現しない場合に，家族構成員に関連した偏見や誤解などによって学校生活や社会生活において経験することになる不利益の程度，⑤氏の変更が実現する場合にもたらされるアイデンティティの混乱，⑥実父や兄弟姉妹などとの紐帯関係の断絶及び扶養の中断などによって経験することになる不利益の程度を提示した。

---

(26)　춘천지법2009.11.10.자2009브24결정，和訳：春川地法2009.11.10. 2009ブ24決定

基本的に子の意思（子が幼い場合は，親権者・養育者の意思）を考慮するが，子の立場で氏の変更時に得ることができる幸福（利益）と，これによってもたらされる不幸（不利益）を比較衡量して判断しなければならない。比較衡量をしない場合には，担当裁判官の価値観に基づいて「子の福祉」について解釈がなされ，類似の事件の結論に関して裁判部別に偏差が発生することが憂慮されるためである[27]。

上記の最高裁決定は，父の氏への変更の場合と母の氏への変更の場合に大きな違いを置かず比較衡量の問題として解決しており，氏の変更要件に該当すれば，原則的に許可することが相当だと見ている。これは，社会的変化と，氏不変の原則が家族生活において女性の人格権と平等権を侵害するという憲法裁判所の決定と，氏の変更制度導入の立法趣旨を反映したものと考えられる。しかし，子の福祉を判断するにあたって実父の同意と実父との交流の可否が大きな影響を及ぼしており，上記の二つの事案とは異なり，実父が同意していなかったり，交流があったりする場合にも同様な判断が下されるかどうかは疑問である。子の氏の決定に関するジェンダー格差がそのまま子の福祉判断に大きな影響を与えているのである。

2　義父の氏への変更時の判断基準

子の福祉を判断することにおいて，子の観点と母の観点ではない，実・義父の観点から子の幸福と利益を求めている傾向がある。判例1の2人の子は実父ととりたてた交流がなく，紐帯関係がすでに喪失した状態に見えるので，事件本人に発生する不幸や不利益は微々たるものだと判断し，判例2もまた実父とまったく交流がなく養育費も支給されておらず，事実上の義父が養育に寄与している点を理由として，氏の変更を許可した。これは言い換えれば，父と子の面接交渉が行われており養育費として定期的に支払いをしているなど父としての責任と義務を誠実に履行している場合，すなわち子と父の関係が安定的に維持されている場合には，このような関係を保護することが一般的に子の福祉に適合するということである。

母が単独で，あるいは母方の実家の助けを受けて子を養育しながら，子の氏を自身の氏に変更する許可請求をしたが棄却されてしまった下級審では，氏の変更

---

(27) 서경환「자의 성과 본위 변경허가 판단기준」대법원판례해설 제81호 (2009) 642면, 和訳：ソ・ギョンファン「子の氏と本の変更許可の判断基準」最高裁判例解説81号（2009年）642頁。

によって実父が，これ以上父としての役割と責任を果たそうとする努力をしない可能性もあり，これによって父の親族との紐帯関係の断絶や扶養の断絶を招く可能性があると指摘している[28]。これは実父と子との間の紐帯関係を維持するためには，父子同氏を維持しなければならず，これを通じた父系血統の公示が必要だと見るものである[29]。

しかし，憲法裁判所の憲法不合致決定の中で，「氏は，記号が持っている性質によって個人の権利義務に及ぼす実質的な影響が大きくなく」という部分は，氏が変更されたからといって父子間の法律関係や扶養の義務などが弱化したり無くなったりすることはないということである。したがって，上記の観点は憲法裁判所決定に反するものといえる。他方，子の養育に関する責任と実父・義父の同一性を重視する社会意識が克服されていないことも示している。

3 母の氏への変更時の判断基準

判例2は，母の氏が事実上の義父の氏と偶然に一致していたからでもあるが，義父の氏への変更の場合のように母の氏への変更を申請する場合に特別な他の基準を適用してはおらず，比較的たやすく母の氏への変更を許容した。これは母の氏と義父の氏が同じであったため母氏を付与されたが，新たな家族関係の内部でもう一つの父姓主義に符合する外形を創り出す結果をもたらした。果たして母の氏と事実上の義父の氏との偶然の一致と，事実上の義父が養育に寄与しているという点が無かったならば，言い換えれば純粋に子の氏を母の氏に変更しようとしたならば，たやすく変更許可が下りたかどうかは，下記の下級審から推測してみると，疑問である。

（1）母の意思　子の氏を母の氏に変更する場合，母の意思が否定的な要素として受け取られることもある。子が実父との交流がない，あるいは養育費を受け取れていない場合には，母の意思を肯定的に反映する反面，面接交渉及び養育費支給がなされつつある，または子の将来のために実父との関係維持が必要，または将来の関係回復の可能性がある場合には，母の意思は判断要素から排除される傾向がある。さらに母の意思は子と実父との関係断絶を企むための，そして離

---

[28] 서울가정법원2011.7.28. 자2010느단11215결정，서울가정법원2012.7.24. 자2012느단1946결정，和訳：ソウル家裁2011.7.28. 2010ヌダン11215決定，ソウル家裁2012.7.24. 2012ヌダン1946決定

[29] 위선주・배은경「자녀의 성・본 변경을 통해 본 부계가족의 정상성과 어머니의 지위」젠더와 문화 제6권 1호（2013）65면，和訳：ウィ・ソンジュ，ペ・ウンギョン「子の氏・本変更を通じて見た父系家族の正常性と母の位置」ジェンダーと文化6巻1号（2013年）65頁．

婚した父に対する報復感情として受け取られて母の氏への変更の申立てを棄却する場合もある[30]。

（２）養育費の支払い及び面会交流の有無　離婚調停により，子の親権者および養育者として母を指定し，父が養育費を支給し，面会交流することにした。離婚後，母は，パートタイムの収入と実家の両親の援助を受けながら子を養育しているところ，母が裁判所に子の氏を自己の氏に変更する許可審判を求めた事案において，①離婚後，父は養育費を定期的に支給し，面会交流を定期的に実施していること，②①により，子に対して父として相当な親しみと愛着を有していると評価されていることから，子の氏を変更することは適当でないとした。また，子の氏を母の氏に変更する場合，比較的円満に行われている父と子との間の面会交流や養育費支給に否定的な影響を及ぼす恐れがあり，これは子の福祉に背く結果になる可能性があるので，子の氏を変更することは適当でないとし，申立てを棄却した[31]。

（３）再婚の可能性　申立人である母の年齢を考慮して再婚する可能性も排除できない点を棄却事由に挙げ，現時点で子の氏を変更することは，より慎重に判断する必要があり，性急にこれを変更することが子の福祉のために望ましいものではないと判断した[32]。これは父姓主義の原則，またはそのような慣行に基づいて母が再婚する場合，子の氏が義父の氏に再び変更される蓋然性が高く，再婚後に子の氏を再び変更することは子の福祉に反するという理由からである。

（４）離婚年数及び単独養育期間　棄却自由として，離婚後，母が単独で子を養育している期間が短いという理由も言及している[33]。また，離婚してから，わずか１年にも経てないうちに，変更許可の申立てをした。そこで，性急にこれを変更することが，子の福祉のためにも望ましいものではないとした[34]。

（５）氏の変更の申請動機（前夫に対する感情）　母が子の氏を変更しようとする理由が，本当に子のためのものであるというよりは，結婚生活当時の良くな

---

[30]　서울가정법원2012.2.13. 자2011느단6449결정, 和訳：ソウル家裁2012.2.13. 2011ヌダン6449決定

[31]　父は，月３万円（一人当たり）の養育費を支払い，毎月２回子ら（２名）との面会交流することにして離婚調停が成立した。離婚調停の成立後，約８カ月経過したところ，養育費の支払いや面会交流も円満に行われていた。母は，パートタイムで月７万円を稼いでおり，保育所に通っている子らの面倒は，実家の両親がしている。제주지방법원2015.10.1. 2015누단360심판, 和訳：済州地裁2015.10.1. 2015ヌダン360審判

[32]　부산가정법원2018.5.3. 2018누단223심판, 和訳：釜山家裁2018.5.3. 2018ヌダン223審判

[33]　대구 지방법원 가정지원2012.2.1. 자2011느단3072결정, 和訳：大邱地裁家庭支院2012.2.1. 2011ヌダン3072決定

[34]　부산가정법원2018.5.3.2018누단223심판, 和訳：釜山家裁2018.5.3. 2018ヌダン223審判

い経験と記憶[35]やいまだに残っている夫に対する否定的な感情の原因を理由にして[36]，申立てをしたとみられ，これは子の福祉に背く結果になる可能性があるので，子の氏を変更することは適当でないとした。

（6）母の氏を使用することが一般的でないという固定観念　「母の氏と子の氏が異なる場合がむしろ一般的だ」という理由で，子の学校生活や社会生活において経験する困難が予想されないとして申立てを棄却するという趣旨の説示をした場合もある[37]。

　以上のように最高裁判例以後の下級審のほとんどは，上記の最高裁判例の決定要旨を土台にして子の福祉を判断しており，最高裁が判断基準として提示しなかった氏の変更の申請動機（前夫に対する感情）や，母の再婚の可能性，実父からの養育費の支払い及び面会交流の有無，単独養育期間の長短などを考慮するなど，義父の氏に変更する場合よりも判断基準をより多く提示している。家庭裁判所さえ母の氏と子の氏が異なることが当たり前であるとする先入観が強く，依然として子の氏を母の氏に変更することは厳しい状況であるといえる。

　このような実情の背景には，子の氏について父姓原則と例外規定を置いた法制度の影響，そして母の氏を使用することは韓国の伝統的な家族観からみると，まだ極めて例外的な現状であること，このような例外的な現状は母の再婚とともに原則（実父の氏→義父の氏）に戻る可能性が高く，母の氏は暫定的なものにとどまり，父の氏に戻るのが望ましいという通念があるからではないか思われる。父姓原則は，父と子の氏の一体性を当然とする伝統的意識の反映であり，離婚した女性が一つの家族形態を構成して子を養育することに対して，不安定であり，非正常であると判断することに結びつく。このことは，配偶者のいない女性を正常ではないとするものであり，女性の婚姻及び家族生活においての自律性を侵害するものだと考える。

おわりに

　憲法裁判所決定と法改正によって，強固に維持されてきた父姓主義と氏不変の原則がある程度緩和されたが，韓国の父姓主義の伝統を考慮し，父姓原則を固守

---

(35) 제주지방법원2015.10.1. 2015누단360심판．和訳：済州地裁2015.10.1. 2015ヌダン360審判
(36) 和訳：釜山家裁2018.5.3. 2018ヌダン223審判
(37) 서울가정법원2012.2.13. 자2011느단6449결정．和訳：ソウル家裁2012.2.13. 2011ヌダン6449決定．釜山家裁2018.5.3.2018ヌダン223審判

したという点で，真の意味で母の氏と父の氏を選択するようになったとは言えない。実父の氏に対する血縁的観念が弱化したのみで，現在の義父の氏を継がせようとすることは，もう一つの父姓主義の貫徹であるという点において，父姓主義が依然として維持されているというディレンマを内包している。

母の氏の選択では，母が自ら全面的に養育している子に自分の氏を付与して社会の偏見に立ち向かったり，積極的に自分と子が構成している新しい家族に肯定的な意味を付与しようとすることもできる[38]。もちろんそれによる社会の偏見は，母とともに家族共同体を構成している子も，ともに克服していかなければならない部分である。つまるところ問題は，父姓原則の維持にあるのではないだろうか。父姓原則の固守は，母の氏の使用を例外と規定して母の氏に対する差別を制度化していると言える。また現行民法は，子の氏を決定する時点が婚姻届出時である。およそ婚姻届出時には男女が将来の夫婦関係あるいは親子関係などについて予見することは難しく[39]，いまだ子を身ごもっていない状態で子の氏を決定することは，現在の韓国の現実において事実上不可能な協議に他ならないだろう。せめて（実効性の確保のため），子の氏を決定する時点を婚姻届出時ではなく，子の出生届出の時に変更すべきであると思われる。

韓国は，クォータ制度実施などによる政治的平等，男女雇用平等と仕事・家庭両立支援に関する法律制定などによる経済的平等，そして戸主制廃止・戸籍制度の廃止と個人単位の家族関係登録簿制度，婚外子の相続分を婚内子と同等にするなどの法的平等，離婚後も父母が子の養育にかかわる協議離婚制度の改革などが進んできた。しかし，一方では上述のように伝統的な価値観や家族観が深く潜在している現実があるため，どのようにしてジェンダー平等を実現していくのかが課題となっている。

日本法では，氏は，単純に個人の呼称というだけではなく，氏は名と結合することによって自己を社会的に認識させるものだから，氏自体も人が個人として尊重される基礎であり，その個人の人格の象徴であると捉えられている[40]。韓国も同様である。氏の制限的な選択や長い間使用してきた自身の氏を本人の同意なく突然変更することは，個人の同一性に混乱を与えるのみならず，人格権の侵害

---

(38) 오승이「판례를 통해 본 자의 성과 본 변경허가 판단기준」젠더법학제2권2호（2010）57면，和訳：オ・スンイ「判例を通じて見た子の氏と本変更許可の判断基準」ジェンダー法学第2巻2号（2010年）57頁。
(39) 김연「한국성씨제도의 변천」가족법연구 제20호（2006）244면，和訳：キム・ヨン「韓国氏氏制度の変遷」家族法研究20号（2006）244頁。
(40) 最判昭63(1988)・2・16民集42巻2号27頁，二宮周平『家族法〔第4版〕』（新世社，2013年）257頁。

だといえる。ジェンダー平等実現の一つの手法として，氏名は人格権の一つであり，自己の希望する氏を称することは人権の問題と位置付け，家族観や伝統文化と切り離し，人格権侵害を防ぐことを主眼に制度改革をすることが考えられる。この点で日本の選択的夫婦別氏制度の問題と韓国の子の氏の定め方の問題は共通する。たとえば，子の出生時に，両親の協議で子の氏を決定することができるようにし，子が成年になったときに父の氏にするか母の氏にするかそれとも両親の氏すべてを使用するかの選択権を与える仕組みも考えられる。どちらが原則でどちらが例外とするのは，男女の格差を設けることになり，それは子についても格差を設けることに繋がる。子の平等・福祉を守るためには，両親が平等ではないと，結局男女差別が生まれる。平等のため，氏についても平等に選択できる仕組みが必要である。これを実現しないと，本当のジェンダー平等にならない。実現するためには，人格権・人権の問題として捉えるべきである。

【追記】 2018年8月31日，韓国女性家族部は，急速な家族の環境変化への対応，ライフスタイルに合わせた支援の強化及び，民主的な家族文化の拡散を目的として，第3次「健康家庭基本計画」の補完案を発表した。子の氏の決定ルールについて，①子の氏の決定の協議時点を，婚姻届出時から子の出生時に変更する，②父が認知しても子の氏が父の氏に自動的に変更されない，③子の氏を変更する際には，子の意思を尊重する，という内容で改善していくことを明らかにした。韓国女性家族部のホームページより（www.mogef.go.kr）。

〈特集2〉セクシュアリティ

4 人権としての性別
――ヨーロッパ人権条約の判例が示唆すること

谷口洋幸

はじめに
I 性別記載を変更する権利
II 性別適合手術をうける権利
III 生殖能力は誰のものか
IV 婚姻は誰が決めるのか
おわりに

はじめに

　人権は，すべての人の自由と平等を基礎とする。ここでいう「すべての人」の人権享有を実現するプロセスが，人権の歴史である。言い換えれば，人種，皮膚の色，民族，国籍，性別など，人間のさまざまな属性が，人権享有を妨げている事実を「発見」するプロジェクトである。性別が人権享有を妨げている事実は，人権概念の誕生時から認識されてきた。フランス人権宣言が出されて間もなく発表されたオランプ・ド・グージュの「女性・女性市民のための権利宣言」は，「すべての人」に「女性」が含まれていないことを喝破した歴史的文書である[1]。以後，女性も，当然のことながら，人権享有の対象と認識されるようになり，1948年の世界人権宣言は，そのことが国際的合意に達したことを示す。世界人権宣言の起草過程で第1条の冒頭が原案の「man」から「All human beings」に修正されたこともよく知られている。1966年の国際人権両規約や1979年の女性差別撤廃条約は，この国際的合意に法的拘束力を与えた。女性に対する差別，ないし，性別にもとづく差別の撤廃を体系化した女性差別撤廃条約は，「世界女性のバイブル」「もう1つの憲法」とも位置づけられる[2]。

　それでは，ここでいう「女性」とは誰か，差別が禁止される基準としての「性

---

(1) 辻村みよ子『ジェンダーと人権：歴史と理論から学ぶ』(日本評論社，2008年) 53-56頁。
(2) 山下泰子『女性差別撤廃条約の研究』(尚学社，1996年) 35頁。

別」とは何か。1975年のメキシコ会議は，世界中の「女性」が同じ経験を共有しながらも，異なる文脈に置かれていることに意識を向けた。南側諸国の女性，有色人種の女性，無産階級の女性など，「女性」にさまざまな説明語句ないし別の属性が付加され，女性も一枚岩でないことが意識されるようになった。ところが，「女性」であることや「性別」という区分そのものは，あまりに自明視され，正面から問われることは少なかった。

そこに人権享有を妨げていた2つの事実が新たに「発見」される。ひとつは，「女性」は「男性」と親密な関係性を構築すること（異性愛主義），もうひとつは，「女性」は生まれながらにして「男性」ではなく「女性」であること（性別二元制），である。前者は同性どうしの関係性に関する刑事法規制や法的承認，後者は身体的な性の特徴や性自認の法的承認の是非をめぐる問題として，人権の俎上に載せられていく(3)。女性差別撤廃委員会も，近年，交差差別の一類型に性的指向と性自認を取り上げるようになった(4)。

日本では2003年に成立した「性同一性障害者の性別の取り扱いの特例に関する法律」（以下，特例法）により，戸籍上の性別情報の変更が可能となった。性同一性障害の診断を受けた人々にとって，国家が性自認を法的に承認した画期的な法律である。しかしながら，変更要件の厳格さについては，法案審議当初から疑問を投げかけられてきた(5)。国連人権理事会の普遍的定期審査第3サイクルでは，ニュージーランドから日本に対して特例法の改正が勧告されている(6)。

本稿では，性別の変更について豊富な先例をもつヨーロッパ人権条約の解釈実践を参照しながら，日本の法政策のあり方を問い直す。そもそも性別とはどのような意味において人権といえるのか。ヨーロッパ人権条約を含む国際基準に照らすと，日本法のもつ根源的な問題点がみえてくる。

（3）谷口洋幸「性的マイノリティの権利は人権である：法律と裁判例から読み解く」ジェンダーと法15号（2018年）77-88頁。

（4）General recommendation No. 28: The core obligations of States parties under article 2 of the Convention on the Elimination of All Forms of Discrimination against Women, U.N. Doc. CEDAW/C/GC/28. 林陽子「『女性』とは誰か」秋月弘子・中谷和弘・西海真樹編『人類の道しるべとしての国際法：平和，自由，繁栄をめざして（横田洋三先生古稀記念論文集）』（国際書院，2011年）269-271頁。

（5）たとえば，國分典子「性同一性障害と憲法」愛知県立大学文学論集52号（2003年）15-16頁，谷口洋幸「性同一性障害特例法の再評価」石田仁編『性同一性障害：ジェンダー・医療・特例法』（御茶の水書房，2008年）249-272頁，齊藤笑美子「性的マイノリティ」大沢秀介他編『憲法.com』（成文堂，2011年）105-118頁など。

（6）U.N. Doc. A/HRC/37/15, 4 January 2018, para.161.70.

I　性別記載を変更する権利

(1) 法制度と性別

　多くの国の法制度は，過去から現在に至るまで，個々人の身分を登録する際，登録事項のひとつに「性別」の別を設けてきた。選択肢は「男」または「女」である[7]。

　「男」「女」の別は一般的に出生時に外性器の形状により割り当てられ，人々は，その割り当てられた性別を生きることとなる。割り当てられた性別（assigned gender）が性自認（gender identity）と同じ人々——いわゆるシスジェンダー（cisgender）の個々人——にとって，出生登録上の性別は大きな関心事になりづらい。もっとも，関心を払わなくとも，性別は個人の身分を公証する重要な情報として，シスジェンダーの人々が安心，安全に社会で暮らす基盤をなしている。一方，割り当てられた性別と異なる性自認をもち，他性で生きている人々——いわゆるトランスジェンダー（transgender）の個々人——がいる。出生登録上の性別と社会生活上の性別が異なることで，生活に支障を来すだけでなく，自己を偽ることを余儀なくされるなど，不安や恐怖の中で生き続けることを強いられる。

　シスジェンダーの人々の性自認が，社会で安心，安全に暮らす基盤となっている現実に鑑みれば，割り当てられた性別とは異なる性自認で暮らす基盤づくりについて，国家がどこまで義務を負うかが人権の視点から問われることとなる。

(2) ヨーロッパ人権条約の判例

　ヨーロッパ人権条約（以下，条約）のもと，出生登録や公的書類の性別記載の変更は1970年代から継続的に争われてきた。争点は条約8条の権利侵害についてである。「私生活の尊重をうける権利（Right to respect for private life）」と称されるこの条文は，国家に対して，個々人の私生活へ不当に介入しない消極的義務だけでなく，個人の尊厳を効果的に尊重する立法等の措置を講じる積極的義務も課している。性別記載の変更を認めるか否かは，したがって，主に積極的義務の違反が争われる。

　ヨーロッパ人権裁判所（以下，裁判所）が性別記載の変更拒否について人権侵

---

[7] もっとも，いわゆる「第三の選択肢」を認めていた制度も皆無ではない。たとえばドイツの例について，広渡清吾「法制度としての性別」ジェンダー法学会編『ジェンダー法学のインパクト　講座ジェンダーと法1巻』（日本加除出版，2012年）62-65頁。

害を認定したのは，1992年のB対フランス事件が初めてである[8]。フランスの公的書類における性別記載は，すべてが出生登録簿の性別がそのまま転載される形式を採用していた。そのため，割り当てられた性別とは異なる性別で生きている人々が被る不利益は甚大であった。裁判所は，社会全体の利益よりも個人の不利益が勝るとして，条約8条の権利侵害にあたるとの判決を下した。

ここで注目すべきは，B対フランス事件の判決の前後に争われていた対イギリスの事件では，条約8条の権利侵害なしとの判断が下されている点である。1986年のリーズ対イギリス事件や1990年のコシー対イギリス事件では，出生登録簿の性別記載の訂正を可能とする制度設計までは国家に義務づけられていないとの判断が下されていた[9]。1998年のシェフィールド・ホーシャム対イギリス事件でも，条約違反は認定されていない[10]。イギリスでは，フランスとは異なり，出生登録簿以外の公的書類の性別記載は変更できたため，個人の不利益が比較的軽いと判断されたためである。したがって，B対フランス事件は性別記載の変更そのものを国家の義務，すなわち人権としては捉えておらず，フランス特有の事情にもとづく判断であったことがわかる[11]。

性別記載の変更を「私生活の尊重をうける権利」として正面から認めたのが2002年のグッドウィン対イギリス事件である[12]。裁判所は，性別記載の変更は単なる書面上の作業ではなく，条約の基本原理である個人の尊厳にとって重要なものとの認識を示した。フランスほど個人の不利益が深刻でないことを認めつつ，性自認を公的に承認することは，人格的自律（personal autonomy）や個人のアイデンティティに根源的で不可欠な事柄である点が重視された[13]。グッドウィン

---

[8] Case of B v. France, Application No. 13343/87, Judgment of 25 March 1992. なお，ヨーロッパ人権条約体制の先例（決定，判例等を含む）は公式ウェブサイトの「HUDOC」で検索および閲覧が可能となっている。以下，引用にあたり事件名，事件番号，日付のみを記す。

[9] Case of Rees v. the United Kingdom (hereinafter U.K.), Application No. 9532/81, Judgment of 17 October 1986; Case of Cossey v. U.K., Application No. 10843/84, Judgment of 27 September 1990.

[10] Case of Sheffield and Horsham v. U.K., Application Nos.22985/93; 23390/94, Judgment of 30 July 1998.

[11] なお，ヨーロッパ人権委員会では，B対フランス事件より以前にも条約8条の権利侵害が認定された事例もある。Case of Van Oosterweijk v. Belgium, Application No. 7654/76, Report of 1 March 1979.

[12] Case of Goodwin v. U.K., Application No. 28957/95, Judgment of 11 July 2002. See also, Case of I v. U.K., Application No. 25680/94, Judgment of 11 July 2002.

[13] Cf. Janis, Mark et. al., European Human Rights Law: Text and Materials, 2nd ed., Oxford University Press, 2000, pp.288-298.

対イギリス事件はB対フランス事件と異なり，性別記載の変更そのものを条約上の権利として認めた判例と位置づけられる。

(3) 日本法への示唆

グッドウィン対イギリス事件は，性別記載の変更を条約8条の権利と位置づける先例となった[14]。日本国憲法に「私生活の尊重をうける権利」と称される権利規定は存在しないが，解釈実践からも明らかなように，この権利は個人の尊厳や幸福追求権を規定する憲法13条に等しい[15]。

特例法は，日本各地の裁判所において，戸籍法113条にもとづく戸籍の訂正申立が却下され続ける中で成立した。戸籍法の想定外であった続柄欄に記載された性別の変更は，特例法によって正式に認められることとなった[16]。割り当てられた性別と異なる性自認を生きてきた人々にとって，性別記載の変更を認める法の整備は，社会で安心，安全に暮らす重要な基盤となりうる。しかし，同法には変更審判をうけるために種々の厳格な要件が課されており（2名以上の専門医による診断，3条の各要件など），審判後は続柄欄そのものの変更ではなく，新戸籍の編成という手続をとる（戸籍法20条の4）。いずれも個人の尊厳ではなく，国家の法体系や社会の制度や意識に「混乱」を招かないように採用された要件と手続である[17]。特例法は性自認の尊重という根本理念に欠けており，当然の帰結として，一部の人々の人権しか保障できていない。

---

[14] See, P. v. Portugal, Application No. 56027/09, Decision of 6 September 2011.
[15] 「私生活の尊重をうける権利」と「個人の尊厳／幸福追求権」が重なることについて，以下2つの論考を参照のこと。倉持孝司「プライヴァシーの権利と，私生活・私的自由の尊重：憲法学の視点から」国際人権17号（2006年）42-43頁，谷口洋幸「プライバシーの権利と私生活・私的生活の尊重：国際法の視点から」同45-50頁。
[16] もっとも，歴史学の研究からは過去に続柄訂正が行われていた事実が指摘されている。三橋順子「『性転換』の社会史（1）：日本における『性転換』概念の形成とその実態，1950～60年代を中心に」矢島正見編『戦後日本女装・同性愛研究』（中央大学出版部，2006年）406頁。
[17] Taniguchi, Hiroyuki, "Japan's 2003 Gender Identity Disorder Act: The Sex Reassignment Surgery, No Marriage, & No Child Requirements as Perpetuation of Gender Norms in Japan," Asia Pacific Law and Policy Journal, Volume 14 Issue 2, 2012, University of Hawaii, pp.108-117.

Ⅱ 性別適合手術をうける権利

(1) 性別の変更と性別適合手術

　割り当てられた性別と異なる性自認をもち，他性で生きている人々の中には，自分の身体そのものを他性に近づけたいと望む人々がいる。ホルモン投与による体つきや体毛，声質などの変化は，自身の性自認にあわせた身体的特徴を獲得する手段であり，社会が求める性別のあり方に近づける手段でもある。むろん，人為的な他性ホルモンの投与は，血栓症や多血症，肝機能への影響，更年期障害，骨粗鬆症など，一定の副作用のリスクを伴う。さらに，乳房切除・形成，精巣・卵巣の摘除，子宮摘出，陰茎切除，陰茎・膣形成など，身体の特徴を他性に近づけるための外科手術がある。このうち，内外性器を他性の特徴に類似した形態にする外科手術のことを一般に性別適合手術（sex reassignment surgery または gender reassignment surgery）という。

　ただし，他性で生きている人々の自分の身体のあり方に関する望みは多様であることにも注意が必要である。ホルモン投与のみで十分な人もいれば，すべての性別適合手術が不可欠だと感じる人もいる。性別適合手術にはいくつもの段階があり，人によって施術を望む，または施術が可能な範囲は異なる。

(2) ヨーロッパ人権条約の判例

　先述のように，性別記載の変更は条約8条の「私生活の尊重をうける権利」に含まれる権利であり，国家は法整備等の具体策を講じる義務がある。ただし，この判例法理は，すべて性別適合手術済みの当事者によって申し立てられた事例であった。性別記載の変更要件としての性別適合手術については次節で扱うとして，本節では，性別適合手術そのものに関連する事例を取り上げる。

　性別適合手術は高度な専門技術を要するとともに，内外性器に変更を加える点において，宗教や倫理，社会道徳の観点から反発を招くことがある。そのため，性別適合手術の医療行為としての正当性そのものが争いとなる。2007年のL対リトアニア事件では，性別適合手術を合法的に実施するための法律が整備されておらず，手術を望む人々は適切な医療をうけられないことが人権侵害として争われた[18]。裁判所は，性別適合手術の全行程を合法的に実施する法整備は，条約8条によって課せられる国家の積極的義務であることを認めた。リトアニア政府は

---

(18) Case of L. v. Lithuania, Application No. 27527/03, Judgment of 11 September 2007.

逼迫する財政状況の中で適切な医療が実施できないことを理由として挙げていたものの，事件の申立から4年を経過しても実施されていないことは政府の怠慢であると断じている。

2003年のファン・クック対ドイツ事件では，保険会社によるホルモン投与や性別適合手術への保険金支払い拒否が争われた[19]。保険会社は，一連の性別適合手術が医療行為ではないとして支払いを拒否し，ドイツの国内裁判所もこの判断を支持していた。裁判所は，申立人は自分の身体の関する性的自己決定（sexual self-determination）を実質的に阻害されており，したがって，支払い拒否を正当とした国内裁判所の判断は条約8条の権利侵害に当たると判断した。

グッドウィン対イギリス事件は，性別記載の変更を「人格的自律」に不可欠と位置づけ，性別記載の変更は国家の積極的義務に含まれると認定した。上記2つの判例は，性別適合手術について，より積極的に「自己決定」の文脈で捉え直し，手術関連の法整備や保険金支払いの対象とすることなどを国家の積極的義務として条約8条から導き出した。性別記載だけでなく，適切な性別適合手術をうけられることも，人々の性自認を尊重するために必要な措置と判断したものである。

（3）日本法への示唆

性別適合手術の合法性については，日本でも裁判で争われたことがある。いわゆるブルーボーイ事件である[20]。被告医師は優生保護法等違反で有罪となったものの，東京地方裁判所は，性別適合手術（当時の性転換手術）が一定の条件を満たす場合には，正当な医療行為にあたると判断していた。1996年に性別適合手術が国内で公式に認められて以降，手術の合法性について争いはない。

ただし，施術可能な医療機関の少なさや性別適合手術への保険適用の遅れなど，問題は山積している。厚生労働省は性別適合手術への公的医療保険の適用を決定したものの，適用される医療機関が限られていたり，ホルモン療法実施の場合には適用外とするなど，実際の運用には多くの疑問が残る。ファン・クック対ドイツ事件では，民間の保険会社の保険金不払いについて，間接的にそれを是認した裁判所の判断が条約違反とされた。国が直接的に決定する公的医療保険から実質的に性別適合手術を外してしまうことには，より厳格な正当化事由が必要となる。適切な医療をうけること自体，ひとつの人権と捉えられることも，忘れてはならない[21]。それが人の人格的自律に不可欠であり，重要な自己決定である場合に

---

(19) Case of Van Kück v. Germany, Application No. 35967/97, Judgment of 12 June 2003.
(20) 東京地判昭和44(1969)年2月15日，東高判昭和45(1970)年11月11日。

は尚更である。
　もっとも，現行の特例法のまま，公的医療保険の適用を広げることには注意が必要である。次に検討するとおり，特例法3条4号および5号は，性別適合手術を性別記載変更の要件として規定する。公的医療保険が無条件に適用されれば，仮に本人が医療介入を望まない場合にも，性別記載を変更するために不必要な性別適合手術へと当事者を駆り立ててしまいかねない。それでは身体の尊厳（bodily integrity）が根源的に阻害されてしまう。本節と次節は，異なる問題であると同時に，密接不可分の関係にある。

III　生殖能力は誰のものか

（1）性別と生殖能力

　性別適合手術そのものは，人格的自律や自己決定に属する事柄として，国家に法整備や利用可能性の確保が義務づけられる。では，性別記載の変更を認めるための要件として，性別適合手術を課すことは許されるか。
　先述のとおり，他性で生きている人々の自分の身体のあり方に関する望みは多様である。性別適合手術もすべての人が望むものではなく，いずれかの段階で十分な場合や，身体的特徴や疾病，または信仰などを理由に，手術ができない人々もいる。しかし，これまで多くの国家では，性別記載変更の要件として，性別適合手術，より直接的には生殖腺（精巣・卵巣）摘出による生殖能力の放棄が求められてきた。条約はこの現状をどう捉えてきたか。

（2）ヨーロッパ人権条約の判例

　2015年のYY対トルコ事件では，性別適合手術の過程で生殖腺切除が行われることについて，条約上の権利侵害が争われた[22]。トルコでは性別適合手術そのものは認められている。ただし，生殖腺を保持したままの手術は認可されず，本人の希望にかかわらず，生殖腺切除が行われていた。裁判所は，性別適合手術が性自認という人格的自律に不可欠の要素であるとの先例を踏まえ，生殖腺切除を望まない当事者にとって，現行の認可制度では手術が不可能となる事実を指摘した。生殖腺切除が医学的に不可欠なものでない以上，切除を強制することに合理

---

[21] See. World Medical Assembly, Declaration of Lisbon on the Rights of the Patients, 1981.
[22] Case of Y.Y. v. Turkey, Application No. 14793/08, Judgment of 10 March 2015.

的な説明はつかないとして，条約8条の権利侵害を認めた。
　より直接的に，生殖腺切除を性別記載の変更の要件とすることについて，2017年，AP・ギャルソン・ニコ対フランス事件の判決が下された[23]。裁判所は条約8条の権利侵害を認定した。身体はそもそも一身専属的なものであり，その尊厳を奪うことは原則として許されない。公的書類の性別記載を変更するために，本人が望まない手術を強制することは，個人の身体の尊厳を阻害する。とくに生殖腺切除が不可逆的な手術である以上，法律がそれを強制することは許されない，との判断であった。
　この2つの判決は，生殖腺切除が性別適合手術にとって医学上不可欠ではない事実を前提とする。その上で，生殖腺切除を手術認可の条件として強制することも，まして，性別記載の変更のための要件とすることも条約8条の権利を侵害するものと捉えた。ヨーロッパ評議会は2010年に各国の国内法にあった性別適合手術要件の見直しを求める決議を採択しており[24]，世界保健機関（WHO）なども2014年に生殖腺切除要件の削除を各国に要請する共同声明を採択している[25]。上記判決はこれらの政治的合意や専門機関の見解を司法機関として支持したものである。

（3）日本法への示唆

　特例法3条4号は「生殖腺がないこと又は生殖腺の機能を永続的に欠く状態にあること」を，同5号は「その身体について他の性別に係る身体の性器に係る部分に近似する外観を備えていること」を変更審判の要件として規定する。生殖腺切除だけでなく，存置した場合の機能不全まで求める4号の要件は，徹底的なまでに，元の生殖能力の放棄を要求する。そこには旧優生保護法における強制不妊手術に代表されるような優生思想的な発想も見え隠れする。性と生殖に関する権利またはリプロダクティブ・ライツは，憲法13条に含まれる内容の典型例である。生殖能力の放棄を求める4号の要件は，国際的な人権基準だけでなく，憲法にも違反しうる。人々の生殖能力は，身体の尊厳の中核をなす一身専属の領域である。国家に左右されるものではなく，また，左右されてはならない。

---

[23] Case of A.P., Graçon and Nicot v. France, Application No. 79885/12, Judgment of 6 April 2017.
[24] Recommendation CM/Rec (2010) 5 of Committee of Ministers (CoE), 31 March 2010; Resolution 1728 (2010) of Parliamentary Assembly (CoE), 29 April 2010
[25] WHO et. al., Eliminating forced, coercive and otherwise involuntary sterilization: An interagency statement, 2014.

5号については，その立法趣旨そのものに疑問が残る。立法府は公衆浴場やトイレなどでの混乱防止を理由として挙げる。そこでいう混乱とは何か，それは困難かつ高額な外科手術を強制してまで守るべき利益か。性別記載の変更を条約8条の権利と位置づけた判例に照らせば，特例法3条5号の人権侵害性は説明を待たない[26]。

Ⅳ 婚姻は誰が決めるのか

（1）婚姻継続中の性別変更

性別記載の変更のための法整備および適切な性別適合手術をうける環境の整備は，「私生活の尊重をうける権利」の実現するための，国家に課せられた義務である。また，身体の尊厳を阻害する生殖腺切除を性別記載の変更要件とすることは，人権侵害である。

それでは，性別記載の変更は無条件に認められなければならないのか。たとえば，特例法の要件の一つである「現に婚姻していないこと」もまた，人権侵害にあたるといえるだろうか。

（2）ヨーロッパ人権条約の判例

イギリスでは，ジェンダー承認法（Gender Recognition Act）のもと，婚姻を継続したままで性別記載の変更を申し立てることができなかった。2006年のパリー対イギリス事件では，この要件について条約8条の権利侵害が主張されたものの，裁判所は申し立て不受理（inadmissible）の決定を下した[27]。当時のイギリスでは，同性どうしが利用可能なシビル・ユニオン法のもと，婚姻ではないものの，2人の関係性を法的に保障する選択肢は存在していた。裁判所は，代替的な法整備がある以上，必ずしも婚姻したままで性別変更を認めないことが，国家の義務違反とまではいえない，と判断したものである。

類似の事例として，2014年のヘメレーネン対フィンランド事件がある[28]。ヘメレーネンは，婚姻継続中であり，子どもがいるトランス女性であった。裁判所は，申し立てを受理したものの，結論として条約8条の権利侵害を認めていない。フィンランドで成立していた登録パートナーシップ制度は，権利保障の程度にお

---

(26) 前掲注（5）の各文献参照。
(27) Case of Parry v. U.K., Application No. 42971/05, Decision of 28 November 2006.
(28) Case of Hämäläinen v. Finland, Application No. 37359/09, Judgment of 16 July 2014.

いて婚姻とほぼ同等であった。婚姻から登録パートナーシップ制度へ移行すれば性別記載の変更が可能となるため、自発的に移行しない場合まで、性別記載の変更を保障する義務はない。裁判所はこのように、制度選択について国家に広い裁量の余地を認めた。

　この2つの事例から、婚姻を継続した状態で性別記載の変更を認めない要件は人権侵害にあたらない、と評価するのは拙速である。婚姻に関連する法整備の詳細は、権利の本質（essence）を侵害しない限りにおいて、国家の裁量の余地が広く認められる[29]。法律上同性どうしの婚姻そのものを法制化していないことについて、裁判所は条約12条の権利侵害を認めていない。婚姻の要件は、各国の歴史や伝統、価値観に根ざすところが大きく、国際基準を設定することが困難だからである[30]。しかし、この2つの事例に共通する重要かつ不可欠の前提は、同性どうしで利用可能な代替制度が存在している事実である。イギリスにもフィンランドにも、法律上は同性どうしになったとしても、婚姻と同等の法的保障を得られる制度が存在していた。すなわち、婚姻中の変更を認めないことは、代替手段が存在する限りにおいて、条約違反なしの判断へと帰結する。

（3）日本法への示唆

　特例法3条2号は、性別記載の変更を申し立てる時点において、「現に婚姻していないこと」を要件に掲げる。婚姻を継続したまま性別を変更すると、法律上の同性どうしが婚姻していることとなるため、法の体系性・整合性をとるために設けられた規定である。

　国家に裁量の余地が広く認められるとしても、日本には、イギリスやフィンランドのような同性どうしで利用可能な代替制度は存在しない。自治体では同性どうしのパートナーシップを認定する制度が増えているものの、法的保障とは関係なく、国家レベルでは、婚姻の平等化もパートナーシップ法の制定も、議論は進んでいない。条約のもとでは、同性どうしの関係性に何らの法整備がないこと自体の権利侵害性が認定された事件すらある[31]。代替制度がないこと自体も問題ではあるが、2号の要件が離婚を強制する規定であることにも注目しなければならない。ひとたび、「両性の合意」にもとづいて婚姻が成立すれば、その解消も「両

---

(29) 谷口洋幸「国際人権法における異性愛の規範化：ヨーロッパ人権条約の性的マイノリティ事例を素材として」ジェンダーと法1号（2004年）142-144頁。
(30) 谷口洋幸「『同性婚』は国家の義務か」現代思想43巻16号（2015年）46-59頁。
(31) Oliari and Others v. Italy, Application Nos. 18766/11 and 36030/11, Judgment of 21 July 2015.

当事者の合意のみ」にもとづくのが一般的な解釈である（憲法24条）。当事者らが婚姻の継続を望む場合，他の権利を獲得するためにその放棄を間接的にでも求めることは，ライフスタイルの自己決定の否定にほかならない。

おわりに

　条約の判例法理に照らすと，日本の特例法はその根本原理から個別の要件に至るまで，人権侵害と考えられる要素が多分に含まれている。

　もちろん，法的拘束力の観点からは，そもそも日本は条約の締約国ではなく，その判例法理に従う義務はない。しかし，日本に法的拘束力をもつ国際人権自由権規約は条約と歴史的に密接な繋がりをもっており，実際にそれぞれの解釈実践は相互参照を繰り返しながら発展している。また，日本は条約の母体であるヨーロッパ評議会（Council of Europe）のオブザーバー国としての地位を与えられている。国際的な人権基準の形成にも，国連人権理事会の理事国として積極的に関与しつづけている。日本にとって，条約の判例が参照可能な先例であることは間違いない。少なくとも，条約の判例法理をはじめ，国際人権法の先例に抵触する法政策を維持する場合には，法制定当時よりも高い正当性の立証が求められる。WHOの共同声明等，専門機関の基準から逸脱についても，具体性のある専門的知見を含めた反証が必要となる。

　特例法には，いまのところ，各要件を正当化するだけの論拠がない。国際的な人権保障の動向や諸外国の法改正を参考に，特例法が早急に改正されることを願う。

5 北欧諸国におけるトランスジェンダーの状況
——フィンランド及びノルウェーを中心として(1)

齋藤　実

Ⅰ　はじめに
Ⅱ　フィンランド，ノルウェー及びスウェーデンについて
Ⅲ　北欧諸国のLGBTの状況について
Ⅳ　トランスジェンダーについて
Ⅴ　オンブズマンについて
Ⅵ　スウェーデンにおけるトランスジェンダーに対する補償制度について
Ⅶ　おわりに

Ⅰ　はじめに

　北欧諸国は，かねてより，男女平等が進んだ国として紹介されてきた[2]。2017年のジェンダーギャップ指数を見ても，アイスランド，ノルウェー，フィンランドが，3位までを占める。スウェーデンは5位，デンマークも14位となる[3]。
　このような性差による差別の解消の程度は，LGBTの問題にも反映される。北欧諸国はLGBTの問題についても，世界の最先端を行く地域の1つであるである[4]。例えば，ゲイ幸福度ランキング[5]では，アイスランド，ノルウェー，デ

（1）本研究は，科研費課題「LGBTQを含む性の多様性に関する法的問題の総合的研究」（基盤B，研究代表者矢野恵美）の研究の一環として行っている。性の多様性に関しては，LGBT，LGBTI，LGBTQ等の表現が用いられている。本稿では，LGBTの表現で統一した。
（2）齋藤実「北欧における男女共同参画の現住」『文明研究28号』（2010年）110〜118頁
（3）http://www3.weforum.org/docs/WEF_GGGR_2017.pdf（2018年9月10日アクセス）。なお，日本は114位であった。
（4）2018年4月27日「北欧5カ国のLGBT最新事情」（スウェーデン大使館）における，デンマーク大使館上席政治経済担当官寺田和弘氏の講演内容を参考にさせていただいた。また，同氏は，その後のインタビュー調査にも快く応じてくださった。この場を借りてお礼申し上げたい。
（5）https://www.planetromeo.com/en/care/gay-happiness-index/（2018年9月10日アクセス）なお，日本は43位であった。

ンマーク，スウェーデンが，4位までを占める。フィンランドは12位となっている。トランスジェンダーへの支援が最も厚い国ランキングでも，23カ国中スウェーデンは2位となっている（他の北欧諸国は23カ国に含まれていない）。さらに，国際レズビアン・ゲイ協会（ILGA）欧州地区の直近のランキングでは，49カ国中ノルウェー3位，フィンランド5位，スウェーデン10位，アイスランド16位となっている[6]。なお，2017年にフィンランドで性別による制限を認めない婚姻法が施行されたことで，全ての北欧諸国で，婚姻について性別による制限がなくなった[7]。

　もっとも，これらの北欧諸国においても，依然として課題はある。たとえば，ノルウェーを例にとると[8]，第10年生（中学3年生相当）を対象とした，いじめを受けたことがあるかというアンケート調査で，ヘテロは7％であったのに対し，バイセクシャルで15％，同性愛者で35％であった。また，ヘテロの生徒がハラスメントを経験したのが16％であったのに対し，ゲイの生徒は37％であった。さらに，LGBTの4人に1人の生徒が教師からのハラスメントを経験しており，これはヘテロの3倍にも上る。また，職場でも自らの性的指向を理由に，否定的な態度を取られる場合が，同性愛の場合が29〜30％，バイセクシャルが42％と高くなっている。さらに，トランスジェンダーの場合には，ハラスメントや差別を受ける率が高くなる。これらの問題は失業にもつながるなど，生活にも直結する深刻問題である。

　ノルウェーに限らず他の北欧諸国にも同様の傾向は見られる。もっとも，重要なことは，このような状況を冷静に受け止め，改善のための対応を取っていることである。北欧諸国は今日に至るまで，LGBTに関連する法制度等を整え，より良い制度を構築しようとしている。LGBTに関する施策について，日本は大きく北欧諸国に遅れてしまっているが，このような北欧諸国の姿勢からこそ，学ぶべきものは多い。

　本稿では，北欧諸国のLGBTの状況を俯瞰しながら，トランスジェンダーの取組みを中心にして取り上げたい。もっとも，北欧諸国5カ国では，LGBTに関する状況や対応はそれぞれ異なる。そこで，本稿では，5カ国の中でも，フィンランド及びノルウェーを中心にして，付加的にスウェーデンの状況を紹介したい。

（6）　https://www.rainbow-europe.org/country-ranking（2018年9月16日アクセス）
（7）　齋藤実「フィンランドにおける性的マイノリティの現在（いま）」『学習院法務研究12号』（2018年）171〜184頁。
（8）　file:///C:/Users/minor/OneDrive/Desktop/Lgbt_status_2014_Factbooklet.pdf（2018年9月16日アクセス）

Ⅱ　フィンランド，ノルウェー及びスウェーデンについて

　本論に入る前に，フィンランド，ノルウェー及びスウェーデンの3カ国について，簡単に紹介したい。なお，筆者は，北欧刑事法を専門としており，その観点から得た知見が多く含まれることを予めお断りさせていただく。

　最初に紹介すると分かりやすいのは，スウェーデンである。同国は，北欧諸国の中でも最も人口が多く（999万人）[9]，北欧諸国の中でも中心的な地位を占めてきている。ボルボ，サーブ，また，日本でも人気のイケヤが生まれた国であり，アバの歌は多くの方がご存じだろう。法制度においても，（場合によっては斬新な）新しい制度・政策を取り入れ，それを実行に移すことで，他の北欧諸国のモデルともなることも多い。北欧諸国の中心をなす国と言ってよいであろう。

　これに対して，ノルウェーは，スウェーデンを兄（姉）とした場合に，弟（妹）として紹介されることが多い。人口はスウェーデンの半分ほどであるが，北海油田が発見され，北欧諸国の中でも経済的に極めて豊かな国となっている。スウェーデンに劣らず新しい制度・政策を取り入れ，分野によっては北欧諸国をリードすることも多い。

　他方で，フィンランドは，スウェーデン・ノルウェーとは，一線を画するところがある。言語が北欧諸国と全く異なることも，その一因かもしれない。制度・政策については，慎重な態度をとることがしばしばあり，特に隣国のスウェーデンの状況を見ることで，その制度・政策を導入するかを決めることが多い。

　このような状況は，LGBTに関する分野にも当てはまる。この3カ国の中では，スウェーデンとノルウェーが進んだ制度を導入している。これに対して，フィンランドは，やや慎重な態度を取りながら，制度を導入している。例えば，スウェーデンやノルウェーでは，後に紹介するように，現在，LGBTの議論の中心となっているのは，トランスジェンダーの問題である。ノルウェーでは，簡易な手続きによる性別変更を可能としている。さらに，スウェーデンでは，国が，法律上，性別変更のために不妊手術を要求したことは誤りであったことを認め，国が補償を行うまでになっている。他方で，フィンランドでは，性別による制限を設けない婚姻法を，2017年，北欧諸国では最後に施行した。トランスジェンダーに関する議論は，これからが期待されている状況にある。

（9）http://worldpopulationreview.com/countries/sweden-population/　（2018年9月10日アクセス）

このように，本稿で紹介する3ヵ国は，同じ北欧諸国と言いながらも，非常に個性に富んだ国々である。スウェーデンやノルウェーからは，世界でも最先端の制度をどのように制定したのか，その制度をどのように運用しているのか，について学ぶことが多い。また，フィンランドも，LGBTに関して慎重な態度をとっているとはいえ，日本よりも進んだ制度を持っていることは間違いない。LGBTの問題がなかなか進まない日本にとって，慎重な態度を取りつつも，その中にあって，どのように制度を運用しているのか，フィンランドから得るものも多い。

Ⅲ　北欧諸国のLGBTの状況について

　北欧諸国では，キリスト教の影響により同性間の性行為を刑法上処罰の対象としていた（現在は，いずれの国も廃止している）。また，エイズの影響によりLGBTへの差別偏見が強く存在したこともあった[10]。

　もっとも，北欧諸国が，世界の中で見ても，LGBTに関する施策を積極的に進めている。その要因として，デンマーク大使館の上席政治経済担当官である寺田和弘氏は，5つの要素をあげている。①物事を実利的に考えるビジネスマインド，②高い投票率に見られる民主主義の浸透，③職場以外でも市民間の交流の場が多い市民社会があり様々な価値観に接する機会が多いこと，④少数者への人権侵害を監視監督するオンブズマンの存在，⑤欧州人権条約の影響，である。非常に卓越した分析であり，北欧の国々によって5つの要素の強弱はあるものの，推進要因して考えられるであろう。

　これらに加えて，⑥少数者の人権を保障しようとする人権意識，さらには，⑦人は平等であるという高い意識，をあげたい。北欧諸国では，国民の1人1人が，重要な社会を構成するメンバーとして考え，より良い社会を形成しようとする意識が強い。その根底にあるのは，各人が平等であるという意識である。これらの要素が，LGBTの分野にも反映していると考える。

　LGBTに関する政策を推進した最初の取組みは，同性パートナーシップ登録制度であった。1989年デンマークは世界で初めての同性パートナーシップ登録制度を導入した。その後，1993年ノルウェー，1994年スウェーデン，1996年アイスランド，最後に，2001年フィンランド[11]で導入された。同性パートナーシップ登録は，幾つかの例外を除いては通常の婚姻と同じであり，極めて類似している。

---

(10)　齋藤実「スウェーデン・フィンランドにおける肝炎ウイルス患者に対する差別・偏見」『獨協法学100号』（2016年）107～125頁。

そのため，本制度が制定された意義は大きい。

　もっとも，同性パートナーシップ登録制度は，婚姻とは同一の制度ではない。そのため，性別による制限を認めない婚姻法が制定する機運が徐々に高まり，2008年にノルウェーで制定され翌2009年に施行されたのを皮切りに[12]，スウェーデン2009年[13]，アイスランド2010年[14]，デンマーク2012年，そして最後にフィンランドで2017年に施行された。なお，これらの同性登録パートナーシップ制度は，同性婚が認められたことにより，いずれの国においても廃止され，新たに同性登録パートナーシップ制度を利用することは出来ないこととなり，婚姻に一本化された。

Ⅳ　トランスジェンダーについて

1　日本の状況について

　日本では，性同一性障害者の性別の取扱いの特例に関する法律（2003年7月16日法律第111号，以下「特例法」。）が規定されている。本法の最大の問題点は，本法では，その3条では，①「生殖腺がないこと又は生殖腺の機能を永続的に欠く状態にあること」（4号，以下「生殖不能要件」），②「その身体について他の性別に係る身体の性器に係る部分に近似する外観を備えていること。」（5号，以下「外観要件」）として，手術することを要求する点である。

　生殖不能要件は，トランスジェンダーが性別を変更するためには，自らの子を持てないことを意味する。生殖不能要件を設けた趣旨として，元の性別の生殖機能によって子どもが生まれることで様々な混乱や問題が生じかねないこと，生殖腺から元の性別のホルモンが分泌されることで何らかの身体的・精神的な悪影響

---

(11) 既婚・子どもありのトランス女性が性別変更を拒否された事件で，ヘルレーネン対フィンランド（2014年）において，ヨーロッパ人権裁判所は，条約違反なし。登録パートナーシップ（RP）に移行すれば性別変更でき，婚姻とRPの権利保障に大差がなく，RPへの変更を自発的に拒否する場合まで保護する義務ないとした（日本司法福祉学会第18回大会，第10分科会「性的マイノリティ，家族・親子の多様性：多様なカップルが子を持つこと」における谷口洋幸報告）。

(12) 同性のカップル間で子どもを持つ割合も増加している。1993年から2001年は6％であったのに対し，2002年から2011年は18％であり，現在，増加傾向にある（前掲注8　21頁）。

(13) スウェーデンでは，同棲も法的制度として認められている。2003年には，性別による区別のない同棲法（2003年法律376号）が制定されている（矢野恵美「性の多様性と家族——スウェーデン，ノルウェーの法制度から」神奈川大学論評88号（2017年）43頁）。

(14) 同年6月27日に施行され，同日，首相であったヨハンナ・ジグルザルドッティル氏が同性パートナーと婚姻したことでも話題となった。

が生じることが否定できないこと，などがあげられている[15]。しかし，「様々な混乱や問題」あるいは「悪影響」については，具体的な説明が十分にされていない。生殖不能要件を要求することは，不妊手術を強要することを意味し，この背景には，性別を変更する者の子孫を残すべきではない，という優性思想が見え隠れする。なお，外観要件につき，本稿で検討する3カ国において，過去においても，このような要件を規定している国はないことを，付言しておく。

2　フィンランドの状況について

（1）フィンランドのトランスジェンダー

フィンランドでは，トランスジェンダー法（563/2002）が2002年に制定された。後に述べるノルウェーが，トランスジェンダーに関する法律を2016年に制定されていることを考えると，フィンランドは比較的早くから，トランスジェンダーについて，立法により対応をしてきたといえる。制定後，性別変更をした人数は必ずしも明らかではないが，1000人を超えるものとされる。

トランスジェンダー法の内容を見ると，以下のとおりである。
① 　恒常的に登録されている性とは異なる性に属するものと感じその性に基づいて生活をしているとの医学上診断されており，不妊手術を行い又は他の理由により生殖能力がないこと，
② 　18歳に達していること，
③ 　フィンランド国民又はフィンランドに居住していること，
の3点を，を要求している（1条）。

なお，本法制定制定時には，「婚姻していないこと，又はパートナーシップ登録されていないこと」が要件とされていたが，婚姻に性別による制限を認めなくなったことから，これらの要件は廃止された。

現在問題とされているのは，「医学上生殖能力がないこと」を要件としていることである。この要件は，ホルモン治療を受けた場合や高齢で生殖能力がない場合を想定しており，必ずしも不妊手術までは要求されていない[16]。もっとも，性別の変更という法律上の問題と，生殖能力の有無という医学上の問題を混同していることから，このような要件自体を削除するべきではないか，と議論がされている。また，性別変更の年齢を成人年齢である18歳としている。しかし，出来

---

(15) 南野知恵子監修『「解説」性同一性障害者性別取扱特例法』（日本加除出版，2004年）93頁。
(16) 前掲注（7）

〈特集2〉 5 北欧諸国におけるトランスジェンダーの状況〔齋藤　実〕

るだけ早期の性別変更への対応が望ましいことから，年齢を下げるべきとの議論もなされている。なお，本法は，インターセックスについての規定を置いていないことから，今後は，インターセックスについても立法の必要が出てくるであろう。

　具体的に，性別を変更するための手続きを見ると，以下の通りとなる。先ずは，3名の精神科医により，性別の変更を行うことが妥当か否かの判断がされる。この結果，性別の変更を行うことが妥当と判断された場合には，ホルモン治療に入ることになる。ホルモン治療により，医学上の生殖能力がないと判断された場合には，性別変更することが出来ることは，上に紹介したとおりである。さらに，性別適合手術は性別変更の要件ではないが，希望をする場合にはホルモン治療を経て，ヘルシンキ大学病院又はタンペレ大学病院で手術を受けることが可能である。それぞれに専門の医師が1名ずつおり，通常の医療と同様，手術は無料で行われる。もっとも，いずれの医師を選ぶかなどの選択はできない。手術後，6週間程度の術後休暇を取ることが可能となる。一連の手続きを終えるためには，少なくとも1年程度の期間はかかることになる。性別変更をする場合には，国民登録番号が変更される。フィンランドの場合，最後から2つ目の番号が性別を表すことから（偶数が女性，奇数が男性），この数字が変更となる。

（2）刑務所におけるLGBT

　フィンランドの刑務所で，LGBTに関する問題について聞き取り調査をする機会があったことから，刑務所内でのトランスジェンダーの問題について，追加して説明したい。この問題の詳細は，矢野論文をご参考いただきたい。

　トランスジェンダーの問題に限らず，刑務所の医療の問題は，矯正や保護を担当する矯正保護庁ではなく，健康省所管の国立健康福祉研究所の管轄となる。そのため，受刑者の性別変更については，矯正保護庁の管轄外となる。受刑者が，刑務所への収容前から，性別変更に関するホルモン治療等を受けている場合には，既に精神科医からの判断を受けていることから，その治療は継続されることになる。刑務所内の医療も無料であることは，刑務所外と同様である。次に，刑務所に収容された後，性別変更の申立てがあった場合にも，3名の精神科医により，性別変更をするのが妥当であるか否かの審査が行われる。その審査で妥当とされた場合には，ホルモン治療などの性別変更の過程に入ることとなる。これらの過程は国立健康福祉研究所が担当することとなる。

　なお，刑務官がトランスジェンダーの場合について若干補足すると，女子刑務所でも，半数近くの刑務官は男子であることから，たとえトランス男性が女子刑

務所で処遇を担当しても大きな混乱はない。もっとも，身体検査など一定の検査の場合には，受刑者と同性の刑務官が担当する。そのため，刑務官が性別変更の過程にある場合などは，問題が生じうる。トランスジェンダーの刑務官が性転換後に受刑者を身体検査などを担当しうる時期として，法律上の性別変更が完了した時期（生殖能力を失った時期），不妊手術を行った時期，外観を備えた時期，などを考えることは理論上可能である。もっとも，重要な点は，時期を一律に決めるよりむしろ，刑務官が受刑者からの信頼を得て処遇にあたり，また，刑務官本人も自信をもって職務を遂行ことである。そのため，時期は一律に決められておらず，刑務所長と当該刑務官との話し合いで決められている。

3　ノルウェーの状況について[17]

人口約530万人[18]のノルウェーで，トランスジェンダーの人数は，概ね1万9000人から2万人と試算され，1963年以降，500人以上が性別変更のためのホルモン治療さらには不妊手術を受けたとされている[19]。不妊手術を経て性別変更する過程は，概ね5年から8年を要した。

フィンランド同様，ノルウェーでも，国民一人一人が，国民登録番号を持っている。ノルウェーでは，最後のから3つ目の数字は性別を表し，女性は偶数，男性は奇数の番号を振られている。国民登録番号は，社会生活に広くそして深く浸透しており，役所などの公的機関のみならず，銀行をはじめとする民間機関においても必須のものとされている。性別変更は，国民登録番号が密接に関連する。そのため，従来，性別変更の根拠となりうるのは，国民登録番号について規定する，国民登録法とされてきた。同法の2条では，「個人登録番号は……性的状態

---

(17) 簡単にノルウェーでの立法政策を振り返ると，1972年刑法から同性愛を処罰対象から削除し，1998年職場環境法が施行され，2002年同性愛パートナーの連れ子を養子とすることを可能とし，2004年家庭法，2009年同性婚法が施行された。

　さらに，依然としてLGBTへの差別偏見が残ることから，2014年1月1日，性的指向，性自認，そして性表現に関する差別を禁止する新しい差別禁止法が施行された。この法律は，既に職場などでの差別を禁止する法律はあったが，個人的な関係を除くあらゆる社会の分野での，LGBTに対する差別を禁止していることに意義がある。トランスジェンダーへの差別を禁止した最初の法律として期待されている。さらに，公共の場や職場でのLGBTへの差別を防ぐための継続的な努力を求めており，雇用者に対して，年に1回，採用，賃金・労働条件，昇進，教育の機会さらにはハラスメント防止について報告義務を規定する。

(18) 2018年9月16日現在，536万3658人である（http://www.worldometers.info/world-population/norway-population/　2018年9月17日アクセス）。

(19) file:///C:/Users/minor/OneDrive/Desktop/Lgbt_status_2014_Factbooklet.pdf（2018年9月10日アクセス）

が変更されるときに，変えることが出来る」とされている。「性的状態」が変更された場合には，性別が変更され個人登録番号が変更される。ただ，「性的状態」について，その具体的内容は，条文上明らかではない。そこで，運用上，①国立治療センター（Nasjonal Behandlingstjeneste for Transseksualisme）での性転換の確認，②ICD10コードF60.0の認定，③長期間のカウンセリング・アセスメント，④ホルモン治療，⑤性を割り当てるための手術（不妊手術）が必要とされていた。

もっとも，近年このような運用に対して，性別の変更という法律上の問題に，医学的な治療や不妊手術という医学上の問題を要件とすることが果たして妥当であるか，として問題視され始めた。また，①〜⑤の手続きは，何らの規定にも基づいていないことから，このような過程を経ることが果たして妥当であるか，という点も併せて議論され始めた。

このような議論がされている中で，2013年，アムネスティーインターナショナルから，不妊手術という医学上の問題を，性別の変更という法律上の要件とするべきではないとのキャンペーンがなされた。このような国際的な潮流の中，人権上の観点，法律上の観点，さらに医学上な観点から，総合的な議論をするため，同年12月，17人の専門家（法律家，医療関係者，政治学者，NGOなど）による委員会が結成された。ここでの議論は，①現行のLGBTに関する国民登録制度の関連法及びその運用の見直し，②現行のLGBTに関する国民登録制度の関連法及びその運用の人権侵害に関する調査，③不妊手術を要求することを他の方法に代替できるかについての検討，④法律上の性性別を変更するために必要な要件の検討，⑤医療上のサービスとサポートについての検討，の５点とされた。

同委員会は，2014年12年，最初の報告書を提出し，その半年後の2015年４月，最終の報告書が提出された。同年６月，健康省で法律制定に向けての公聴会が開かれた。翌年2016年３月，健康省が法案を国会に提出し，同年６月，法案が議会通過し，法律上の性別の変換法（2016年法律第46号　以下「本法」という）として制定され，７月１日より施行された。

本法は，世界的に見ても，極めて先進的な法律であると言える。具体的には，法律上の性ではない他方の性であると自らが認識する場合に，医療機関の診察・精神鑑定，ホルモン療法さらには不妊手術を経ずに，ただ申請をするだけで，性別の変更が可能となった。本法は，法律の問題である性別の変更を，ホルモン治療や不妊手術などの医学的な問題と分離していることに意義がある。また，未成年である16歳から性別の変更が申請可能となったことも特徴である。さらに，６歳以上16歳未満の場合でも，親の同意があれば，申請が可能となった。「子どもの権利条約と合わせて，その自己決定が何歳でできるかという点を考慮している。

手術の問題は，別の問題としているので，このように早い判断が可能となっている」とされる[20]。

性別変更の申請手続きについて言及したい。この申請は，既に述べたように，国民登録番号を変更する手続きの中で行われる。国民登録番号は，ノルウェー国税庁が担当することから，同庁のホームページから性別変更に関する申請を行う。その後，同庁から性別変更の意思確認のための連絡がされ，それに対して申請者は回答をする。その上で，同庁から，新しい性別を変更した国民登録番号が発行される。国民識別番号は，パスポート，運転免許証，出生証明書，クレジットカードなどと連動している。そのため，国民識別番号の変更に伴い，これらについても変更手続きが必要となる。

本法は，迅速に性別変更をすることを可能とし，容易に利用することが出来る。2016年1月1日から2018年7月までで性別の変更をしたものは1000人にも上る[21]。1963年以降2015年までに性別変更したものが500名程度に過ぎなかったことを考えると，本法の与えた影響が極めて大きいことが分かる。

最後に，若干，今後の課題について付言すると，インターセックスなどの問題をどのように考えるについては，十分な解決はできていない。また，ヘイトクライムは刑法や差別禁止法での規制があるものの依然として深刻な問題を有する。さらに，近年では，本法制定以前に性別変換した当事者が，国を相手に国家賠償訴訟を提起しており，今後の動向を見守る必要がある。

V　オンブズマンについて

フィンランド，ノルウェーさらにはスウェーデンのLGBTの状況を概観するうえで，オンブズマンの活動は欠かすことができない。オンブズマンは，LGBTに対する差別等がないかを監視する役割を果たしている。特に近年，LGBTに対するハラスメントの問題が，各国とも大きく取り上げられている。今後，ハラスメントへの対応をするうえでも，オンブズマンの重要性はより高まると考えられる。そこで，フィンランドを例にして，オンブズマンについて紹介したい。

フィンランドでは，平等オンブズマンと差別禁止オンブズマンが，LGBTへの差別偏見を監視する役割を果たしている。同国では，LGBTに関する差別偏見を禁止する法律として平等法と差別禁止法があり，それぞれの法律に対応する形で，

---

(20) 矢野・前掲注（9）48頁
(21) 前掲注(10)

2つのオンブズマンが存在する。平等法は1986年に制定され，制定当初は，男女平等の実現を主たる目的としていたが，今日では，性自認や性表現に関する差別を禁止する役割も果たす。同法は，トランスジェンダー，異性装者，インターセックスなどへの差別偏見を規制の対象とする。他方で，差別禁止法は，2004年に制定され，年齢，国籍，宗教などとともに，性的指向についての差別禁止も規定する。同法は，同性愛者への差別等があった場合に，適用される。

これら2つの法律が適切に遵守されているかを監視監督とするのが2つのオンブズマンである。平等オンブズマンは1987年に設立され，10名の職員で構成されている。行政組織上は，法務省の傘下に組み入れられている。平等法が適切に遵守されているかについて，申請などがあった場合に，平等オンブズマンは相談あるいは指導を行っている。もっとも，これらに法的な拘束力はない。差別禁止オンブズマンは，2015年に設立された。少数者オンブズマンを母体にしているが，差別は複合的な理由で起きることが多いことから，少数者オンブズマンから差別禁止オンブズマンへ発展的に解消された。2016年には，LGBTに関して16件のケースに対して相談あるいは指導を行っている。

ノルウェーでは平等・差別オンブットが，スウェーデンは差別オンブズマンがLGBTに対する差別偏見への監視監督の役割を果たしている。このような監視監督の役割をするオンブズマンの存在が，LGBTに関する法律を実効的にさせている[22]。

Ⅵ　スウェーデンにおけるトランスジェンダーに対する補償制度について

日本では，2017年11月，厚労省が性同一性障害者に対して，性別適合手術に公的医療保険が適用されることが話題になった[23]。たしかに，特例法において，性別変更のためには性別適合手術を要件としながら，医療費を全額申請者負担としていたことと比べれば，大きな前進である。しかし，ホルモン療法を行う場合には性別適合手術には保険が適用外となる。また，繰り返しにはなるが，そもそも，性別の変更をする際に，生殖不能要件を要求し，不妊手術を強要することが必要なのかを考えるべきである。

---

(22) Ⅴについては前掲注（7）参照。また，平等オンブズマンに相談があった内容として，例えば，医療機関が女性カップルの不妊治療を拒否したケースや，教師が同性愛者は病気だと発言したケースなどである。
(23) https://www.asahi.com/articles/ASKCY3HZ0KCYUCLV003.html（2018年9月10日アクセス）

今まで述べてきた北欧諸国の状況，その中でも，例えばノルウェーの状況などと比べた場合，日本の特例法が，このような歩みから大きく遅れたことは言うまでもない。少なくとも，生殖不能要件は，直ちに撤廃されるべきであろう。

ここでは，スウェーデンがかつて性別の変更に際して性転換手術を要求したが，現在，そのことを国が謝罪し，性転換手術をした者に対して補償を開始したことについて紹介したい。

スウェーデンは，世界で初めて，トランスジェンダーが性別変更することを可能にした法律を制定した国として知られる。同国は，1972年「特定の場合における性別の決定に関する法律」を規定して，トランスジェンダーの性別の変更を可能とした。①国民登録基本台帳に登録されている性別以外の性別に属することを経験し，②長期間，その性別によって生活し，将来もその性別によって生きていこうとする者であって，③自らの申請によること，④申請者が18歳に達していること，⑤不妊手術が行われているか，またはその他の理由によって申請者が生殖能力を有しない場合においてに，性別の変更が認められた（第1条）。

この要件の中で，「⑤不妊手術が行われるか，または生殖能力を有しない場合」として，生殖不能要件を要求していた。その理由は，①子どもが生まれるのを避けるべきであること，②ホルモン治療をする際に生殖腺が残っていることはリスクになること，などがあげられていた。しかし，スウェーデンでは，2013年にこの要件が撤廃された。自らの性をどのように認識するかという性自認の問題と，生殖能力があるかないかという点は全く別の次元の問題である，と捉えられたのである。この法改正は，性自認とそれに対する医療的の関りを分離させたものとして理解されている[24]。

問題は，性転換をするために，（強制又は任意を問わず）不妊手術を要求したことに対する扱いである。1972年7月1日から2013年6月30日までの間，多くの人々が，法律上の性別変更をするために，不妊手術を受けた。スウェーデン政府は，このような政策をとったことが誤りであったことを素直に認めた。その上で，単に認めるのみならず，この申請をした者に対して補償を2018年5月1日から行っている。開始から4か月程度で，200人以上の対象者が，補償の申請を行っている。ここでいう補償は，「恩恵的な意味合いを持つ補償」と考えられており，法律上の性別変更を行うために生殖能力の喪失を条件としていたことに対する償いの象徴として行われる。そのため，補償金額は一人当たり約300万円とかならずしも高額ではない。しかし，不妊手術を性別変更の要件としたことが誤りであったと

---

[24] 矢野・前掲注(9)45頁。

認めたうえで，自発的に補償金を支払うことに大きな意味がある[25]。

Ⅶ　おわりに

　フィンランド，ノルウェーそしてスウェーデンのLGBTに関する施策を紹介してきた。これらの国々では，当然に，性別による制限を認めない婚姻法を設けている。また，トランスジェンダーを見ても，様々な試みを行っている。日本と比較すると，その差があまりに大きいことに愕然とする。しかし，性別による制限を認めない婚姻法を北欧で初めて制定したノルウェーも，2008年であり，今からわずか10年前に過ぎない。ノルウェーのトランスジェンダーに関する法制度は世界でも最先端を行くが，制定されたのは2016年であり，わずか2年が経過したに過ぎない。

　ここで考えるべきは，北欧諸国はどうして，このような進んだ制度を導入することができたのかである。その理由は，冒頭で紹介したように，いくつかの理由が複合的にかみ合わさっているものの，これらの根底には，北欧諸国にある少数者の権利を尊重し，これらの少数者の者を含めて人は平等である，という理念である。このような理念が，LGBTの問題に反映され，世界でも最先端の法制度が制定されたのである。

　私たちが考えるべきことは，これからの日本の対応である。LGBTの問題について，私たち一人一人が自らの問題ととらえることができるか，私たち一人一人が日本をどのような社会にしたいと考えるか，にLGBTの未来は大きく左右される。LGBTの問題を通じて，一人一人が平等に暮らすことができる社会を実現するとはどのようなことか，真剣に考えることを，緊急の課題として求められている。

---

(25) 矢野・前掲注(9)46・47頁。

6 オーストラリアにおける性の多様性に関する近年の動向と考察

立 石 直 子

はじめに
Ⅰ　性別の多様性の公的承認
Ⅱ　同性婚の合法化
Ⅲ　同性カップルの養子縁組をめぐる動向
Ⅳ　若干の考察

は じ め に

　オーストラリアでは，1970年代半ばまでは白人を優先する政策，白豪主義政策（White Australia Policy）を採ってきた。1972年からの労働党政権のなかで移民受入れへと政策を転換し，1975年には人種差別禁止法[1]を制定するなど，移民政策の面で「多文化主義（Multiculturalism）国家」としての道を歩んでいる[2]。多文化主義に基づく政策のなかで「機会均等（equal opportunity）」が重視されたことは，人種，性別を問わない人材登用へとつながった。オーストラリア女性の社会における地位が大きく向上していくのも，この時期以降である。このような経緯から，オーストラリアは現在に至るまで，多文化主義を掲げる国家として多様性（diversity）を重視している。ここでは，本稿のテーマである性の多様性に関する近年のオーストラリアの動向について概観し，その背景について考察してみたい。

---

[1] Racial Discrimination Act 1975.
[2] オーストラリアの多文化主義政策に関する研究は多数ある。塩原良和『ネオ・リベラリズムの時代の多文化主義——オーストラリアン・マルチカルチュラリズムの変容』（三元社，2005年），『分断するコミュニティ——オーストラリアの移民・先住民族政策』（法政大学出版局，2017年）のほか，導入の背景について述べる関根政美『マルチカルチュラル・オーストラリア——多文化社会オーストラリアの社会変動』（成文堂，1989年）を挙げておきたい。

I　性別の多様性の公的承認

　オーストラリアでは，2016年国勢調査において国民の性自認について初めて調査された。結果，「男性・女性」以外の性別に関する選択をした人は1,260人（10万人あたり5.4人の割合）であった。この調査項目に関しては，事前にパイロットテストをするなど入念な準備と検討が行われたにもかかわらず，実際の結果は，パイロットテストで多様な性の属性であると回答した人の50分の1以下の割合であった。そのため，ここで現れた数字は現実に比して過少であると評価されている。したがって，性自認の多様性の現状について明確なデータは連邦レベルでは取得されていない[3]。

　一方，現状の把握とは別に，公的な文書や記録において，性別に関し多様性を容認する動きは活発である。2011年には，オーストラリアのパスポートの性別記載に，「M（male：男性）」「F（female：女性）」とは別に，第三の性別記載「X（Indeterminate/Intersex/Unspecified）」が加わった。これまでに，パスポートを利用する出入国管理の場面で，外見とパスポート記載の性別との間に不一致があるとしてトラブルになる場面が指摘されており，トランスジェンダーやインターセックス当事者への配慮のためと説明されている。医師や心理士の治療に関する証明があれば，性別記載の変更を望む性同一性障がい者も，パスポート上の性別を性自認に合わせた記載に変更することができる。ここで要件とされる治療の内容は広く認められており，この手続において性適合手術を受けていることは性別記載変更の要件ではない。当時，このような男性・女性に限定されない公文書での第三の性別表記のあり方は，世界初のものと報道され注目を浴びた[4]。

　背景として，2009年にオーストラリア人権委員会（Australian Human Rights Commission）が発表した文書「公的文書および政府の証明書類における法律上の

（3）2071.0 – Census of Population and Housing: Reflecting Australia – Stories from the Census, 2016の"Sex and Gender Diversity in the 2016 Census"の項目。(http://www.abs.gov.au/ausstats/abs@.nsf/Lookup/by%20Subject/2071.0～2016～Main%20Features～Sex%20and%20Gender%20Diversity%20in%20the%202016%20Census～100（2018年9月15日最終確認））

（4）実際には，オーストラリアでは2003年の段階で，クラインフェスター症候群（Klinefelter Syndrome）の人に対し，性別記載を「X」とするパスポートを発行した経緯がある。したがって，性別の記載として「X」のパスポートが2011年に初めて発行されたというわけではない。Intersex Human Rights AustraliaのHP上の報告による。https://ihra.org.au/14763/on-x-passports/（2018年9月18日最終確認）

性別変更について（Sex Files: the legal recognition of sex in documents and government records）」がある。これは，2008年に人権委員会で取り組まれた「性別とジェンダーに関する多様性プロジェクト（the sex and gender diversity project）」の結論としてまとめられたもので，性的マイノリティが経験する人権問題の一つとして，出生証明書ほか各種証明書をはじめ，パスポートや運転免許証などの連邦が管轄する公的文書や証明書類における性別記載の扱いがあることが指摘された。これに関する人権委員会の勧告として，以下の15のことが示された[5]。

1：法律上，性別の変更の可否に関して，婚姻をしているかどうかは考慮事項とされるべきではない。
2：性適合手術の履歴だけが，法律上，性別の変更が認められるための唯一の基準とならないよう，性適合のための治療の定義は広く捉えられるべきである。
3：法律上，性別変更する過程で，証拠として必要とされる医学的なエビデンスの量を減らし，当事者の性自認が広く考慮されるべきである。
4：公的な文書や証明書類の記載を修正したいと望む子どもや若い人たちの特別なニーズについても考慮されるべきである。
5：18歳以上の人は，文書や証明書類にある「不特定（unspecified sex）」という性別を選べるようにすべきである。
6：法律上の性別変更の手続と基準は，アクセスが容易で利用しやすいものでなければならない。
7：アイデンティティに関わる公的文書や性別変更のために求められる手続では，個人の性別に関する過去のアイデンティティについての情報は開示されるべきでない。
8：法律上の性別変更に関して，法や手続において，権威ある専門用語が使用されるべきである。
9：可能であるものは，性別やジェンダーについての表記を，政府の書式や文書から削除すべきである。
10：連邦政府は，性別とジェンダーに関する個人情報の収集に関する国のガイ

（5）この勧告は，オーストラリア人権委員会のHP上で閲覧可能である。https://www.humanrights.gov.au/sites/default/files/document/publication/SFR_2009_Web.pdf（2018年9月18日最終確認）

ドラインの策定を検討すべきである。
11：連邦政府は，本勧告に従い，以下のいずれかによって，法律上の性別変更のため全国的に一貫した取組みが確実に行われるようリーダーシップを取るべきである。
＊この勧告に沿って，それぞれの法律や政策を改正していくために――特に出生証明書に関しては，オーストラリア政府間協議会（Council of Australian Government：COAG）の進め方にしたがって，各州および準州が協力して取り組むこと。
＊この勧告に基づいて，法律上の性別変更を求める申請を受理し，それを審査する責任を負う全国的な機関を設置すること。
12：連邦政府は，法律上の性別変更に関して，勧告11で提唱した機関に代わる，あるいはそれの前身として，公共機関や連邦政府に助言したり支援するための委員会（national board）を設置することを検討すべきである。
13：勧告11について，各州および準州の政府から十分な支持を得られない場合，連邦政府は次のような立法を考慮すべきである。
＊婚姻歴の有無に関する差別がないよう性差別禁止法（the Sex Discrimination Act 1984（Cth））を改正し，保護を確立すること。すなわち，出生証明書（の性別）に修正を求める婚姻中の者について，各州と準州の出生登録に関する立法において存在する差別を効果的に克服できるよう，公的文書や証明書類における性別変更について，このペーパーにおいて推奨されることにしたがい，最低限の国の基準を設定するべきである。
14：連邦政府は，連邦政府の文書と証明書類における性別変更について，政策，手続および法制度を調和させるべきである。
15：連邦政府は，当該省庁あるいは当該機関のウェブサイトに掲載するなどして，連邦のすべての省庁および機関が，文書や証明書類における法律上の性別の変更に関してどのように改正されるのか，明確でアクセスしやすい情報を提供できるよう，直ちに取り組むべきである。

この動きを受け，オーストラリア連邦政府は，2013年6月，1984年性差別禁止法（the Sex Discrimination Act 1984）を改正し[6]，翌月，公的な領域において性の多様性を広く認めていくための指針（Guidelines on the recognition of sex and

---

(6) Sex Discrimination Amendment (Sexual Orientation, Gender Identity and Intersex Status) Act 2013による。

gender)(7)を発表した。これ以降，公的文書に記録される性別について，「M（男性）」「F（女性）」に加え，「X：Indeterminate/Intersex/Unspecified」という第三の選択肢を取り入れている。パスポートと同じく，連邦政府に保管される個人の記録や登録についても，すでに記載されている「M（男性）」「F（女性）」の性別を変更するために，性適合手術やホルモン療法による治療歴は要件とされない。医師などによる報告書のほか，パスポートの性別の欄の「X」の記載，各州での証明書などを提出することにより認められる。

　これらの動きと前後して，オーストラリア連邦高等裁判所（High Court of Australia）では，州の公的文書における性別の扱いについて「不特定"non-specific"」の表記を認める判断を下した。原告のNorrie氏は，生物学的には男性として生まれたトランスジェンダー当事者として，1989年に性別適合手術を受けた。しかしながら，性自認について男性・女性のどちらにも違和を解消できなかった同氏は，2010年2月，居住するニューサウスウェールズ（New South Wales）州政府に対し，自身の性別の登録を「不特定"non-specific"」とするように求め，いったんはニューサウスウェールズ州当局に受理された。しかしその後，州政府は誤った受理であったため無効だとして，先の判断を覆した。そこでNorrie氏は，「不特定"non-specific"」の性別表記を認めるよう州の裁判所に提訴した。ニューサウスウェールズ州最高裁がNorrie氏の主張を認める判決を下したため，州政府当局が連邦高等裁判所に上訴していた。

　2014年4月2日，この事件を担当した5人の連邦高等裁判所の裁判官は全員一致で，性別を「不特定"non-specific"」とする登録を以下のように認めた(8)(9)。「すべての人が，男性か女性かのいずれかに分類できるわけではない」。また，ニューサウスウェールズの1995年出生，死亡および婚姻の登録に関する法(10)（第32条A（b））が，性別を変更する手続のことを「人の性別に関する曖昧さを訂正したり取り除いたりする」手続であると定義するのは，前提として「人の性別が

（7）PDF版として以下が公表されている。https://www.ag.gov.au/Publications/Documents/AustralianGovernmentGuidelinesontheRecognitionofSexandGender/AustralianGovernmentGuidelinesontheRecognitionofSexandGender.pdf（2018年9月18日最終確認）
（8）NSW Registrar of Births, Deaths and Marriages v Norrie ［2014］HCA 11（2 April 2014）
（9）この事件では，Norrie氏やその代理人たちが，当初「不特定"non-specific"」あるいは「インターセックス"intersex"」の表記が認められるべきと主張していたため，誤解を生むとしてインターセックス当事者団体から強く批判がされていた。裁判所が「不特定"non-specific"」を認めるよう判断したため，当事者団体からも支持が得られた。
（10）The Births, Deaths and Marriages Registration Act 1995（NSW）

曖昧なものであることを認識している」からだと判示した。

II　同性婚の合法化

　2016年の国勢調査をもとにした同性カップルに関するデータによると，オーストラリアにおいて46,800組の同性カップルの世帯がみられ，これは前回2011年調査より39％増加している[11]。オーストラリア統計局（Australian Bureau of Statistics, ABS）では，1996年以降，同性カップルの世帯に関するデータをとっているが，この20年間で，オーストラリアにおける同性カップル世帯の数は4倍に増加している。2016年の数字では，同性カップルは首都特別地域（Australian Capital Territory）において異性の夫婦を含むすべてのカップルのうちの1.4％を占め，次いで，ニューサウスウェールズ州，ヴィクトリア（Victoria）州において1.0％を占めている。注目すべき数字は，同性カップルが，自らの関係を事実婚関係（de facto relationship）と答えていた割合と，同性婚（same-sex marriage）として答えていた割合である。2011年に比べ2016年では，後者の割合が倍になっている。統計局の分析では，同性カップルが情勢に応じ，国外で同性婚を成立させたり，州や準州の法のもとで関係を登録したり，何らかの婚姻に関する儀式を行った，などのことを理由として挙げている。

　実際，オーストラリアでは，約10年にわたり同性婚の是非について議論されてきた。周知のように，オーストラリアは連邦制をとっており，6つの州と首都特別地域及び北部準州（Northern Territory）から成る。連邦および州の立法権の及ぶ範囲は連邦憲法[12]により定められており，連邦憲法第51条21号に定められる連邦の立法権限の対象の一つに婚姻が挙げられる[13]。婚姻に関して連邦議会が初めて制定した1959年連邦婚姻事件法[14]に続き，1961年には連邦婚姻法[15]が制定されるが，この法では婚姻について以下のように規定されていた[16]。

---

(11) Australian Bureau of Statistics, 2071.0 – Census of Population and Housing: Reflecting Australia – Stories from the Census, 2016 (Same-Sex Couples in Australia,2016) ここでの数字は，現在パートナーと同居している同性カップルに限定されたものであることに注意。(http://www.abs.gov.au/ausstats/abs@.nsf/Lookup/by%20Subject/2071.0～2016～Main%20Features～Same-Sex%20Couples～85（2018年9月18日最終確認））

(12) Commonwealth of Australia Constitution Act

(13) リサ・ヤング（小川富之訳・監修）「オーストラリア家族法（1）」戸籍時報629号（2008年）26頁。

(14) Matrimonial Causes Act 1959

(15) Marriage Act 1961 (Cth)

〈特集２〉 ６　オーストラリアにおける性の多様性に関する近年の動向と考察〔立石直子〕

【1961年連邦婚姻法第５条第１項】本法における用語の定義
婚姻：婚姻は，他のすべての者を排除した一人の男性と一人の女性による結合を意味し，自らの意思によって結ばれた終身のものである。

【1961年連邦婚姻法第88条EA】婚姻とはみなされない結合
外国において婚姻の儀式を行った，（ａ）男性と男性による結合および（ｂ）女性と女性による結合については，オーストラリアでは婚姻とみなされない。

　2013年には，首都特別地域において，2013年婚姻平等（同性婚）法[17]が成立したが，2013年９月からのオーストラリア自由党，オーストラリア国民党を中心とした保守連合政権は同性婚に反対の姿勢を採ったため，政府はこの州法を無効とする判決を求めて連邦高等裁判所に提訴した。2013年12月12日，連邦高等裁判所は，同性婚の合法化を定めた首都特別地域の2013年婚姻平等（同性婚）法を無効と判断した[18][19]。上述の1961年連邦婚姻法に抵触することがその理由である。一方で，この判決では，連邦憲法の下で連邦議会に同性婚に関して立法する権限があること（すなわち，各州や準州が個別に制定する同性婚法は無効），また，連邦憲法および連邦法において制定する婚姻の概念に同性婚を含むとするかどうかは，連邦議会に立法権限があることが確認された。

　この判決の際に首相に就任していたTony Abbott氏は同性婚に消極的であったが，2015年９月から首相となったMalcolm Turnbull氏は同性婚を支持し，国民投票を行うことを主張した。しかしながら，野党の反対から国民投票が頓挫したため，最終的には2017年11月15日，ターンブル首相はオーストラリア統計局に郵便による投票調査（Australian Marriage Law Postal Survey, 2017）[20]を命じた。結果，投票に参加した人の61・6％が同性婚を認めることに賛同した。その後す

---

(16) もっとも，制定当時は婚姻の定義は定められていなかったが，2004年の改正法（Marriage Amendment Act 2004）により，婚姻が異性間によるものと明文化されていた。
(17) Marriage Equality (Same Sex) Act 2013
(18) High Court of Australia, "The Commonwealth of Australia v. The Australian Capital Territory," [2013] HCA55（12 December 2013）
(19) 武田美智代「【オーストラリア】連邦最高裁，首都特別地域の同性婚法無効判決」外国の立法258-2号（2014年）が，この判決について紹介する。
(20) この投票は，法的には拘束力がない郵便による調査であるが，選挙権を持つ人の約8割（約1270万人）がこの投票に参加しており，同性婚の立法化を後押しする世論形成に大いに役立つものだった。この結果の概要は，以下のオーストラリア統計局（Australian Bureau of Statistics, ABS）のHPにて確認できる。http://www.abs.gov.au/ausstats/abs@.nsf/mf/1800.0（最終アクセス2018年９月15日）

ぐに，1961年連邦婚姻法に定める婚姻の定義を改正するため，2017年婚姻改正法（婚姻の定義と宗教上の自由）[21]が成立し，2017年12月9日に施行された[22]。これらのプロセスを経て，オーストラリアでもついに同性婚が合法化されたのである。この改正により，先述の1961年連邦婚姻法第5条1項では「一人の男性と一人の女性による結合」とされていた婚姻の定義が，「二人の者（two people）による結合」と改められた。また，1975年連邦家族法[23]など他の関係法においても「配偶者"spouse"」の概念が導入され，たとえば「夫あるいは妻"husband or wife"」とされていた表現は，「夫，妻あるいは配偶者"husband, wife or spouse"」と改められた。

III 同性カップルの養子縁組をめぐる動向

オーストラリア統計局の2016年の国勢調査の結果によると，同性カップルの世帯の15％が子どもを養育している（前回2011年調査では12％）。レズビアンカップルの25％に子どもがいるのに対し，ゲイカップルでは4.5％と開きがある。同性カップルのもつ子どもの数は異性のカップルに比べ少ない傾向があるが，この調査では，25歳以下の子ども10,500人が同性の両親とともに暮らし，その80％が15歳以下であることが判明した[24]。ところで，同性カップルが子どもをもつためには，生殖補助医療の利用や，一方と血縁関係のある子どもと他方との養子縁組（Same-sex stepparent adoption），あるいは，要保護児童との間で共同養子縁組などが考えられるが，性的マイノリティの家族形成に関する権利，また子どもの福祉に配慮した法制が必要とされる。以下では，オーストラリアにおける同性カップルの養子縁組に関する法改正の動向についてみてみたい。

同性婚を可能とする家族法の改正より以前に，オーストラリアでは，多くの州において同性カップルの養子縁組を認めてきた。養子縁組に関しては州に立法権限があるため，各州の法制は多様である。最初に立法化されたのは，西オーストラリア州（Western Australia）で2002年のことである[25]。時の首相であった

---

(21) Marriage Amendment (Definition and Religious Freedoms) Act 2017
(22) 芦田淳「【オーストラリア】同性婚承認法の成立」外国の立法274-2号（2018年）にこの立法動向について紹介がある。
(23) Family Law Act 1975
(24) 前掲注(11)。同様に，この調査では同性愛者が一人親として子どもを育てるケースは含まれない。
(25) Adoption Act 1994の改正について定めるActs Amendment (Lesbian and Gay Law Reform) Act 2002による。

〈特集2〉 6 オーストラリアにおける性の多様性に関する近年の動向と考察〔立石直子〕

　John Howard 氏が同性愛者の養子縁組に強く反対を示したこともあり，実際にオーストラリアで初めて同性カップルに養子縁組が認められたのは，2007年のことである。その後，他州でも立法化や養子法の改正が進められた。

　そのなかで唯一縁組を認めてこなかった北部準州が，2018年3月，同性カップルの養子縁組を認める法案を可決した(26)。改正前の同州の法制では，養親の要件として2年の婚姻期間を必要としたが，連邦における同性婚の合法化により婚姻の定義が修正されたため，養親に求められる要件が緩和されたのである。この結果，現在のオーストラリアでは全土にわたって同性カップルの養子縁組が認められるようになった。

　同準州の家族問題担当大臣である Dale Wakefield 氏は，「婚姻の地位や性別によらず，子どもに，愛情を備えた安心できる養育環境を与えたいと望むすべてのカップルが，養子縁組を求める法的な権利を得るべきである」と述べ，「われわれのこの現代的な養子法は，この地における今日の家族の多様性を示すものだ」とこの動向を歓迎した(27)。北部準州におけるこの法改正では，同性カップルの養子縁組を可能にすることに加え，事実婚カップルに対しても養子縁組を可能とした。ただ，現実には，北部準州においても同性カップルや事実婚カップルは，パートナーの一方の連れ子を共同で養育したり，要保護児童の里親として一時的なケアに関わってきた。したがって今回の改正は，このような養育関係に対し，法律上の「親子（養親子）」としての地位を認めたという表現が適切であるかもしれない。

　オーストラリアにおいても，同性カップルが子を養育することについて，宗教的な側面や家族観をめぐり賛否両論がある。2013年に発表されたオーストラリア・メルボルン大学における Simon Crouch 氏らによる調査研究(28)では，同性の両親に養育される子どもと異性の両親に育てられる子どもとを比較し，家族の

---

(26) Northern Territory of Australia Adoption of Children Act の改正による。オーストラリアにおいて北部準州は，先住民族アボリジニが最も多く住む州である。2016年9月からの労働党政権において，8人の閣僚のうち5人を女性が占めており，オーストラリア初の女性多数派政権として，ダイバーシティを促進する視点からさまざまな期待が高まっていた。

(27) Northern Territory の地方紙 Katherine Times の2018年3月14日の記事による。

(28) Crouch S, Waters E, McNair R, Power J, and Davis E (2014) Parent-reported measures of child health and wellbeing in same-sex parent families: a cross-sectional survey. BMC Public Health 14:635
　この研究は，オーストラリアの性的マイノリティの子の養育をめぐる議論に大きな影響を与えた。拙稿「性の多様性と親子観の相対化 ── 里親・生殖補助医療などの視点から」法と政治69巻2号下（2018年）247-249頁参照。

結びつき，一般的な健康や行動の面について，同性の両親に育てられる子どもは異性の両親に育てられる子どもに比べ有意に高いポイントをあげたことが報告されている。また，同性の両親やトランスジェンダーの両親に育てられる子どもに関する多数の研究を分析した Deborah Dempsey 氏の論文[29]によると，かつて頻繁に主張されてきた「同性の両親に育てられる子どもと異性の両親育てられる子どもの間に差はない」という見解はもはや支持されておらず，同性の親による家族の方が子どもの養育により良い環境を提供できているという[30]。

Ⅳ 若干の考察

ここまで見てきたように，オーストラリアでは性別の多様性が公的に承認され，連邦でも州レベルでも差別解消のために積極的な動きがある。また，同性カップルの婚姻や養子縁組に関する法制の整備など，性的マイノリティに対する承認と社会的な寛容に向けた動きが着々と進められている印象がある。このような動向は近年とりわけ活発である。以下では，日本との比較の視点も含め，このような動きを支えたオーストラリアの社会的な背景について若干の検討をしてみたい。

1 配偶関係の多様性——事実婚関係への法的保護

オーストラリアの婚姻に関する統計を見ると，法律上の婚姻関係に入る前に同居しているカップルが多くなっており，現在では約8割の夫婦が婚姻前に同居を開始している[31][32]。またオーストラリアにおいては，法的婚姻とは別に，事実婚関係（de facto relationship）が法律上規定されている。1975年連邦家族法第4条AAには，事実婚についての定義が定められている。先述のように婚姻に関しては連邦に立法権限があるが，事実婚については州に権限があるとされ，それぞれの州に事実婚関係を保護する法制が存在するが，この問題に関する連邦と州

---

(29) Dempsey, C. (2013). Same-sex parented families in Australia (CFCA Paper No. 18). Australian Institute of Family Studies の HP より入手可。https://aifs.gov.au/cfca/sites/default/files/cfca/pubs/papers/a145197/cfca18.pdf（最終アクセス2018年9月18日）
(30) 前掲注(29)19頁。
(31) Australian Bureau of Statistics, 3310.0 - Marriages and Divorces, Australia, 2016による。http://abs.gov.au/ausstats/abs@.nsf/mf/3310.0（最終アクセス2018年9月20日）
(32) オーストラリアの家族をめぐる変化について，ヒアリング調査と統計をもとに分析した研究に，野邊政雄「オーストラリアの家族の変化（1）」岡山大学大学院教育学研究科集録146号（2011）7頁以下,「オーストラリアの家族の変化（2）」同147号（2011）57頁以下,「オーストラリアの家族の変化（3）」同148号（2011）99頁以下がある。

〈特集2〉 6 オーストラリアにおける性の多様性に関する近年の動向と考察〔立石直子〕

の関係は複雑である[33]。西オーストラリア州を除く各州と準州では，事実婚関係が破たんした後の財産分与や扶養の問題に関して，1975年連邦家族法に権限を委譲している。例えば，北部準州においては事実婚関係法[34]が存在し，その定義を「婚姻していないが，婚姻のような関係にある二人の関係」としている[35]。ある二人の関係を事実婚関係と認めるかどうかについては，期間や性関係の有無，同居の実態および程度，経済的な依存度など，さまざまな状況から判断されるとあるが，これらは1975年連邦家族法第4条AAにかなり依拠している。

　実際，オーストラリアの事実婚関係は婚姻関係とほぼ同等に保護されている。両者の違いは成立・解消に関する手続（事実婚は簡略で迅速なこと）が最も大きい。日本との比較でいうと，法律婚と事実婚の間にある法律上の差異として，配偶者相続権や子どもの法的地位（嫡出か非嫡出か）がまず指摘されようが，オーストラリアではこの点について法律婚配偶者と事実婚配偶者に違いはない。相続についての立法は連邦の権限外であるため，各州および準州にそれぞれ関係法が存在する。そして，各州の相続法において，遺言がない場合の相続における配偶者には事実婚配偶者が含まれている[36]。例えば，ヴィクトリア州では事実婚関係は"domestic relationship"と表現されるが，ヴィクトリア州の相続に関する法律（Administration and Probate Act 1958）においては，配偶関係にある相続人は"partner"と表現され，ここには法的な婚姻関係にある"配偶者（spouse）"と"事実婚配偶者（domestic relationship）"が含まれることが定義されている[37]。なお，オーストラリアでは，1986年から1990年にかけてすべての州や準州において法改正があり，子どもの法的地位として嫡出・非嫡出の区分は存在しなくなっている。したがって，婚姻関係から出生する子と事実婚関係から出生する子の間に，法的地位における差はみられない[38]。

　オーストラリアの社会において事実婚カップルに対する法的保護が確立してい

---

(33) リリ・ヤング（小川富之訳・監修）「オーストラリア家族法（1）」戸籍時報629号（2008年）27-28頁。
(34) De Facto Relationships Act 2011
(35) De Facto Relationships Act 2011第3条Aによる。
(36) リサ・ヤング（小川富之訳・監修）「オーストラリア家族法（4）」戸籍時報632号（2008年）51頁。
(37) Administration and Probate Act 1958第3条において，各用語の定義として"partner"について，法律上の配偶者および事実婚配偶者（ヴィクトリア州でいう"domestic relationship"）の双方を挙げている。なお，事実婚関係は登録していても，登録していなくともよい（第3条1項）。
(38) リサ・ヤング（小川富之訳・監修）「オーストラリア家族法（3）」戸籍時報631号（2008年）55頁。

たことは，同性カップルの実質的な法的保護ために有利に働いたと思われる。「婚姻のような」関係として異性の事実婚カップルに法的保護が与えられるなら，同性カップルの「婚姻のような」関係にも法的保護が与えられるのはごく自然な流れとして受け入れられやすい。また，事実婚関係に対する法的保護のパッケージがすでに用意されている社会においては，それを同性カップルに拡大することで足りるからである。実際，同性婚が合法化される以前から，州法の相続などの分野で，異性の二人による事実婚関係と同性の二人による事実婚関係を同等に扱う立法がなされていた[39]。さらに，連邦のレベルでも，2008年に二つの同性関係法を制定し[40]，退職年金，社会保障，税，医療，労災補償，子育て支援や入国管理まで，さまざまな分野に関わる連邦法を同性カップルとその子どもたちにも適用されるように改正した。その手法は，これらの分野に関わる連邦法ですでに保護を受けていた「事実婚配偶者（de facto partner）」の定義を拡大し，同性カップルの関係が含まれるようにしたのである。

このように，オーストラリアにおいては，同性婚が認められる以前でも，同性婚カップルは少なくとも事実婚関係と同程度には保護されていたといえる。したがって問題は，選択的に婚姻を望まない事実婚カップルとは違い，婚姻を望む同性カップルに対して，婚姻の定義を拡大し，婚姻制度に包摂するかどうかという社会の選択だったのである。この点では，すでに婚姻関係とは別に事実婚関係に対する法律上の保護が認められてきたオーストラリア社会と日本の状況とは，大きく異なるように思われる。

2 多文化主義国家としてのオーストラリア

オーストラリアは1970年代から多文化主義を掲げ，140か国以上の国からの移民を受け入れ，多様性に対する寛容，共生の土壌があることで知られている。そのようなオーストラリアにおいても，同性婚の合法化への道のりは決して平坦なものではなかった。これには，やはり宗教上の影響が否定できない。現に，2017

---

(39) ヤング・前掲注(33)および注(36)27頁。
(40) Same-Sex Relationships (Equal Treatment in Commonwealth Laws – Superannuation) Act 2008 および，Same-Sex Relationships (Equal Treatment in Commonwealth Laws – General Law Reform) Act 2008による。これらの法の成立の背景には，3か月以上に及ぶ聞き取りや680組の同性カップルによる意見書などを踏まえた人権及び機会均等委員会（Human Rights and Equal Opportunity Commission = HREOC）の報告書の存在がある。なお，この二つの同性関係法の制定については，武田美智代「【オーストラリア】同性関係法律の改正」外国の立法239-2号（2009年）に紹介がある。

年の同性婚を合法化するための婚姻改正法でも，宗教上の免除規定が含まれている。具体的には，聖職者（Ministers of religion），や宗教的な婚姻儀式を行う者（Religious marriage celebrant），宗教的な目的により設立された団体については，宗教的信条と相容れない婚姻の儀式の挙行を拒否することや，その宗教コミュニティの信条を害さないよう設備や物品・サービスの提供を拒否できるとする規定である[41]。同性婚を支持してきたMalcolm Turnbull首相自身も，2017年11月，同性婚の法制化と並行して，国内における宗教的自由の保障を検証する専門家チーム（Expert Panel）を発足させるなど，同性婚の合法化と宗教的自由の問題について相当な配慮をしている。

　しかしながら，オーストラリアでは，同性カップルの婚姻の是非という核心的な部分を除くと，性的マイノリティに対する格差是正や同性カップルの法的保護など，当事者の現状とニーズを把握した立法が進められてきたように見受けられる。そして，その姿勢は，オーストラリアが国家戦略として先住民であるアボリジニや多くの移民を尊重し，多文化主義国家として共生の道を歩んできたことと無縁ではないように思う。

　オーストラリア政府は，2017年7月，「多文化主義国家オーストラリア ── 結束と力強さと成功を（Multicultural Australia - united, strong, successful）」という声明を発表し[42]，今後数年間の優先課題と戦略的方針を示している。政府HP上ではこれを32か国の言語で翻訳するなど，その徹底ぶりは見事である。この声明のなかで，オーストラリアは「世界で最も成功した多文化社会」と記述されており，このような「相互尊重（mutual respect）」にもとづく価値観こそが国民の社会における連帯感を醸成し，オーストラリア社会への帰属意識を強化させるとの強い信念が示されている。ここで見られるように，オーストラリアの多文化主義政策は，導入当初から一貫して国家主導のものであり，第二次大戦後の世界情勢と国家事情のなかで採用された国家としての戦略である。多様性を認めることにより国民統合を目指すオーストラリアの多文化主義政策は，労働・社会運動の活発化に伴って「機会均等（equal opportunity）」の思想につながり，女性の地位を向上させた。性的マイノリティの権利擁護を求める点でも，プラスに作用した側面は否定できない。多様性を承認すること，多様性への寛容こそが社会の連帯

---

(41) 1961年連邦婚姻法第47条（Marriage Amendment (Definition and Religious Freedoms) Act 2017による改正）。

(42) オーストラリア内務省HPで確認できる。https://www.homeaffairs.gov.au/LifeinAustralia/Documents/MulticulturalAffairs/english-multicultural-statement.pdf（最終アクセス2018年9月20日）

に結びつくという信念からは，日本のあらゆるマイノリティの権利擁護を支える思想として，学ぶものがあるように思われる。

［付記］本研究は，科学研究費採択課題（基盤研究Ｂ）「LGBTQを含む性の多様性に関する法的問題の総合的研究」の研究成果の一部である。

7 学校現場における性的マイノリティの児童生徒をめぐる課題

松村 歌子

I　はじめに
II　性同一性障害に係る対応の経緯
III　アンケート調査から見る性的指向・性同一性障害者に関する意識
IV　性的マイノリティの子どもたちが抱える困難と学校での配慮事例
V　養護教諭養成機関と養護教諭の性別
VI　これからの教育現場で求められていること —— 顔の見える関係作り，人間関係の調整機能

I　はじめに

2003年の性同一性障害特例法（以下，特例法）[1]の制定を契機に，学校における性同一性障害（GID：gender identity disorder）[2]に係る児童生徒への支援につ

---

(1) 性同一性障害者の性別の取扱いの特例に関する法律（平成15年法律第111号）。最終改正は，平成30年（平成30年法律第59号）。
(2) 特例法2条は，性同一性障害者について，「生物学的には性別が明らかであるにもかかわらず，心理的にはそれとは別の性別（以下「他の性別」という。）であるとの持続的な確信を持ち，かつ，自己を身体的及び社会的に他の性別に適合させようとする意思を有する者であって，そのことについてその診断を的確に行うために必要な知識及び経験を有する二人以上の医師の一般に認められている医学的知見に基づき行う診断が一致しているもの」と定義している。日本精神神経学会によると，性同一性障害のうち，とりわけ自分自身の身体に強い違和感を持ち，身体的治療を望む患者は「性転換症transsexual」と呼称され，身体の性が男性，心の性が女性で，女性として生活したいと希望する人をMTF性転換症（Male to Female Transsexuals），身体の性が女性，心の性が男性で，男性として生活したいと希望する人をFTM性転換症（Female to Male Transsexuals）と呼称される。また，ICD-10の基準から「自分の解剖学上の性について不快感や不適当であるという意識，およびホルモン療法や外科的治療を受けて，自分の身体を自分の好む性と可能な限り一致させようとする願望を伴っている」とされる（日本精神神経学会，日本形成外科学会，日本産婦人科学会，日本泌尿器科学会が連名で厚生労働大臣宛に提出した平成23年11月14日付の「性同一性障害（GID）手術療法に関する共同要望書」より）。https://www.jspn.or.jp/modules/info/index.php?content_id=32 （2018年8月31日最終閲覧）

いての社会の関心も高まり，その対応が求められるようになってきた。電通ダイバーシティ・ラボによる「LGBT調査2015」(3)では，LGBTを含む性的マイノリティに該当する人は約7.6％であり，30人学級であれば，クラスに1人か2人はいる計算になるという。

性同一性障害とは，身体の性（sex）と心の性（gender identity）が一致しないことをいい，医学的な診断名である。当事者がそういった状態を表す際には「トランスジェンダー」の語が用いられることが多い。本稿では，原則としてLGBTを含めた概念として「性的マイノリティ」の用語を用い，医療上や法律上の用語としては「性同一性障害」を用いることとする。

本務校が養護教諭の養成大学である関係で，養護実習の巡回で学校を訪問した際に，性的マイノリティの児童生徒への対応や存在について認識の有無を伺うことがある。校長先生からは「世間ではいるとは聞くが…」「前の学校では聞いたことあるが…」「よく分からない」といった回答が多いのに対して，養護教諭の先生からは「直接相談を受けることは稀だが，何となくそうかなと思う児童生徒はいる」「健康診断の際などの着替えは全員個別に対応し，体重・身長は読み上げないようにするなど，性的マイノリティだとか関係なくプライバシーに配慮して対応している」といった回答があった。全学年で実施する健康診断等の行事は，養護教諭にとって一大イベントであると同時に，子どもたちへの配慮が最も必要なイベントの一つでもある。健康診断においては，養護教諭は外部の保健機関の医師らとの連携や運営面にかかりきりになり，子どもたちを静かに整列させ，順番に受診させるにはクラス担任の協力が不可欠であるが，現場の養護教諭の思いとは異なる対応を取る学校もあり，健康診断の受診方法について揉めるケースもあるようである。どの学校でも，養護教諭が性的マイノリティの子どもたちの存在を一番実感し，子どもたちが傷つかないよう，対応に苦慮している様子が窺われる。

学校現場においても，性同一性障害に係る児童生徒への支援の一環として，小学校入学時から，本人の希望する性での通学を認める自治体も出てきた(4)。このケースでは，保護者が医師や教育委員会と相談の上，女児として小学校に入学

---

(3) NEWS RELEASE「電通ダイバーシティ・ラボが『LGBT調査2015』を実施〜LGBT市場規模を約5.9兆円と算出」（2015年4月23日）http://www.dentsu.co.jp/news/release/pdf-cms/2015041-0423.pdf（2018年9月12日最終閲覧）
(4) 「「心の性」で小中高通学。GIDの18歳，社会人に」（神戸新聞NEXT，2017年7月31日付）https://www.kobe-np.co.jp/news/kurashi/201707/0010420425.shtml（2018年8月31日最終閲覧）

できるよう便宜を図り，小学校6年生で第二次性徴が始まったときには，思春期の身体の変化を一時的に止める抗ホルモン剤を全国で初投与されるなどした。身体面の男性化が抑制され，精神的苦痛が大幅に軽減され，その後，高校入学前には女性ホルモンを投与し，身体も女性化したという。このケースにより，ホルモン療法の下限年齢を条件付きながら，18歳から15歳に引き下げるなど，性同一性障害の治療方針に影響を与えることとなった[5]ほか，同様の子どもに対する学校の配慮が全国的に広まるなど，社会の理解が広まる先例的効果があった。しかし，今なお学校現場では，実際に性同一性障害で悩む児童生徒と関わりを持った経験のある教員はごく少数にとどまり，性的指向（sexual orientation）[6]を「性的嗜好（sexual preference）[7]」と誤解して，「本人の選択の問題だ」と考えている教員も多いという。

　学校現場における性的マイノリティの児童生徒をめぐり，対応する教員の理解度はどの程度なのか，そもそも学校現場での性教育の実施も躊躇されている現状で，教員自身はどこまで学んできたのか。本稿では，学校現場を中心にした性同一性障害に係る国及び文科省の動き，アンケート調査から見る学校現場での教員の性的マイノリティに対する理解度・認知度，性的マイノリティの児童生徒の抱える困難や，学校現場における課題，養護教諭養成大学における学びの機会，これからの教育現場で求められていることについて，検討する。

（5）日本精神神経学会・性同一性障害に関する委員会「性同一性障害に関する診断と治療のガイドライン（第4版）」精神神経学雑誌114巻11号（2012年）1250-1266頁 https://www.jspn.or.jp/uploads/uploads/files/activity/journal_114_11_gid_guideline_no4.pdf（2018年8月31日最終閲覧）

（6）法務省「性の多様性について考える」によると，性的指向は，人の恋愛・性愛がどういう対象に向かうのかを示す概念をいい，具体的には，恋愛・性愛の対象が異性に向かう「異性愛（ヘテロセクシュアル）」，同性に向かう「同性愛（ホモセクシュアル）」，男女両方に向かう「両性愛（バイセクシュアル）」を指す。http://www.moj.go.jp/JINKEN/jinken04_00126.html（2018年8月31日最終閲覧）　また，異性愛も性的指向の一つであるが，異性愛者が，全世界人口の約9割以上を占め，宗教，制度，文化といった一般社会を形成するため，異性愛でない者は社会的に容認されないとして疎外されることも多い。

（7）性的嗜好は，「性的な好み」を意味し，性的行動において，対象や目的について，その人固有の特徴のある方向性や様式を意味する。例えば，性的行動は1人でも，相手がいる場合でも成り立ち，性的嗜好についても，対象の年齢，姿や身体的特徴（口，手足腕，胸など），衣服や装身具の種類，話し方や身振り，動作，場面の香りや色，雰囲気など，何に性的興奮を感じるかは，人によって様々な好みがある。

Ⅱ 性同一性障害に係る対応の経緯

1 文科省による調査及び通達等

2003年に特例法が制定されて以後，文科省によって，各都道府県市教育委員会，都道府県担当課等への「通知」という形で主に対応がとられてきた。文科省のホームページを見ると，様々な人権課題に関する参考資料が掲載されている[8]。女性，子ども，高齢者，障害者，同和問題，アイヌの人々，外国人，HIV 感染者・ハンセン病患者等，刑を終えて出所した人，犯罪被害者等，インターネットによる人権侵害，北朝鮮当局による拉致問題等，そして「その他」として，性同一性障害や性的指向・性自認，人身取引（トラフィッキング），ホームレスの人権と並ぶ[9]。わざわざ，「その他」として表記がなされている点に，見せたくないものとして蓋をしている感が否めないが，ともかく，文科省としては，2010年4月の「児童生徒が抱える問題に対しての教育相談の徹底について（通知）」を皮切りに，「学校における性同一性障害に係る対応に関する状況調査」（2014年4月）において，性同一性障害に関する教育相談等の報告が606件あったことを踏まえ，2015年4月には「性同一性障害に係る児童生徒に対するきめ細かな対応の実施等について」を公表し，具体的な配慮事項を取りまとめている。性的マイノリティの児童生徒に関連する法律や取組み等についてまとめたのが表1である。

また，2012年に閣議決定された自殺総合対策大綱においても，性的マイノリティが自殺ハイリスク層となっていることが指摘され，いじめ防止対策推進法（平成25年法律第71号）に基づく文科省「いじめの防止等のための基本的な方針」の改定（2017年3月）においても，性同一性障害，性的指向・性自認に係る児童生徒に対するいじめを防止するため，教職員への正しい理解の促進や，学校として必要な対応について周知するとされた。

2 日本精神神経学会の性同一性障害に関する委員会での対応

医療面では，2011年11月には，日本精神神経学会の性同一性障害に関する委員会が，ホルモン治療の対象とならない18歳未満の受診者への対応を問題視し，「性

---

[8] 文科省「各人権課題に関する参考資料集」http://www.mext.go.jp/a_menu/shotou/jinken/sankosiryo/index.htm（2018年8月31日最終閲覧）
[9] 法務省が取扱う人権課題は文科省と同じであるが，性的指向や性自認については，他の人権課題と同列に取扱っている。http://www.moj.go.jp/JINKEN/index_keihatsu.html（2018年8月31日最終閲覧）

〈特集2〉 7 学校現場における性的マイノリティの児童生徒をめぐる課題〔松村歌子〕

表1　性的マイノリティの児童生徒に関連する法制度や取組みの概要

年月日	取組み	内容
2003年7月	性同一性障害特例法制定（平成15年法律111号）	一定の要件の下，性別の取扱いの変更を行うことが法律上可能になった。
2010年4月	文科省事務連絡「児童生徒が抱える問題に対しての教育相談の徹底について」	性同一性障害の生徒に対する教育相談の徹底と本人の心情に配慮した対応を要請。
2011年11月	性同一性障害に関する診断と治療のガイドライン（第4版）（日本精神神経学会・性同一性障害に関する委員会）	ホルモン治療開始可能年齢を条件付で15歳に引下げ。
2012年8月	「自殺総合対策大綱」（平成24年8月28日閣議決定）	自殺念慮の割合が高いことが指摘されている性的マイノリティについて，無理解や偏見等がその背景にある社会的要因の一つであると捉えて，教職員の理解を促進する。
2014年6月	文科省調査報告「学校における性同一性障害に係る対応に関する状況調査」	全国の学校における対応の状況を調査し，様々な配慮の実例を確認。606件の報告あり（学校が把握している事例を任意で回答したもの）
2015年4月	文科省通知「性同一性障害に係る児童生徒に対するきめ細かな対応の実施等について」	各教育委員会に，学校への周知，必要な情報提供，指導・助言を依頼。
2016年	文科省，手引き「性同一性障害や性的指向・性自認に係る，児童生徒に対するきめ細かな対応等の実施について（教職員向け）」を発行	2015年通知に基づく対応のあり方についての質問に対する回答の取りまとめ。
2017年3月	いじめ防止対策推進法（平成25年法律第71号）に基づき，文科省「いじめの防止等のための基本的な方針」の改定	性同一性障害，性的指向・性自認に係る児童生徒に対するいじめを防止するため，教職員への正しい理解の促進や，学校として必要な対応について周知する。
2017年3月	学習指導要領の改訂（10年ごと）	「保護者や国民の理解，教員の適切な指導の確保などを考慮すると難しい」として，性的マイノリティについての記載は見送り。

同一性障害に関する診断と治療のガイドライン（第4版）」の改定を行った[10]。ガイドラインによると，二次性徴の発来は，およそ12歳前後に起こるが，それに

伴って自認する性別と身体の性別ギャップの広がりから混乱をきたし，学童期に不登校，引きこもり，虞犯行動，自殺企図など数々の問題を引き起こすことが考えられる。また，思春期に入って性別違和感が顕著になり，実生活に影響を及ぼすケースの場合，二次性徴の発来を抑制するホルモン製剤を使用して，本人の性別違和感を軽減する治療を行う必要性があるとされる。なお，この治療は可逆的であり，薬剤の中止で正常な二次性徴が再開する。このような二次性徴抑制治療は，思春期後期までに終了することが望ましいため，その導入に伴い狭義のホルモン療法開始可能年齢を条件付で15歳に引き下げることとしたという。

日本精神神経学会が15歳という年齢を選択した理由については，恐らく，養子縁組（797条），父母の再婚時の子の氏の変更（791条），遺言能力（961条）等の民法上の規定において，明文上年齢が規定され，本人の意思を問うことができる年齢ということが影響しているであろう。しかし，この15歳という年齢は，既に二次性徴が発来している時期であり，今後一層，臨床経験とデータの蓄積をはかり，本人の意思を踏まえて，柔軟に治療開始時期を考慮する必要がある。また，いくら二次性徴抑制をはじめとする身体的治療を行ったとしても，それは，性別違和に伴う本人の苦悩を軽減し，社会適応を改善するための手段にすぎず，社会，特に通学する学校における適切な対応がなければ，治療効果が減殺されてしまう。医療関係者と学校関係者，保護者と本人が密な連携を取り，本人が希望する性別の制服の着用，学内での通称名・呼称の使用，着替えの際の更衣室やトイレの使用といった学校生活での性別取扱い全般に対する対応を並行して行っていく必要がある。

3　学習指導要領の改訂と今後の対応のあり方

学校現場では数少ないながらも事例を積み重ねつつあるが，いまだ学習指導要領への性的マイノリティの記載には至っていない。10年ぶりの改訂となった学習指導要領（2017年3月）では，小中学校の体育科，保健体育科の学習指導要領における「思春期になると誰でも遅かれ早かれ異性への関心が芽生える」という従来の記載に対して，「性的マイノリティについてきちんと教えるべき」「異性への関心という部分を削除すべき」とする意見がパブリックコメントで出された。これに対して，「健全な家庭を育てられなくなる」「同性愛者のことを教えると子どもが混乱するので，教えるべきではない」といったパブリックコメントも数多く

---

(10) 日本精神神経学会・性同一性障害に関する委員会「性同一性障害に関する診断と治療のガイドライン（第4版）」精神神経学雑誌114巻11号（2012年）1253頁。

出された結果，文科省は，「いわゆる『性的マイノリティ』について指導内容として扱うことは，個々の児童生徒の発達の段階に応じた指導，保護者や国民の理解，教員の適切な指導の確保などを考慮すると難しい」として，性の多様性・LGBTに関する言及を見送り[11]，「思春期になると異性への関心が芽生える」との表記に留めたものの，「誰でも遅かれ早かれ」という表現は削除した。

このような文科省の対応からは，通達や教職員向けの資料を通じて，教職員への啓発はするものの，教職員は児童生徒からの相談を受けて初めて対応するという個別支援に終始し，多様な性について積極的に教えるという姿勢が感じられない。文科省の「学校における性同一性障害に係る対応に関する状況調査」（2014年6月）[12]によると，全国の国公私立の小中高校で性的違和を感じる子どもの実例は606件であった。この数字は，全国の児童生徒数[13]に比すれば，確かにごく少数である。「性的マイノリティの内容を教えることは妥当でない」「男女二元論に基づいた画一的な指導が望ましい」からといって，学習指導要領に性的マイノリティのことを盛り込まないのではなく，この数字が氷山の一角であり，相談できていない子どもたちが数多く存在することを教員が正しく理解した上で，子どもたちに正しい知識を教え，相談しやすい環境作りを整備して相談につなげていくべきであろう。特に思春期では，同調圧力も強く，周囲から浮くことで，社会・グループから疎外されることを非常に恐れる子どもも多い。これまでの各種統計[14]からも，性的マイノリティがクラスに1～2人いるかもしれないことを想

---

(11)「体育科・保健体育科においては，個人差はあるものの，心身の発育・発達に伴い，『異性への関心が芽生えること』等は思春期の主な特徴の一つとして必要な指導内容です。また，体育科・保健体育科で，上記通知で言及されているいわゆる『性的マイノリティ』について指導内容として扱うことは，個々の児童生徒の発達の段階に応じた指導，保護者や国民の理解，教員の適切な指導の確保などを考慮すると難しいと考えています。」（文科省「学校教育法施行規則の一部を改正する省令案並びに幼稚園教育要領案，小学校学習指導要領案及び中学校学習指導要領案に対する意見公募手続き（パブリックコメント）の結果について」18頁，平成29年3月31日）。https://search.e-gov.go.jp/servlet/PcmFileDownload?seqNo=0000157166（2018年9月12日最終閲覧）

(12) 文科省「学校における性同一性障害に係る対応に関する状況調査について」（平成26年6月13日）によると，小学校低学年26件，小学校中学年27件，小学校高学年40件　中学校110件，高等学校403件であった。但し，この件数は学校が把握している事例を任意で回答するものであり，実数を正確に反映するものではないとの注釈がついている。http://www.mext.go.jp/component/a_menu/education/micro_detail/__icsFiles/afieldfile/2016/06/02/1322368_01.pdf（2018年9月17日最終閲覧）

(13) 文科省「平成26年度学校基本調査（確定値）の公表について」（平成26年12月19日）によると，在学者数は小学校660万人，中学校350万人，高等学校333万人となっている。http://www.mext.go.jp/component/b_menu/other/__icsFiles/afieldfile/2014/12/19/1354124_1_1.pdf（2018年9月17日最終閲覧）

定すれば，正しい知識を教え，相談を受けた時にポジティブな反応をとることのできる教育をする方が実際的な支援につながるだろう。

また，文科省が求める「主体的・対話的で深い学び」を実現していくためにも，きちんと多様な性について学び，発達の段階や子どもの学習課題等に応じて具体的に考える力を養い，性的マイノリティの子どもたちが自分について知ることができて始めて，ありのままの自分でいいんだと自信を持つことや，周囲に相談してみようかと考え行動することにつながると思われるのに，「子どもたちには何も教えなくていい。もし教職員の所に相談に来たら支援してあげなさい」という対応で，どのようにして実際的な相談・支援につなげていくのだろうか。

Ⅲ　アンケート調査から見る性的指向・性同一性障害者に関する意識

1　人権問題に関する世論調査[15]

内閣府による「人権問題に関する世論調査」によると，性的指向，性同一性障害者に関し，どのような問題が起きていると思うか（複数回答あり）という質問に対して，平成24年調査と平成29年調査から，性的指向や性同一性障害者についての人権問題について「特にない」「分からない」と回答していた層が4割強から3割弱へと減少していることなどから，多少なりとも理解が進んでいる様子が見て取れる（表2）。平成29年調査では，「人権課題の解決に向けて，国はどのようなことに力を入れていけばよいと思うか」について，「学校内外の人権教育を充実する」を挙げた者の割合が59.8％と最も高く，次いで，「人権が侵害された被害者の救済・支援を充実する」（44.0％），「人権意識を高め，人権への理解を深めてもらうための啓発広報活動を推進する」（43.1％），「地方自治体，民間団体等の関係機関と連携を図る」（38.6％）などの順となっている。

性的マイノリティ関する記述を2017年改訂の学習指導要領に盛り込まなかった理由として，教員の適切な指導の確保が難しいことが挙げられていたが，学習指導要領に入っていない，採用試験でも問われない事柄であれば，よほど意識の高

---

(14) 例えば，調査レポート「博報堂DYグループの株式会社LGBT総合研究所，2016年度『LGBT意識行動調査』を順次公開。第1回は，職場環境に関する意識調査」（2017年2月8日）http://www.hakuhodo.co.jp/uploads/2017/02/20170208-1.pdf（2018年9月12日最終閲覧）

(15) 内閣府大臣官房政府広報室による人権擁護に関する世論調査（平成29年調査，平成24年調査，平成19年調査）https://survey.gov-online.go.jp/h29/h29-jinken/index.html（2018年8月31日最終閲覧）　なお，それ以前の調査には，性的指向・性同一性障害に関する質問項目はない。

表2　人権擁護に関する世論調査の推移

項目	どのような問題が起きていると思うか	平成29年10月調査（n＝1758人）	平成24年8月調査（n＝1864人）	平成19年6月調査（n＝1766人）
性的指向	差別的な言動をされる	49.0%	38.4%	30.9%
	職場，学校等で嫌がらせやいじめを受ける	35.0%	24.3%	24.1%
	じろじろ見られたり，避けられたりする	31.7%	25.3%	26.7%
	就職・職場で不利な扱いを受ける	29.1%	22.2%	22.1%
	アパート等への入居拒否	9.7%	6.9%	8.0%
	宿泊施設，店舗等への入店や施設利用拒否	6.2%	4.7%	5.0%／4.8%
	特にない	9.6%	15.0%	7.4%
	わからない	19.0%	26.2%	23.8%
性同一性障害者	差別的な言動をされる	49.8%	28.1%	（平成19年調査では，性的指向と性同一性障害者を一括りにして質問）
	職場，学校等で嫌がらせやいじめを受ける	45.7%	32.6%	
	じろじろ見られたり，避けられたりする	35.0%	22.2%	
	就職・職場で不利な扱いを受ける	31.8%	28.8%	
	アパート等への入居拒否	7.8%	5.2%	
	宿泊施設，店舗等への入店や施設利用拒否	7.1%	6.9%	
	特にない	7.4%	13.9%	
	わからない	18.8%	26.7%	

（内閣府「人権問題に関する世論調査」より）

い教員が教えている養成機関（大学・短大）でなければ，性の多様性について大きく時間を割いて教えたりはしないのではないか[16]。

2　学校現場における教員の理解度・認知度

教員5979人に対して，LGBTに関する意識調査をしたものとして，日高教授による報告（2015年11月）[17]がある。それによると，「同性愛について教える必要

---

(16) 教員採用試験は，各都道府県・政令指定都市が独自の採用試験（筆記，面接，実技試験等）を実施する。自治体によって掲げる教育理念や優先課題が異なっており，例えば，大阪府・大阪市では，同和問題，定住外国人の問題が重視されているため，受験生は必ずこれらの課題を勉強することになる。しかし，自治体任せの形では，地域格差が生じるため，通達の形ではなく，学習指導要領に盛り込み，全国的に取組むことが望ましい。

がある」62.8％,「性同一性障害について教える必要がある」73.0％,「HIV/AIDS について教える必要がある」94.3％,「性感染症について教える必要がある」93.6％,そして,教員が実際に子どもたちと関わりを持った経験のある項目は,「妊娠」34.2％,「性被害」32.1％,「性感染症」17％,「性同一性障害」11.9％,「同性愛」7.5％,「HIV/AIDS」2.5％となった。また,「同性愛は精神的な病気の一つだと思う」5.7％,「そう思わない」66.2％,「分からない」25.1％であったのに対して,「同性愛になるか異性愛になるかは,本人の選択によるものだと思う」38.6％,「そう思わない」25.4％,「分からない」32.8％という結果であった。同性愛や性同一性障害についても 6 割以上の教員が子どもたちに教える必要があると捉えているものの,実際にそのような子どもたちと関わりを持った経験のある教員は 1 割程度であり,同性愛や性同一性障害についての基本的理解も十分でない様子がうかがえる。

　学校現場で,性教育や性感染症について教える際には,デート DV を防止するために,お互いを尊重するいい関係性を築く方法を教えることはもちろん,避妊の仕方,生命誕生の基礎知識,HIV/AIDS を含めた性感染症の予防の仕方や性感染症に対する正しい知識に加えて,セクシュアリティの多様性についても教える必要がある。また,上記調査結果からも,同性愛者になることが本人の選択の問題だという誤解は多くの教員が持っており,性的指向と性的嗜好の違いや,性的指向を選択したり,修正したりできるものではないという理解をすることが必要になる。

　学校で性的マイノリティの子どもたちが,自分の困りごとや自分のセクシュアリティについて周囲の大人,教員に相談したいと思っても,自分のことを知られたくない,変な目で見られたくないという思いもあり,なかなか可視化されづらい側面がある。相談があって初めて支援するという姿勢では,一部の子どもたちにしか支援が行き届かない。保健や総合学習の時間などできちんと性教育をすることも大事だが,教員一人ひとりが,すべての授業,ホームルーム,クラブ活動などの指導において,「当たり前」とされている社会を生きにくいと感じている人がいる,ということに思いを馳せ,男女二元論の発想やジェンダーの性別役割規範から解き放たれ,個を尊重し,正しい知識を伝えていく指導が重要になる。性的マイノリティの子どもたちがどのような困りごとを抱えているか,どうした

---

(17) 日高康晴「子どもの"人生を変える"先生の言葉があります。」(平成27年度厚生労働科学研究費補助金エイズ対策政策研究事業「個別施策層のインターネットによるモニタリング調査と教育・検査・臨床現場における予防・支援に関する研究」(2015年11月) http://www.health-issue.jp/kyouintyousa201511.pdf (2018年9月11日最終閲覧)

ら学校生活を送りやすく改善できるかについては，相談がないから存在しないものとして扱うのではなく，まずその存在を認識し，きちんと正しく理解し，伝えること。そして，面白おかしくからかう発言など，差別的な言動をする子どもがいれば，なぜそのような発言が良くないのか，自分がそのような言動をされたらどう思うか，子どもに考える力をつけさせ，気付かせることが必要である。子どもは親やマスメディア，周囲の子どもたちの価値観，言動に左右されやすい。入手した情報の真贋を判断する能力を色々な授業を通じて指導していく必要がある。

Ⅳ　性的マイノリティの子どもたちが抱える困難と学校での配慮事例

　性的マイノリティの子どもたちが学校生活の中で直面する困難として，制服が着られない，トイレに行けない，着替えのとき困るなど日常生活自体が難しい，「オカマ」「ホモ」「オネエ」「レズ」「気持ち悪い」などの差別的な言動にさらされ，いじめに遭う，不登校や保健室登校になる，自傷行為をする，将来に希望が持てない（中学校，高校，大学と進学し，就職していく自分をイメージできない）[18]，親に自分の気持ちを言えない，自分らしく生きたい，自分を受け入れられない，カミングアウトしたいけど怖いなど，様々な問題があるとされる。2005年の「Reach Online 調査報告書」（日高康晴ほか）[19]によると，ゲイ・バイセクシュアル男性は平均年齢13.1歳のときに「ゲイであることをなんとなく自覚した」経験を持つという。報告書では，「同性愛」について学校で習うことはほとんどなく，むし

---

[18] 大学においても「キャリアデザイン」等の科目において，自分の職業人生を自らの手で主体的に構想・設計（＝デザイン）することが求められるようになっているが，例えば，女子学生であれば，社会人基礎力を身に着け，大学卒業後，一般企業に就職し，数年の間働くことについてイメージはできても，結婚・妊娠・出産後の「社会人としての自分」を想定できず，苦慮する例も多い。その点，公務員であれば，育児休業の取得率の高さや支援体制の充実は周知されつつあり，出産後に現場復帰をする自分も想像しやすいようである。「女性」でも，5年後の職業人としての自分は想定できても，10年後の職業人としての自分を想定することが困難であるのに，性的マイノリティであればなお一層，自らの人生の主体的なデザインが困難なことは想像に難くない。また，NPO法人虹色ダイバーシティが行った「LGBTに関する職場環境アンケート2015」によると，LGBT当事者が就職しても，職場内に性的マイノリティに対する差別的言動があると，勤続意欲の低下，離職率の増加とも関連があるとされるほか，LGBTは非正規雇用の割合や年収の低い割合が多いとの報告もある。http://www.nijiirodiversity.jp/wp3/wp-content/uploads/2015/09/7837de8ca9f4c38709eba5c8796f421b.pdf（2018年9月17日最終閲覧）

[19] 厚生労働科学研究費補助金エイズ対策研究推進事業「ゲイ・バイセクシュアル男性の健康レポート2」（日高康晴，木村博和，市川誠一）http://www.j-msm.com/report/report02/index.html（2018年9月17日最終閲覧）

ろ「異常なもの」「不自然なもの」として習うこともあり，周囲に自分と同じことで悩んでいる友人に出会うことも少なく，自身の性的指向に関する葛藤や否定的な体験を重ねてきている現状や，自殺念慮，自殺未遂割合も高いことが指摘されている。

　特に，中学生・高校生の時期は，第二次性徴を迎え，声変わりや身体の変化が顕著な時期であり，子どもたちの会話も恋愛話が多くなる。そのような時期に誰にも相談できず，自分を肯定することもできない状態が続くことは，子どもたちの健全な発達の阻害要因でしかない。国の自殺総合対策大綱（2012年）においても，性的マイノリティについて，社会の無理解や偏見ゆえに自殺のハイリスク層となっていることを問題視しており，社会における「生きること」の阻害要因を減らし，促進要因を増やすことが求められている。

　文科省の「学校における性同一性障害に係る対応に関する状況調査」（2014年6月）[20]では，学校での特別の配慮事例が挙げられている。服装・髪型に関しては，制服ありの場合，自認する性別の制服着用や体操着登校を認め，制服無しの場合でも，本人の意思を尊重し，スカートでの登校を認める。標準的な男子生徒の髪型よりも長い髪型を，清潔さを損なわない範囲で認めるといった対応のほか，男女の色分けをできるだけ避け，更衣室・トイレに関しても，保健室，多目的トイレ，職員トイレの使用を認め，通称の使用についても，校内文書を通称で統一し，公式行事では通称で呼ぶ対応が取るほか，すべての生徒を「さん」付けで呼称するよう統一する学校もあった。男女別に分かれる必要があるとされる体育又は保健体育などの授業では，自認する性別のグループに入れるか，本人用に別メニューを設定し，水泳の授業では，上半身が隠れる水着の着用を認める（戸籍上男）ほか，補習として別日の実施やレポート提出で代替するなどの対応を取っている。また，通常の授業科目においては，自認する性別として名簿上扱い，男女混合グループを作り発言しやすい環境を整備する。運動部での活動では，自認する性別の活動に参加することを認め，修学旅行を含む宿泊研修では，一人部屋の使用や入浴時間をずらす等の対応や，健康診断の際は，個別に実施する学校もあった。

　このような各学校での対応を見ると，さほど「特別の配慮」でもないような対応も多い。服装についても制服がないのであれば，どのような格好をしようと自由だろうし，髪型についても，清潔感を保っていれば，髪の長い女子が指導され

---

(20) 文科省「学校における性同一性障害に係る対応に関する状況調査について」（平成26年6月13日）http://www.mext.go.jp/component/a_menu/education/micro_detail/__icsFiles/afieldfile/2016/06/02/1322368_01.pdf（2018年9月17日最終閲覧）

ないのと同様に，髪の長い男子も特に指導されるいわれはないだろう。通称使用[21]や名簿での性別の取扱いについても，本人の事情，申し出に応じた通称を使用させることにさほど学習指導上の困難は感じられないし，そもそも名簿に性別を記載する必要性も乏しくなってきている。

　男女共習に関しては，家庭科では進んできたが，体育だけは，「男女間の体力・体格・運動能力，運動に関する興味・関心など」の理由から，男女別習型の体育の授業が当然[22]とされてきた部分がある。確かに，柔道や相撲，ラグビーなど激しい衝突や組合いが必要となる種目において，男女混合のチーム編成は好ましくないが，卓球，バトミントン，リレーなどにおいては，実際のチーム編成では習熟度別，体格別に分けるなどの対応をすれば，男女共習も可能であろうし，男女どちらに所属すればいいのかと気に病む必要もなくなる。水泳授業の水着についても，日焼けによる炎症を防止する観点からラッシュガードの使用を認める学校が増えてきており，個別に特別の配慮で上半身の隠れる水着の着用を認めるのではなく，全体として認めればよい。そもそも，体育の授業については，各学校の人員配置上課題はあるものの，ルールやスポーツの理念・歴史などの講義科目と実技科目とに分け，実技科目を水泳，柔道，バトミントン，卓球，陸上，ダンスなど複数の種目からの選択制にすることができれば理想的であろう。

　そして，宿泊を伴う研修での一人部屋の使用は，本人への配慮というよりも，他の児童生徒からの隔離のように思われ，宿泊を伴う研修の教育的意義からも疑問が残る。また，「LGBTに配慮するならば，男女平等に扱えばいい」，という発想は短慮であり，特段の配慮もなく，男女同時に健康診断を受診させるといった対応は，生徒の人権問題からも論外であることは言うまでもない。

V　養護教諭養成機関と養護教諭の性別

　学校現場では子どもたちに対して，誰がどの機会に性的マイノリティの問題を

---

[21] 琉球大学法科大学院は，LGBTQを営む性の多様性を尊重しており，性別違和等で通称使用を希望する場合は，診断書不要で相談に応じている。受験票等の性別欄についても，自認する性別を記載することもできるし，性別を記載しなくても構わないとされている。このように募集要項に通称使用や性別の記載についての配慮を明記しているのは同大学院が全国で初めてである。http://web.law.u-ryukyu.ac.jp/wp-content/uploads/2017/06/1248d92d35c7959eee45cf5854edc78f.pdf（2018年9月17日最終閲覧）

[22] 北田豊治「体育科教育における男女共習型授業に関する研究」愛知学院大学教養教育研究紀要53巻1号（2005年）41-48頁 https://ci.nii.ac.jp/els/contentscinii_20180917165026.pdf?id=ART0007539734（2018年9月17日最終閲覧）

教えればよいのだろうか。養護教諭が保健体育の授業で，担任がホームルームの時間に，外部講師が人権教育や性教育の講演会などの時間に，といったことが考えられる。外部講師に単発の講義をしてもらうことも効果的だが，やはり日頃の授業や指導の際に，差別的言動のない対応をし続けること，子どもたちに正しい知識を伝え，困ったときの相談の場所を伝えることが重要となる。

1　養護教諭養成大学における学びの機会

学校現場で支援の中心的存在となる養護教諭自身も，出身養成機関において，いじめ，不登校，自傷行為については学んでも，LGBT・性の多様性についてはほとんど学んでこなかった者が多い。実際に，養護教諭養成大学におけるカリキュラムから各科目のシラバス（授業概要）を確認したところ，「LGBT」「性教育」といった用語がシラバスに記載されているのはわずかであった[23]。とはいえ，入学時のオリエンテーションや性的マイノリティ当事者を招聘した講演会などの実施も，各大学の取組みとしてあるだろうし，授業外での取組みとして，性の多様性についての学びの機会を提供する場合もあるなど，シラバスからだけでは判断できないことに注意が必要である。

また，教員免許の取得は，なりたい自分になるための手段であって，目的ではない。どのような教員になりたいのか，自身の目指す教員像をより理想に近づけるために，発達障害，不登校，いじめ，自殺，妊娠，デートDV，心の相談，ストレスへの対処法など，昨今の子どもたちをめぐる課題を把握し，子どもの立場に立ってどう支援すればいいのか，どの専門家につながればいいのかなどについて，少なくとも知識として身に着けておく必要がある。

---

[23] 例えば，養護教諭養成大学におけるカリキュラム例を示すと，必修科目では，養護に関する科目（31単位）として，衛生学，公衆衛生学，学校保健，養護概説，健康相談活動論，栄養学，解剖生理学ⅠⅡ，学校精神保健，看護学概論，看護技術ⅠⅡ，看護臨床実習，救急処置ⅠⅡ，養護又は教職に関する科目（4単位）として，養護活動論ⅠⅡ，教職に関する科目（25単位）として，教職概論，教育原論，教育心理学，教育社会学，教育課程論，特別活動論，道徳教育論，教育方法論，生徒指導論，学校教育相談，教職実践演習（養護教諭），養護実習，免許法施行規則に定める科目（8単位）として，日本国憲法，保健体育，英語コミュニケーションⅣ，情報処理学ⅠⅡがあり，選択必修科目では，養護に関する科目（2単位以上）として，微生物学，薬理学のうち1科目，養護又は教職に関する科目（3単位以上）として，臨床医学ⅠⅡ，精神医学ⅠⅡ，健康心理学，人権教育から2科目以上，教職に関する科目として，保健科指導法ⅠⅡⅢⅣ，免許法施行規則に定める科目として，体育実技がある。

2　養護教諭の職務と性別

　養護教諭は，戦前の「学校看護婦（スクールナース）」の流れを汲み，学校での「母親」的役割が強調されることが多い。文科省による平成29年度学校基本調査では，全国の学校園に養護教諭（養護助教諭を含む）は，女性が41,187人に対し，男性は68人である[24]。養護教諭の職務として挙げられることの多い救急処置，保健指導，健康診断，保健室経営，相談，事務作業といった仕事はどれも，女性でなければできないものではない。学校教育法上，養護教諭の性別要件はないものの，女子児童生徒への内科検診や月経への対応があるため，女性が主に担ってきたという経緯がある。そのため，男性養護教諭の採用は非常に難しく，自治体の採用試験に合格しても最終的に指名がなかった，特別支援学校でなら受け入れてもらえた，複数配置[25]の学校でなら受け入れてもらえた，ということがあったほか，養護実習時に，「男子実習生を女子児童と二人きりにならないよう配慮している」と学校から言われたことがある。男性養護教諭の体験談で，女子の児童が腹痛を訴えて保健室に来室する際は，服を脱がなければならない場面や手足以外の場所の診断をするときは，複数配置の女性養護教諭やクラス担任に依頼する，友人の女子児童に同伴してもらい，友人の手を借りるといった対応をすると聞く。養護教諭も専門職であるはずなのに，男性だとなぜこうも煙たがられるのか。女子児童の初潮の問題に男性養護教諭で対応できるのかとの声もあるが，それは逆に言えば，男子生徒は，性感染症や精通の相談を女性養護教諭にしにくいともいえる。男性だから，女性だから，という男女二元論にこだわるのではなく，適材適所，誰もがお互いを助け合いながら仕事をできる環境を作っていく必要があるだろう。

---

(24)　平成29年度学校基本調査によると，男性の養護教諭・養護助教諭は，国公私立の幼保連携型認定こども園，幼稚園，小学校，中学校，中等教育学校，義務教育学校，高等学校（全日制・定時制・通信制），特別支援学校において，68人である。男性68人の都道府県別内訳は，大阪府9人，東京都8人，北海道6人，広島県4人，茨城県・神奈川県・三重県・愛知県3人，静岡県・新潟県・滋賀県・京都府・兵庫県・山口県・大分県・佐賀県2人，青森県・岩手県・宮城県・栃木県・埼玉県・岐阜県・福井県・鳥取県・島根県・高知県・熊本県・宮崎県・鹿児島県1人となっている。校種別では，公立56人，私立12人となっている。

(25)　養護教諭は原則として学校園に1名の配置であり，文科省の「教職員定数の算定について」によると，複数配置がなされる場合は，概ね小学校851人以上，中学校801人以上となっている。http://www.mext.go.jp/b_menu/shingi/chousa/shotou/029/shiryo/05070501/s003.pdf（2018年9月17日最終閲覧）

VI　これからの教育現場で求められていること
　　　――顔の見える関係作り，人間関係の調整機能

　2016年8月には男女雇用機会均等法がセクシュアルハラスメント指針（正式名称：事業主が職場における性的言動に起因する問題に関して雇用管理上講ずべき措置の指針）等を含め改正され（2017年1月施行），2条1項で「なお，職場におけるセクシュアルハラスメントには，同性に対するものも含まれるものである。また，被害を受けた者の性的指向又は性自認にかかわらず，当該者に対する職場におけるセクシュアルハラスメントも，本指針の対象となる」[26]として，LGBT を含む性的マイノリティも対象であると明記されたことは意義深い。これにより，性的マイノリティへの偏見や差別をなくし，企業や自治体における LGBT を含む性的マイノリティに対する理解促進及び全ての人にとって働きやすい環境作りは，今後ますます重要になると考えられる。しかし，自身のセクシュアリティを公表しないままの人も多く，性的マイノリティ当事者がいるかもしれないという意識をもって，日頃から差別的な言動を慎むことが必要である。たとえ自身が性的マイノリティ当事者でないとしても，同僚に対する差別的言動を毎日聞かされるのは気持ちの良いものではないし，そのような職場での勤労意欲や労働生産性は低下するだろう。このように，職場においては企業の責任が明確化されつつある。企業としても，消費者としての性的マイノリティを無視できないであろうし，離職の防止や差別的言動の禁止を含め，就業環境の向上を目指した施策を構築することは，取引先や職場内の労働者全てにとってプラスになる施策といえる。

　学校現場においても，差別的言動のない，風通しの良い人間関係作りは，全ての児童生徒にとって必要な学びの環境整備であり，その実施責任は，各都道府県の教育委員会，各学校にある。グレーゾーンの言動を放置すれば，次第にその言動はエスカレートし，人権侵害の事態につながることは容易に想像できる。子どもたちは大人の鏡である。子どもの行動範囲はほとんどが学校と家だけであり，その価値観は親や教職員など周囲の大人から影響を受けることが多い。とすると，親への働きかけ，情報提供も重要になるし，教職員自身が，例えば LGBT フレンドリーであることを示すなど，子どもたちの手本となることも重要になる。今

（26）厚生労働省「事業主が職場における性的な言動に起因する問題に関して雇用管理上講ずべき措置についての指針」（最終改正：平成28年8月2日厚生労働省告示第314号）https://www.mhlw.go.jp/file/06-Seisakujouhou-11900000-Koyoukintoujidoukateikyoku/0000133451.pdf（2018年9月12日最終閲覧）

や，性の多様性に関する問題は知らないでは済まされない問題である。まずは知ることから始め，常に最新情報を入手し，得た情報を他者に伝えることで，自分の考えの可視化，知識の定着に努める必要がある。また，子どもたちの相談相手は友達が最も多いことから，相談への個別対応だけでなく，授業等を通じた全体への働きかけも重要になる。教職員は，日頃の言動に十分注意して，積極的に情報発信し，相談しやすい環境を作り，子どもたちの困りごとを可視化し，組織として対応できる範囲で柔軟に対応し，学校全体で対応を共有する。そして，学校の中の支援にとどまらず，必要な支援につなげられるよう，医師やカウンセラー，教育委員会や周辺の学校の教員たちと顔の見える関係を築いておくことが求められている。養護教諭のみならず，教職員は，いじめや不登校，自傷行為の背景要因として，もしかしたらセクシュアリティのことがあるのかもしれないといった想像力をもち，適切な対応をしていく必要があるとともに，学校全体で啓発活動に取り組んでいく必要がある。

<相談に乗るときのポイント>
（1）安心して話せる環境を作り，きちんと話を聞く
　　…秘密厳守，傾聴の姿勢，ただし，ある程度時間を区切ることも大事。
（2）話してくれたことに「ありがとう」
　　…相談するまでかなり葛藤があったはず。話してくれた勇気に対して敬意を示す。
（3）決め付けない，興味本位で聞かない
　　…「気のせいじゃない？」「若いうちは迷うもの」「どっちなの？」などはダメ。
（4）何に困っているのか，どうして欲しいのかを確認する
　　…困りごとはそれぞれ。解決策，代替案を一緒に考える。学校としてできることは何か。カムアウトの範囲によりできることも異なる。
（5）誰に話しているか，支援のために誰に話して良いか確認する
　　…親には話しているか？学校で本人を支援するために，どの人・先生になら話していいか？
　　本人の同意なく，第三者に勝手に伝えない。
（6）情報提供（相談する側・される側が一人で抱え込まないよう，つながるための情報）
　　…当事者のためのピアサポート，家族会，医療関係者，役立つHP・書籍などの情報収集，学校近辺にある信頼できる団体をチェックし，顔の見える関係を築いておく。

その他の参考文献など
- 日高康晴「LGBT 当事者の意識調査〜いじめ問題と職場環境等の課題」（Reach Online 2016 for Sexual Minorities）
- 「教育現場における LGBT の課題」（LGBT Youth Japan）
- 「教職員のためのセクシュアルマイノリティサポートブック Ver.4」（奈良教職員組合，2018年）
- 「セクシュアルマイノリティの私たちから，先生へ」PROUD in 香川（2009年3月版）
- 中塚幹也「性同一性障害の生徒の問題に向き合う」（中学保健ニュース第1447号付録，2009年）
- ヒューマン・ライツ・ウォッチ「日本の学校における LGBT 生徒へのいじめと排除 —— 出る杭は打たれる」（2016年）
- QWRC 高校生向け人権講座「セクシュアルマイノリティ入門編」（2010年）
- QWRC＆徳永桂子『LGBT なんでも聞いてみよう —— 中高生が知りたいホントのところ』（子どもの未来社，2016年）
- いのちリスペクト，ホワイトリボン・キャンペーン「LGBT の学校生活に関する実態調査2013」
- 性的指向および性自認等により困難を抱えている当事者に対する法整備のための全国連合会「性自認および性的指向の困難解決に向けた支援マニュアルガイドライン」（2016年）

8 トランスジェンダー受刑者の処遇
―― 特例法[1]と刑事収容施設法[2]

矢 野 恵 美

はじめに
Ⅰ 法的な性別の変更について：法律のあり方の違い
Ⅱ トランスジェンダー受刑者に関する問題：刑務所のあり方の違い
Ⅲ 残された課題
おわりに

は じ め に

「トランスジェンダー」には定まった定義がなかなか存在しないように思われる。WHO は，2018年6月18日に国際疾病分類（ICD）を約30年ぶりに改訂し（ICD-11），「精神，行動，神経発達の障害」に分類されていたトランスジェンダーの一部である性同一性障害（Gender incongruence）を，「障害」ではなく「性の健康に関連する状態」に分類した。そしてその背景として，「性同一性障害」を「障害」とすることは「トランスジェンダー」の人々に烙印を押すことになると述べられている[3]。

「トランスジェンダー受刑者の処遇」という場合にも，まずどのような状態の受刑者を想定するのかと言う問題がある。割り当てられた性と自認する性が合致しないトランスジェンダー（本稿ではこのように定義づける）では，合致しない状態が「自分」であるとして医学的な措置をとらない人，ホルモン療法等のみを行う人，自身の身体に違和があり手術を行う人，戸籍上の性別変更を求めて診断を受け（性同一性障害），特例法が要求する性別適合手術等の要件を全て行う人等，様々な状態の人がいる。また，手術を望んでも，様々な理由から手術が受けられ

---

[1] 性同一性障害者の性別の取扱いの特例に関する法律（2003年法律第111号）」（以下「特例法」）
[2] 刑事収容施設及び被収容者等の処遇に関する法律（2015年法律第50号）（以下「刑事収容施設法」）
[3] http://www.who.int/health-topics/international-classification-of-diseases

ない人もいる。これは，受刑者にも色々な状態の人がいることを意味する。そして，それぞれが受刑生活においてそれぞれの困難を抱えている可能性がある。そのため，本稿では「性同一性障害受刑者」ではなく，「トランスジェンダー受刑者」の語を使用し，上で述べたような様々な状態の受刑者について考えてみたい。

「トランスジェンダー受刑者」について考える際には２つの側面からのアプローチが必要となる。１つは日本国内におけるトランスジェンダーを含む性の多様性に関する法制度の側面である。受刑者に関する法律である刑事収容施設法は，あくまでも刑事収容施設内のことに関する法律であり，国民全体に関わる特例法が改正されれば，刑事収容施設法の適用の仕方も変わる。例えば，特例法で，法的な性別を変更する要件が変われば，どのような状態の人が，男女それぞれの施設に収容されるのかが変わり，受刑者の抱える問題も大きく変わる。

もう１つは日本における刑務所の在り方と言う側面である。例えば，現在，入所時の剃髪を含む厳格な調髪は，基本的に男性刑務所のみで行われている。この調髪自体がなくなれば，Ⅱで紹介する2006年の訴訟のようなことは起こらなくなる。

本稿では，まず，性別変更に関する日本の問題点を確認し，次に，現在，トランスジェンダー受刑者が抱える問題を挙げる。この際に，性の多様性に関する法制度が先進的であるスウェーデン，ノルウェーとの国際比較も含め，考察を行う。

本稿を執筆するにあたり，強く申し上げたいのは，「刑務所は社会の鏡」，「刑務所は社会の縮図」ということである。トランスジェンダー受刑者をめぐる問題は，社会の中におけるトランスジェンダーの方達に対する態度が凝縮したものだということだ。そして，刑務所のことを考える際には，ドイツの刑事法学者であるフランツ・フォン・リストの「最良の刑事政策は，社会政策である」という言葉を忘れてはならない。刑務所の中の問題は刑務所の中だけでは解決しない。社会の中でのトランスジェンダーへの理解が進めば，刑務所の中での問題の多くは解決する。例えば，トランスジェンダーの方へのホルモン療法が，医学的にも，人権上も重要であることが理解され，社会の中で一律保険適用となれば，刑務所の中でも療法を受けることが容易になる。

本稿で紹介するスウェーデン，ノルウェーにおいては現在のところ，トランスジェンダー受刑者をめぐる問題は少なくとも矯正保護庁[4]では認知していない[5]。

---

(4) スウェーデンは矯正については，司法省から独立した矯正保護庁が扱う。ノルウェーでは司法省と警察庁が同一組織であり，矯正は矯正保護局が扱う。
(5) いずれも2016年９月時点での問い合わせ。

その理由はどこにあるのかが，社会と刑務所の関係に関する問題の答えの一助になるのではないかと考える。

I　法的な性別の変更について：法律のあり方の違い

それでは，現在の日本において，法的な性別（戸籍上の性別）はどのようにして変更することができるのだろうか。日本の特例法における性別変更要件で大きな問題の1つは，性別変更のために，子をもつことに関して，大きな権利を奪うことを要求する「生殖不能要件」（「断種手術」の強制）であろう。ここでは，日本の現状を理解するために，まず，スウェーデンとノルウェーの状況を見てみたい[6]。スウェーデンでは2013年に，ノルウェーでは2016年にこの生殖不能要件を削除している。逆に言うと，それまでは両国もこの要件をもっていた。

1　スウェーデン

スウェーデンの法的性別変更は1972年の「特定の場合における性別の決定に関する法律（1972年法律119号）」に規定された。本法の特徴の1つは，トランスジェンダーと性分化疾患（DSDs）の双方が含まれている点であろう[7]。スウェーデンは個人識別番号（パーソナルナンバー）制であり，本法には国民基本登録台帳に記載された性別を，本人が認識している性別と適合させる決定を下し，その性別に法的効力をもたせるための申請条件が書かれている。トランスジェンダーに関する性別変更の要件は，①国民登録基本台帳に登録されている性別以外の性別に属することを経験し，②且つ長期間，その性別によって生活し，将来もその性別によって生きていこうとする者であって，③自らの申請によること，④申請者が18歳に達していること，⑤断種手術が行われているか，またはその他の理由によって申請者が生殖能力を有しない場合においてのみ，認められる（第1条）。性別の変更ができるのは未婚のスウェーデン人のみ（第3条）である。第1条の要件を満たしている場合に性別適合手術が認められるというものであった。

2013年には，断種手術が行われているか，またはその他の理由によって申請者が生殖能力を有しない場合という要件がはずされ，実質，手術の要件がはずされた。これは，性自認の変化に対し，もはや医療的介入が必要でなくなったと理解

（6）両国の状況については，矢野恵美「性の多様性と家族——スウェーデン，ノルウェーの法制度から」『神奈川大学評論』88号（2017年）41頁−53頁も参照。
（7）本稿ではトランスジェンダーに関する規定部分だけを取り上げる。

されている。但し，医療による診断は求められる。スウェーデンは優生思想による厳しい断種手術を強制していた歴史があり[8]，1934年の精神障害者等に関する断種法（法律171号）や，1941年の断種法（法律第282号）に関係して，大規模な補償を行った（1999年法律第332号）。1972年から2013年までの間に，法的な性別を変更するために断種手術を受けた者に対しても，2018年5月1日から補償法が施行され（2018年法律第162号），一律225000クローナを受け取ることができる。この法律を検討する際には1999年の法律が土台となり，両者は明確に同様の出来事と考えられている。また，法的性別変更に際して，断種要件を用いていたことについては，強制したことは間違いであり，人権侵害であったと明言している。

現在は，さらに法律変更が議論されている[9]。ここでは18歳という年齢の検討が挙げられている。この際には「子どもの権利条約」第3条（子どもの権利条約の根幹をなす。「子の最善の利益」が全てにおいて考慮されるべきと規定。），第12条（自己決定権）の検討の必要性が挙げられており，15歳が新たに提案されている。この法律変更の提案の大きな特徴は，法律を，①法律上の性別決定に関する法律と，②生殖腺の摘出及び生殖器に関する医療手続の承認に関する法律に二分化しようとしている点である。つまり，法律上の性別の決定は，あくまでも本人の意思によるべきであって，医学的介入は必要がないと考えられている。ここにはヨーロッパ人権規約が影響している。本人の意思は子どもの成熟レベルによると考えられ，これが15歳と提案されている。そして，医療の介入は法律上の性別の決定とは別問題であるとされ，その取り返しのつかなさから慎重を期す必要があるがゆえに，ここでも当人が15歳になっていることを求めている。

2　ノルウェー

ノルウェーでは慣習的に，断種をし，性別適合手術を受けた者が法律上の性別を変更することができるとされていたが，2016年7月に「法的な性別の変更法（2016年法律第702号」が施行されている。ノルウェーでは，アメリカなどと同様に，同性愛者の権利が先に進み（パートナーシップ法は1993年に，性別にかかわりなく婚姻できる婚姻法は2008年に制定されている。），トランスジェンダーの権利は新しい問題だと考えられていた。

新しい法律では，医療機関の診療や精神鑑定，ホルモン療法や手術を経ずに，

---

[8] この問題については，二文字理明・椎木章編著『福祉国家の優生思想』（明石書店，2000年）に詳しい。
[9] SOU 2014：91

16歳から法律上の性別の変更が申請書の提出により可能となった。ノルウェーの法律も，トランスジェンダーと性分化疾患が同一法内に規定されている[10]。また，非常に先進的であるとされるのは年齢であり，6歳から16歳未満の者は親権者（2人または1人）と共に申請できる点である。但し，親権者が1人の場合は「子の最善の利益」が考慮されるとなっており，こちらも「子どもの権利条約」が考慮されている。法的な性別の変更をトランスジェンダーの人権にかかわるものととらえ，子どもの権利条約と合わせて，その自己決定が何歳かできるかという点を考慮している。手術の問題は別の問題としているので，このように早い判断が可能となっている。

　この改正については，ベント・ホイエ保健・ケアサービス大臣が「ノルウェーはLGBTの権利については最先端である。しかし，法律上の性別の変更については60年近くも変わらぬままであり，受け入れがたい。今回の提案は，人権にかなうものだ。[11]」と述べているのが象徴的である。

　両国に共通しているのは，法的性別は自分で決めて良いという考えだ。再変更も可能である。医学的な手術はこれとは切り離され，自分の身体に違和感があり，性別適合手術を受けたいという人だけが受ければよい（医療は基本的に無料なので，この手術も無料）とされている。性別適合手術と断種は必ずしもイコールではない。日本でも本来は，「性同一性障害」という診断名は，自分の身体に違和感があり，性別適合手術を受けたいという人のためのものではないだろうか。法的性別の変更要件から手術要件（とりわけ生殖不能要件）を外すというのは北欧だけの話ではない。WHOの2014年の報告書でも，生殖不能要件の強制をやめるよう勧告しており，むしろ世界的な潮流であることを付しておく。

3　日　本

　現在の日本においては，特例法第3条にある下記の要件を満たした場合には，本人の請求によって，性別の取扱いの変更の審判をすることができる（法的な性別を変更することができる）。即ち，①20歳以上であること。②現に婚姻をしていないこと。③現に未成年の子がいないこと。④生殖腺がないこと又は生殖腺の機能を永続的に欠く状態にあること。⑤その身体について他の性別に係る身体の性器に係る部分に近似する外観を備えていること。である。

　④⑤の手術要件を見てみると，いわゆる「断種」を命じている部分（生殖不能

---

(10) 本稿ではトランスジェンダーに関する規定部分だけを取り上げる。
(11) https://www.regjeringen.no/no/aktuelt/enklere-a-endre-juridisk-kjonn/id2480677/

要件）と，その身体について他の性別に係る身体の性器に係る部分に近似する外観を備えていることという要件（外観要件）の2つが混在している。前者については立法の際には，元の性別の生殖機能によって子が生まれることで様々な混乱や問題が生じかねないこと，生殖腺から元の性別のホルモンが分泌されることで何らかの身体的・精神的な悪影響が生じる可能性を否定できないこととされているが[12]，具体的根拠は示されていない。また実際にはこれは，法的な性別を変更したければ，実子をもつのは諦めろと言っており，優生保護法以来の断種手術の強制であることを忘れてはならない。しかも，このように命の危険がある手術を強制しておきながら，2018年までこの手術には健康保険が適用されなかった。2018年4月からは国民健康保険が適用となったが，多くの人が利用しているホルモン療法については依然として保険適用外であり，手術と併用する際には手術も保険適用外となってしまう。これは全く現実的ではないという批判がなされている。

このように，法的な性別変更の要件が，今日の日本と，スウェーデン，ノルウェーでは全く違ってしまっている。しかも，スウェーデン，ノルウェーは高福祉の国であり，基本的に医療は無料である。法的な性別変更要件について，社会で十分な議論がなされ，その意識と知識が社会に広がることによって，トランスジェンダー受刑者の問題のいくつかは解決していくことになる。

現在，日本では性の多様性に関係する法律は，ここで挙げる特例法のみである。これから見るように，特例法の現状は，世界的に見て，非常に問題が大きく，それがトランスジェンダー受刑者を苦しめている側面がある。ただ，この法律ができたこと自体は大変素晴らしいことであり，この法律が立法されるまでには多くの人々の努力があり，心から敬意を表する必要がある。その貴重なステップを経て，さらに本法が前進するべき時が来ているのだと思われる。

Ⅱ　トランスジェンダー受刑者に関する問題：刑務所のあり方の違い

ここで，まず，日本と，スウェーデン，ノルウェーの刑務所のあり方の違いをおおまかに述べる。日本の刑務所では，秩序が重んじられ，受刑者の数に対して少ない刑務官が，様々な業務をこなし（マルチタスク），事故も非常に少ない。逃走は年に1件あるか否かであるし，刑務所の中での薬物の蔓延と言ったこともな

---

[12] 南野知恵子監修『「解説」性同一性障害者性別取扱特例法』（日本加除出版，2004年）93頁。

い。居室は基本的に雑居であり，大風呂が基本である。また，同性処遇が基本である[13]。

これに対して，スウェーデン，ノルウェーは拘禁刑の刑罰としての最大の意義は「自由を制限すること」にあると考えられており，受刑者の人権は極力，一般社会と同様にしようとされている。刑務官と受刑者の割合は１：１に近く，外部の講師等も多く入っている。逃走も日本に比べると非常に多く，刑務所での大きな問題は，施設内での薬物の蔓延だと言われる。居室は基本的に個室で，シャワーも各居室についている。同性の刑務官は６割くらいである。

それでは，トランスジェンダー受刑者は刑務所の中でどのような問題を抱えているのだろうか。刑務所においてはそもそも様々な人権制限がなされる。また，学校や職場のように１日の数時間を過ごす場所ですら，自認する性と異なる扱いを受けることは苦痛であるが，刑務所は24時間をそこで過ごすことになる。そのため問題が先鋭化し，苦痛は大きくなる。

トランスジェンダー受刑者の処遇を巡っては，日本では，戸籍上は男性で，男性としての身体的特徴をなお有している受刑者が剃髪処分の差し止めを求めた訴訟が起きており（2006年８月10日千葉地判），同受刑者に関して，2009年９月17日に黒羽刑務所長，千葉景子法務大臣（当時）宛てに，日弁連から勧告書が出され，同時に『刑事施設における性同一性障害者の取扱いに関する人権救済申立事件調査報告書』が出された[14]。これらを受け，法務省からは2011年６月１日付で，「性同一性障害等を有する被収容者の処遇指針について（通知）」（以下「通知」）[15]が出されるに至っている。

しかしこの後も，2015年６月には，通知が出る前の2011年４月に満期出所した，性別適合手術を受けている受刑者に対し，加古川刑務所が，身体や着衣の検査を男性刑務官に行わせたとして，兵庫県弁護士会は加古川刑務所長や法務大臣らに対応を改善するよう勧告書を送ったという[16]。さらに2016年６月には，性別適合手術を受け，戸籍も女性になった受刑者が，拘置所でホルモン投与を受けられず，苦痛を受けたとして国に1000万円の損害賠償請求訴訟を起こした[17]。７月

---

(13) 日本の刑務所に関しては拙稿「日本の女性刑務所が抱える問題について考える」慶應法学37巻（井田良教授退職記念号）（2017年）111頁－130頁を参照。
(14) http://www.nichibenren.or.jp/library/ja/opinion/hr_case/data/090917.pdf
(15) 法務省矯正第3212号。「トランスジェンダー」の語ではなく，より狭い「性同一性障害等」の語を用いているのは，特例法の影響であり，特例法自体を改正しなければ改正にはつながらないと思われる場面である。
(16) 神戸新聞2015年６月23日
　　http://www.kobe-np.co.jp/news/shakai/201506/0008148159.shtml

には大阪刑務所（一時収容），神戸刑務所に収容されている受刑者が性別適合手術を終えているが，戸籍の変更がないため，丸刈りにされ，昼夜単独室の状況にあり，申入書が出される等[18]，まだまだ問題は収束していない。

トランスジェンダー受刑者は，自認する性の刑務所に収容されているか否かで状況が大きく異なる。そこで，まず，より問題が大きいと思われる，自認する性ではない性の刑務所に収容されている受刑者の問題から考えると，1．収容区分，2．剃髪を含む調髪，3．剃刀の使用，4．作業着，居室着，5．下着，6．居室，7．作業・教育，8．入浴，9．面会，10．医療等が挙げられるだろう。これらを順を追って見ながら，性別変更が終了し，自認する性の刑務所に収容されている受刑者について問題が生じる場合も見ていきたい。

1　収容区分について

日本において，受刑者の処遇に関して規定している刑事収容施設法には，「戸籍の性別に従って収容すると言う」規定があるわけではない。刑事収容施設法第4条第1項第1号には「性別」の別に従い分離することが規定されているのみで，これが戸籍上の性別を意味するという明確な根拠があるかどうかは疑問が残る。性別によって分離される理由は，刑事施設の規律及び秩序を維持するためであり，また被収容者の中には，異性にその姿を見られることなどについて心情的な抵抗感を抱く者も少なくないと考えられるためである[19]。確かに，例えば，女性の刑務所において，性虐待，DV等の被害経験をもつ者が多いこと等を考えれば，これは非常に重要な視点である。

しかし，趣旨から考えれば，この性別は，法律上の性別，即ち戸籍上の性別である必要性はないのではないか。自認する性で収容した上で，この後に述べる居室や作業についての工夫をすれば良いのではないか。このように述べると，とりわけ，男性の受刑者において，嘘をついて女性の刑務所に収容されようとする者がでてくるのではないかとの批判が出てくると思われる。この批判については，既に診断を受けている者は問題ないし，身体の手術を一部でも行っている者も問題は小さい。診断もなく自称しているのみの場合には拘置所の段階から診断を受

---

(17) 久保有希子・山本衛「性同一性障害者に対する不当処遇事例」季刊刑事弁護89号（2017年）67頁-70頁。
(18) 朝日新聞デジタル2016年8月4日
　　http://digital.asahi.com/articles/ASJ7P4H1FJ7PPTIL00L.html
(19) 林眞琴・北村篤・名執俊也『逐条解説 刑事収容施設法 改訂版』（有斐閣，2015年）20頁。

けられるような体制を作ること等で対応できるのではないか。

　これまで，実際に，性別適合手術を受けていても，戸籍の変更が終わっておらず，他の受刑者からは女性と思われるような状態であっても，男性刑務所に収容されている受刑者がいる。本人から見ると，自認する性とは異なる性の刑務所に収容されており，苦痛も大きい。一方，施設側は，本人の安全（規律秩序維持）のために夜間は単独室に収容したり，入浴を分けたり，場合によっては昼夜間独居で過ごさせていることもある。もし，この受刑者を自認する性の刑務所に入れた場合，刑務所側の配慮は変わらないが，受刑者本人の心情は安定する。最も重要な点は，施設側の負担が変わらないのであれば，受刑者本人の心情が安定し，処遇効果が上がることが期待される，自認に合わせた収容の方が良いのではないかということである。

　スウェーデンにおいては，刑務所法（2010年法律第610号）第2章第2条に，反対の性の者と一緒にしてはならないとあり，日本の刑事施設収容法と同じような規定になっている。そして，この「性別」は日本同様，法的な性別（日本では戸籍上の性別）であると理解されているが，Ⅰの1．で見たように，既に手術要件は外されているので，法的な性別変更が非常に容易であり，これが済んでいれば手術の有無にかかわらず，自認する性の刑務所に収容される。また，法的な性別変更が済んでいなければ，受刑者の安全のために，基本的に女性の刑務所に収容されるとのことである。

2　剃髪を含む調髪について

　頭髪の問題は，2006年8月10日千葉地判でも争われているように，大きな問題の1つである。現在，受刑者の頭髪については，監獄法改正後の2006年「被収容者の保健衛生及び医療に関する訓令」（法務省矯医訓第3293号，以下「訓令」）第15条に（1）男子の受刑者については，原型刈り，前五分刈り又は中髪刈りとする[20]。（2）女子の受刑者については，華美にわたることなく，清楚な髪型とする。とある。つまり，現在，厳格な調髪は男性の刑務所でのみ行われている。また，以前は，女性の刑務所においては，「華美にわたることなく，清楚な髪型とする。」とのみ定められている。自認する性が男性で女性の刑務所に収容されている場合，短髪にすることは問題がなく，女性の刑務所では調髪の問題は小さい。

　通知第6条には「MTFの受刑者から，調髪を行わないでほしいとの希望があった場合，規則第26条第4項により，これを行わないことを相当とするか否かは，

---

(20) それぞれ別に図がついている。

当該受刑者の精神状態や過去の生活歴その他の事情を考慮して，当該受刑者にとって，調髪を行わないことが処遇上有益であると認められる場合に限ることが相当であること。この場合，他の受刑者との処遇の均衡性に鑑み，集団処遇が困難になることも考慮すること。」とある。問題はこの「相当性」の判断にある。これは，その施設の施設長の認識に大いに左右され，同じような状況であっても，相当性の認められる場合と認められない場合がある。

もし髪型の問題がクリアした場合にも，シャンプー剤等の問題が生じる。シャンプーは女性にしか支給されず，リンスは自弁でも女性のみである。この点も，通知5（3）に細かい規定がある。

調髪，とりわけ剃髪は，例え自認する性が男性で，男性の刑務所に収容されているいわゆるシスジェンダーの受刑者であっても，大いに不満のあるところではないかと思う。性自認が女性である受刑者にとってはさらに非常に深刻な問題となり，訴訟に発展しているケースもある。しかし，考えてみると，そもそもこの問題は，剃髪を強制すること自体に人権侵害はないか，男性のみに課している点で憲法第14条第1項違反がないかを検討する必要があり，刑務所運営自体の含有する問題であると言える。

この点，スウェーデン，ノルウェーにおいては（他のヨーロッパの多くの国でも）男性，女性共に調髪の規定がないため，この問題自体が生じない。2015年に大幅に改訂された「国連被拘禁者処遇最低基準規則」（ネルソン・マンデラルールズ）では，個人衛生に関する規則18の2において，「被拘禁者がその自尊心に見合う容姿を整えられるよう，頭髪及びひげを適当に手入れする設備ならびに男子が定期的にひげを剃るための設備が設けられなければならない。[21]」とのみ規定されており，逆に，自尊心に見合わない容姿を強制されることは許されないとも解される。性の多様性の尊重に関する規定かどうかにかかわらず，受刑者に関する待遇が異なれば問題自体が生じなくなる場面である。

3　剃刀の使用

現在の，刑務所内における剃刀の使用状況は複雑な問題を生み出している。剃刀の使用については，刑事施設収容法第60条第1項，刑事施設及び被収容者の処遇に関する規則（2004年法務省令第57号：以下「規則」）第26条第2項，第3項，

---

(21) NPO法人監獄人権センターの訳を引用させて頂いた。
　　http://www.cpr.jca.apc.org/sites/all/themes/cpr_dummy/images/archive/Nelson_Mandela_Rules_Japanese.pdf

訓令第8条第4項等に規定がある。許されているのは男性においては髭剃り，女性においては顔そりとなっている。

　男性の刑務所においては，受刑者は1人1人の剃刀を所持しており，入浴の際に，本人確認の上，剃刀が渡され，大浴場の中においての使用が許されている。また，朝も，使用が許されている（いずれも毎日ではない）。性自認が女性である受刑者が男性刑務所に収容され，ホルモン療法が受けられず，髭がはえてくるような場合，少しは対応が可能であるが，髭が生えてくること自体が大きな苦痛となろう。また，日本の刑務所は「大風呂文化」であるため，下で述べるように，別途入浴自体に関する問題は生じる。

　女性の刑務所においては剃刀の使用が男性よりも限定的である。入浴の際に常に剃刀が使えるわけではない。性自認が女性で，戸籍上の性別を女性に変更しており，女性の刑務所に収容されているが，ホルモン療法が許されていない受刑者の抱える問題が最も大きくなると言える。

　スウェーデン，ノルウェーについては入浴の項で述べる。

4　居室着，作業着

　刑務所においては，大きく分けて，居室で過ごす際の居室着，刑務作業の際に着用する作業着がある。男女どちらの刑務所においても，夏の短パンはあるが，スカートはない。公共サービス改革法（以下「公サ法」）を導入している刑務所では[22]，施設側がラガーシャツタイプの制服等を選ぶこともできる。例えば笠松刑務所（女性の刑務所）では緑系統のラガーシャツタイプが選択されている。男性の刑務所に多いグレー（鼠色）の作業着にキャップ，女性の刑務所に見られるピンクの作業着と三角巾は，現在，訴訟には至っていないものの，日本では北欧に比べ刑期が長いため（平均刑期2年6月，無期懲役の場合は，平均で30年を超える），性自認に合わない服装となり，精神状態に良い影響は与えないように思われる。

　北欧の状況については下着の項で述べる。

5　下　　着

　下着は性自認と強くかかわるものである。通知5（2）イにおいて，「受刑者の自弁の衣類については，物品訓令別表4において，性別により品名が限られているものについては，原則として，戸籍上の性別に係るもののみ使用を許すことが相当であること。ただし，外形変更済みの者について，豊胸手術をしているた

---

(22)　http://www.soumu.go.jp/main_content/000473271.pdf 等参照。

めプラジャーの使用が必要であるなど，個別の事情により，使用の必要が認められる場合には，物品訓令第9条の2に基づき，使用を許すこととして差し支えないこと。」と規定されている。しかし，これは「外形変更済み」の者にだけ限定されている。

　トランスジェンダーは，皆が必ずしも身体に施術を施しているとは限らない。また，様々な施術には経済的にも医学的にもリスクが伴うし，そもそも施術は他人が強要できるようなものでもない。しかし，施術の有無にかかわらず，下着は性自認と大きくかかわっている。刑事収容施設に関係する規定全体を通して，日本においてトランスジェンダーが性自認の問題であり，医学的な処置とは切り離して考えるべきであるという考えが浸透していないことがわかる。しかし，これは「通知」の問題ではなく，そもそも社会全体の理解が影響している。

　ブラジャーは女性のみに許されている。戸籍が男性で施術をしていない場合は使用が許されない。又，逆に胸のふくらみを除去していないトランスジェンダーにとって非常に重要となる，いわゆる「なべシャツ」（胸を押さえて平にする）の着用は認められていない。

　そもそも，日本の刑事収容施設に関係する規定において，男性に許されている下着類は「パンツ」「ランニングシャツ」，女性に許されているのは「ショーツ」「ブラジャー」「半長ズロース」「スリップ」とある。「パンツ」は何を指し，「ショーツ」が何を指すかは明確ではないし，男女で異なる言葉を使用する理由も見当たらない。この規定から見直すべきであるように思われる。安全性の面からひものついたものが許されないということ，施設の性格上，華美なものが許されないという点までは理解できるものの，それ以上の干渉は，人権侵害ともなるのではないだろうか。

　スウェーデン，ノルウェーについては，基本的に衣類は下着を含め持ち込みで，制服はない。持ち込みについては，枚数の制限があるのみである。下着は極めて個人的なものと考えられており，受刑者本人の性自認がどうであるかに関係なく，自由に着用することができる。

6　居　　室

　現在，居室については，通知3（3）において，「戸籍上の性別変更を伴わない性同一性障害者等被収容者の居室の指定等」として，「ア　原則として単独室に収容するほか，本人保護及び職員の職務の正当性を担保する観点から，なるべく廊下監視カメラの整備されている区域の居室へ収容することが望ましく，また，必要に応じて監視カメラの設置された居室への収容等を検討すること。イ　戸籍

上の性別とは異なる区域への収容や処遇に固執したり，外形変更がされていること等により集団処遇が困難な受刑者については，その希望等を参酌しつつ，通常昼夜居室処遇とすることが適当と考えられるものの，性同一性障害者等であるとの理由のみをもって，その法令上の取扱いを法第76条第１項により隔離としたり，法第88条及び刑事施設及び被収容者の処遇に関する規則（平成18年法務省令第57号。）第48条により制限区分を第４種に指定することは相当でないこと。」と規定されている。居室に関しては，夜間独居に収容されることは望ましいことである。2003年頃には全国的に過剰収容であり，単独室の使用は難しかった時期もあったと思われるが，現在は，特に男性の刑務所では過剰収容は完全に解消され，単独室を多くもつ施設も増えてきたことから，単独室への収容は問題がなくなっている。

　問題は昼間の状況である。集団処遇が困難かどうかの判断はここでも施設に任されることになり，施設長の認識による。本人の安全確保の名の下に，本人の能力や希望に反して昼夜独居に収容することは刑事施設収容法第１条にも掲げられている人権尊重にも反する可能性が高く，また，刑事施設収容法第30条の受刑者処遇の原則である「その者の資質及び環境に応じ，その自覚に訴え，改善更生の意欲の喚起及び社会生活に適応する能力の育成を図ることを旨として行うものとする。」に違反する可能性がある。

　スウェーデン，ノルウェーともに一居室・一受刑者の原則が徹底されており，各居室にはトイレ，シャワーがついているため，居室，入浴に関する問題は生じない。

7　作業・教育

　作業に関しては，居室の部分で述べた，昼間も独居で過ごさせられているかということがまず問題となる。

　今一つは，日本の刑務所の作業や教育に「性別役割分担意識」が入り込んでいる点である。これは，本稿で詳しく取り上げることはできないが[23]，社会の中の問題が刑務所で先鋭化している部分である。とりわけ少年施設で顕著なように思われる。例えば，心情安定のために，入所時にレース編みを実施する女性の少年院は多いが，男性の少年院では行われない。調理実習も男性の少年院では行われない。1985年に女性差別撤廃条約に批准した際に，家庭科共修となり，1986年に男女雇用機会均等法が施行されたにも関わらずだ。男性の刑務所でもミシンか

---

(23)　前掲注(13)拙稿を参照。

けの刑務作業は多く，女性も刑務所で大型機械の免許取得も可能となっており，刑務所の刑務作業においての男女差は解消されている部分も多い。しかし，教育内容等において，「性別役割分担意識」がどのように入り込んでいるかは検証すべきであり，性自認と異なる施設に収容されている受刑者にとっては問題となろう。

8　入　　浴

　入浴に関しては，通知4（1）において「入浴，身体検査等の着衣を付けない場面における戒護」として，「ア　MtFの者のうち外形変更済みの者（特に男性器及び睾丸を除去した者）については，可能な限り女子職員を含めての対応とすること。女子職員が配置できない場合及び当該被収容者に粗暴性が認められるなど，女子職員による対応とすることが適当でない事情が認められる場合には，複数の男子職員による対応とすること。イ　MtFの者のうち外形変更に至らない者については，原則として複数の男子職員による対応とするが，必要に応じて，女子職員を含めての対応として差し支えないこと。ウ　FtMの者については，外形変更の有無にかかわらず，女子職員による対応（法第34条第2項の例による。）とし，必要に応じて，男子職員がその場において応援すること。エ　入浴，身体検査等の実施に当たっては，なるべく他の被収容者と接触させず，単独で行うとともに，個々の被収容者の事情に応じて，戒護上の支障が生じない範囲において，つい立を設置するなど，羞恥心に配慮した対応をするよう努めること。オ　戒護職員に対しては，必要に応じて，性同一性障害について説明を行うなど，正しい理解の下において対応させるよう努めること。」と規定されている。

　この背景には，日本の刑務所が同性処遇（9割の刑務官が受刑者と同性）であることもある。そもそも刑事収容施設法関係（施行規則第25条）には，女性の入浴の立ち合いについてのみ，女性であるべきであるという言及がある。通知の内容はこの条文を参照にしていると思われる。このような規定があるにもかかわらず訴訟や苦情が絶えない。そもそも，日ごろから，男女どちらの刑務所にも，性別を問わず刑務官が勤務していれば，受刑者の希望に沿った監視が容易になるだろう。

　もちろん，性同一性障害受刑者と認定されている場合には，個別の入浴になっていると思うが，通常は日本の刑務所は大風呂で入浴をすることとなる。確かに大風呂は，日本の文化でもあり，また刑務所運営上も，多くの人数を一度に入浴させることができ，少人数での監督が可能となり，コスト面も含め利点がある。しかし，自認する性と異なる性の多くの人間と一緒に入浴させられることには大

きな苦痛があると思われる。実社会でも，多くの家庭が個別の風呂をもつようになり，銭湯の数は減少の一途をたどっている[24]。今，性自認に関わらず，大風呂での入浴を苦痛と感じる受刑者もいるように思われるが，これは大風呂のもつ利点が大きいため，なかなか変更は難しいと思われる。しかし，少なくとも，性自認と異なる刑務所に収容されている受刑者については，身体の施術にかかわらず，大風呂での入浴を避ける配慮を求めたい。また，身体の状態に応じて個別入浴に応じているのであれば，そもそも性自認に合わせた刑務所に収容し，入浴は個別対応とすれば良いのではないだろうか。

また，性器に関する施術が終了している場合には，性器の洗浄が非常に重要になる。しかし，日本では入浴は冬季は週2回，夏期でも週3回である上，入浴時間は15分程度であることが多い。これは衛生の点からも大きな問題をはらんでいる。

スウェーデン，ノルウェーにおいては，居室の項目で述べたように，基本的に「一居室一受刑者の原則」があり，入浴についても各居室にシャワーが付いている。また各居室の中を監視する習慣がないので，シャワー使用時に刑務官の監視もない。このため，トランスジェンダー受刑者の入浴問題は，性器の洗浄の点も含め，両国には存在しない。また剃刀の使用についても本人の希望に任されており，入浴時の剃刀の使用は自由である。

9　面　　会

現在，面会の相手方については，刑事収容施設法第111条に規定があり，一号で親族が挙げられている他，刑事施設長がその裁量で比較的幅広く認めることができる。同性カップルはもちろんのこと，戸籍上の性別を変更していない異性愛者のトランスジェンダー受刑者のパートナー（戸籍上は同性）についても，施設側の判断，施設長の裁量で，面会は可能となっていると思われる。ただ，原則的に許可となるのは親族のみであり，それ以外は施設の判断や施設長の裁量に左右される可能性がある。現時点で，例えば自治体のパートナー証明書を面会者が持参する場合があるので，そもそも自治体のパートナー証明に関する基礎的な知識を，施設長はもちろん，矯正研修所等で取り上げる必要があると思われる。

一方で，現在の日本のように，セクシャリティに関してカミングアウトの障壁が高い状態では，刑務官や他の受刑者に知られることを恐れて，あえてパートナーであることを申請せず，面会に来ている戸籍上同性のパートナーがいることも考

---

(24) 例えば https://www.mhlw.go.jp/bunya/kenkou/seikatsu-eisei05/12.html

えられる。

　現在の日本の刑務所においては刑務所長の裁量で判断される部分が多く，所長の認識が大きく事態を左右しうる。自治体の動きは既に始まってもおり，アウティングの危険性も高まっている。研修などの実施が広く行われることを期待するところである。

　スウェーデン，ノルウェーにおいてはいずれも性別に制限のない婚姻法となっているので，性別がどうであれ，婚姻関係になりうるので問題がない。

10　医　　療

　現在の大きな課題は，ホルモン療法に関係する部分であろう。この点も，各施設，施設長の裁量が大きな部分を占めており，その知識や考えによって，対応がまちまちであるのが現状である。「性同一性障害」の診断があれば許可するとの声も聞かれるが，現在日本において，その診断はどこでも受けられるわけではないし，即座に受けられるものでもない。それゆえ，特例法の適用を考えていない場合には，診断を受けていないトランスジェンダーも多い。また，ホルモン自体にも様々な種類があり，自身に合う薬剤は限られており，また，その薬剤を扱っている診療所が自身の在住地にないこともある。このようにホルモン療法の重要さに比して，そのアクセス状態は，一般社会においてさえ決して容易とは言えない現状がある。また，性別適合手術を受けており，診断書も出ているにもかかわらず，ホルモン剤の服用が認められていないとされる事例もあり[25]，非常に深刻な状況である。

　性自認，性的指向の問題は人格権とかかわるので，即座に生命にはかかわらないからと言って他の医療行為と区別してその価値を低くみるべきではない。しかし，現在，ホルモン療法については，「これらの治療を実施しなくても，収容生活上直ちに回復困難な損害が生じるものとは考えられない」（規定2（2））という結論が導き出されており，人格権を尊重しているとは言い難い[26]。

　特に，性別適合手術を受けた後の受刑者の場合は，摘出したホルモンに関係する臓器から出ていたホルモンはなくなるので，女性ホルモンも男性ホルモンも低下してしまう。この状態は更年期障害と類似しているようで，身体の不調が大きい場合もある。また，性別適合手術が行われておらず，元々のホルモンに関係す

---

(25) 前掲注(17)。
(26) ホルモン療法の重要性については例えば，中塚幹也「性同一性障害当事者がホルモン治療を継続できないことの医学的問題」季刊刑事弁護89号（2017年）71頁-76頁。

る臓器が存在する場合は，月経が再開したり，体毛が伸びたりするなど，身体的嫌悪感が生じることによって自殺念慮や不安障害やうつ等の精神科的合併症が出現する例もあるとのことである[27]。

既に述べたように，そもそも社会において，2018年4月よりようやく性別適合手術に保険が適用される可能性ができたものの，ホルモン療法の先行や併用が許されないなど，現実と乖離している部分があることが大きな問題である。刑務所の中だけの問題ではなく，社会全体で症例を集め，研究を進め，議論を深める必要がある。

Ⅲ　残された課題

同じ刑務所の中で，受刑者以上に触れられていないのがトランスジェンダー刑務官の問題である。刑務官にとって刑務所は職場であり，刑務官は公務員であるので，人事院規則の対象となる。例えば，2016年の改正で，人事院規則10-10第2条について，「この条の第1号の「性的な言動」とは，性的な関心や欲求に基づく言動をいい，性別により役割を分担すべきとする意識又は性的指向若しくは性自認に関する偏見に基づく言動も含まれる。」とされ，いわゆるSOGIハラも明記されている。既に述べたように，日本の刑務所では同性処遇が原則となっており，職場環境も受刑者と同性の者を中心に構築されてきている。また，刑務官についても，原則的にその性別は戸籍で判断されるので，戸籍上の性別と自認する性が合致しない刑務官の職場環境の整備は厳しい現状がある。また，夜勤もあることから，トイレや仮眠室，更衣室等，配慮をすべき点は決して少なくない。

おわりに

日本におけるトランスジェンダー受刑者の現状は，一つには，社会全体におけるトランスジェンダーへの理解が進んでいないこと，法制度に改正の必要があること，もう一つには，日本の刑務所のありかた自体に議論の余地があることの二つの側面からの問題点が混在した状態にある。

トランスジェンダー受刑者の問題以外で，社会全体の問題が刑務所に先鋭化している例としては，女性高齢受刑者の激増の問題がある。本稿で取り上げたス

---

[27] 中塚幹也「性同一性障害当事者がホルモン治療を継続できないことの医学的問題点」季刊刑事弁護89号（2017年）71頁–76頁参照。

ウェーデン，ノルウェーは日本同様長寿国でありながら，そもそも高齢受刑者の問題が存在しない。女性高齢受刑者の激増の問題は，社会の中の女性の立場や，高齢者への福祉政策が見直されなければ解決はできない。これを刑務所の中だけで解決しようとすることには無理がある。

　確かに，今，現在困っている受刑者には間に合わないかもしれない。しかし，長期的に考えた時に，なぜ，スウェーデンやノルウェーにはトランスジェンダー受刑者の問題が生じていないのかを考えることは重要である。まず，①そもそもトランスジェンダーの性自認の問題が人権の問題であること，②法律上（日本では戸籍上）の性別の変更は性自認の問題であり，医学的な措置はそれとはまた別の話であること，等の意識改革が必要であり，特例法の要件を改正すること等が喫緊の課題である。さらには，婚姻を戸籍上異性である者同士に限定していることを改めれば解決される問題もある。また，一方で刑務所そのものの在り方，例えば男性受刑者の剃髪や，同性処遇の原則等についても考えることによって，解決される問題もある。

　まずは刑務所長，さらには刑務官に，法的性別変更の要件を含めたトランスジェンダーに関する法律の状況，また，パートナーシップに関する自治体の状況等を矯正研修所の研修等で扱ってもらい，知識の水準を均一にすることが重要であると思われる。あわせて国全体でトランスジェンダーを含むセクシャルマイノリティに関する様々な状況を知り，議論を深めること，人権の問題として研究を深めること等が重要である。この際に理解しなければならないのは，トランスジェンダー受刑者は「特別扱い」を求めているわけではないと言うことだ[28]。他の多くの性的多数者である受刑者に保障されている内容を自分も保障されたいと思っているだけであるということを特に刑務所長が理解する必要がある。

※本稿は，科研費（基盤B）「LGBTQを含む性の多様性に関する法的問題の総合的研究」の成果の一部です。

---

(28) 南和行「トランスジェンダーと刑事収容施設での処遇」季刊刑事弁護89号（2017年）65頁はこの点を強く述べている。

<シリーズ> ジェンダー視点の比較家族法（1）

ジェンダー視点の比較家族法

二宮　周平

■連載を始めるに当たって

　日本の家族法は，1996年の法制審議会答申「民法改正案要綱」のうち，婚姻適齢の男女平等化，再婚禁止期間の100日短縮，面会交流・養育費分担の明文化，婚外子の相続分差別の廃止について，実現したものの，同性パートナーシップ登録制度ないし同性婚の導入，選択的夫婦別氏制度の導入，再婚禁止期間の全廃，無戸籍者の発生に端を発した嫡出推定・嫡出否認制度の見直し，生殖補助医療の規律，離婚後の共同親権，養育費の履行確保，実効性のある子の引渡し，親権の親責任化，特別養子制度の活性化，戸籍編製の個人単位化など多くの課題を抱えたまま，たたずんでいる。こうした課題を現実化するには，各国がどのような背景の下にどのような改革を行ったか，比較法的研究が不可欠と考え，本連載を始めることにした。その際にジェンダー視点を取り入れたいと考える。そこで「ジェンダー視点の比較家族法」とした。

■第1回　夫のみの嫡出否認権

　今回は，夫のみの嫡出否認権制度を取り上げる。現行民法は，妻が婚姻中に懐胎した子を夫の子と推定し（772条），この推定を争う嫡出否認権を夫にのみ認める（774条）。父子関係の当事者である子にも，子を出産した母（妻）にも，否認権を認めない。その結果，子が血縁上は夫の子でない場合でも，夫が否認権を行使しないときには，法律上の父子関係が確定し，子も妻も異議を述べることができず，夫の意思に従属することになる。妻は血縁上の父と子育てをする機会を奪われ，子は血縁上の父を法律上の父とする機会を奪われる。このような仕組みで，具体的な家族の実情に対応した子と母の利益を守ることができるか疑問であり，また，父と子，父（夫）と母（妻）の意思の対等性を保障しない仕組みは，法の下の平等原則からみても問題がある。

　2015年，2016年，嫡出否認権を夫にのみ認める現行民法を違憲とする訴訟が東京と神戸で提起された。2017年，2018年，両事件の地裁，高裁はいずれも，この規定の問題点を認識しつつも，否認権を誰に付与するかは立法裁量の問題であり，

子の法的地位の安定性を保持する上で，夫のみの嫡出否認権に合理性がないとはいえないとして合憲とした。

　他方，韓国では2005年の民法改正で妻に嫡出否認権が認められていたが，2015年4月30日，憲法裁判所は，離婚後300日以内に出生した子を婚姻中懐胎と推定する規定について，血縁に基づいて家族関係を形成することを，人格権および幸福追求権の問題として位置づけ，個人の尊厳と両性の平等に基づいた婚姻および家族生活に関する基本権の立場から，この推定の基準を検討し，否認の訴えが過剰な負担になっていないかどうかを検討し，憲法不合致と判断した。個人の尊厳と両性の平等に基づいた婚姻および家族生活に関する基本権という捉え方は，日本国憲法24条2項を立法の指針から基本権へと展開する可能性を示唆する。

　本稿では，日本の判例（2つの裁判，4つの判決）の紹介と検討を二宮が，韓国の憲法裁判所の判例とその後の法改正の紹介と検討を金が担当する。

〈シリーズ (1)〉

夫のみの嫡出否認権規定を合憲とした2つの裁判
── 原告の問題提起に応えたか

二宮 周平

はじめに
Ⅰ　現行制度の立法趣旨
Ⅱ　問　題　点
Ⅲ　判例・家裁実務による解決の限界
Ⅳ　裁判所の判断の検討
Ⅴ　検討 ── 比較の視点
おわりに

は じ め に

まず現行制度の趣旨と問題点を整理した上で，4つの判決の論理を分析し，憲法判断の可能性について検討する。

Ⅰ　現行制度の立法趣旨

1　現行制度の仕組み

現行民法は，嫡出推定を争う権利を夫にのみ認め，嫡出否認の訴えの出訴期間を子の出生を知って1年以内に限定する（民法774，775，777条）。このような制限を設けた理由としては，第三者の介入を防いで家庭の平和を守ること，嫡出父子関係を早期に安定させることがあげられている[1]。

最高裁は，「民法772条により嫡出の推定を受ける子につき夫がその嫡出子であることを否認するためにはどのような訴訟手続によるべきものとするかは，立法政策に属する事項であり，同法774条，775条，777条がこれにつき専ら嫡出否認の訴によるべきものとし，かつ，右訴につき1年の出訴期間を定めたことは，身分関係の法的安定を保持する上から十分な合理性をもつ制度であつて，憲法13条に違反するものではなく，また，所論の憲法14条等違反の問題を生ずるものでも

---

(1) 二宮周平編『新注釈民法 (17) 親族 (1)』（有斐閣，2017年）572頁〔野沢紀雅〕。

ないことは，当裁判所の判例の趣旨に徴して明らかである（最大判昭和30年7月20日民集9巻9号1122頁〔死後認知の出訴期間に関する事案～引用者注〕，最1小判昭和54年6月21日参照）」とした（最判昭55〔1980〕・3・27家月32巻8号66頁）。確かに，出訴期間の限定は父子関係の法的安定性を保持するために合理性があるかもしれないが，家族関係の当事者である妻や子に否認権を認めないのはなぜなのだろうか。

2　立法趣旨

現行制度は，明治民法の規定（旧規定822条）を維持した。法典調査会民法議事速記録（1896年1月20日）によれば，夫にのみ否認権を認めた理由として，起草委員の富井政章は，①「眞ニ直接ノ関係者デアツテ又其推定ノ當ツテ居ル居ラヌト云フコトノ判断ノ出来ル地位ニ居ル者ハ夫丈デアリマス」と述べ(2)，②子の利益からみれば，子にも同じ権利を認めてもよいが，「之ヲ許ストスルト弊害モ起ル母ノ姦通ヲ証明シナケレバナラヌト云フヤウナコトモアリマスカラ」，この点は充分考えてほしいと述べた(3)。

一方，起草委員の梅謙次郎は，後に著書(4)の中で，③「子ガ何人ノ胤ナルカハ父母ニ非ザレバ之ヲ知ルコトヲ得ズ。而シテ母ハ此場合ニ於テ子ガ其夫ノ子ニ非ザルコトヲ主張スルハ，即チ有夫姦ヲ犯シ又ハ婚姻ノ前後ニ於テ私通ヲ為シタリト主張スルニ同ジ，故ニ実際之ヲシテ此ノ如キ反証ヲ挙ゲシムルコト難キノミナラズ，其不品行ヲ法廷ニ主張スルノ権利ヲ之ニ与フルハ害アリテ益ナキ所ナルガ故ニ，夫ニノミ其権利ヲ与ヘタルナリ」と記した。

①で「眞ニ直接ノ関係者」は夫だけだというが，その理由の説明はない。②③では，母＝妻の姦通をおおやけにすることの弊害が指摘される。確かに妻に否認権を認めれば自らの姦通を，子に否認権を認めれば母の姦通を訴訟で主張・立証することになり，弊害があるかもしれない。しかし，夫が否認権を行使する場合も，妻の姦通を主張・立証することになるのだから，事態は同じである。結局は，否認権の行使を夫に委ねて夫の体面を守り，妻や子は夫の意思に従うべきであるという父権的な考え方である(5)。この理由と仕組みが，議論されることなく，1947年の改正民法に承継された。

---

(2)『法典調査会民法議事速記録六』（商事法務研究会，1984年）509頁。
(3) 同510頁。
(4) 梅謙次郎『民法要義　巻之四　親族』（有斐閣書房，1901年）245頁。
(5) 我妻栄・立石芳枝『親族法・相続法』（日本評論社，1956年）163頁。

Ⅱ　問　題　点

　現行制度の問題点は，夫と妻，父と子の間に父子関係を否定する意思の対等性がないことである。

1　夫と妻の対等性

　妻は，法律上の父子関係の成否について重大な利害関係を持つ。例えば，夫の子ではないことを理由に夫と別居・離婚したり，別居・離婚後，子の血縁上の父と同居・婚姻したり，シングルマザーとして家族や友人の協力を得て子育てをすることを選択するなど，誰と家庭生活を営み，誰と子育てをするのかは，母としての生き方，幸福追求に関わることであり，かつ，いかに子どもの利益を確保していくかという母の責務に関わる。

　しかし，妻は自分の産んだ子について，夫が父であるかを否かを述べる機会を保障されない。妻は夫と子との間に血縁関係がないことを知っており，夫を子の法律上の父とすることに納得がいかなくても，夫が嫡出否認権を行使しない限り，夫と子の法律上の父子関係を否定することができない。夫の否認権不行使に対して異議を述べることができない。血縁上の父と子と共に家庭生活を営んでいても，離婚が成立していない場合には，法律上は夫を共同親権者として受け入れなければならない。子との面会交流の申立て，監護者指定の申立など，絶え間なく夫からの申立てに直面する事態が生じることもあり[6]，子の養育環境の不安定化の要因となるおそれがある。離婚が成立した場合でも，法律上の父は前夫であることから，母は子の血縁上の父を法律上の父とし，共同親権者とすることができない。共同親権者とするためには，実の父でありながら，養子縁組という別の選択を強いられる。ここでも前夫からの面会交流や親権者変更の申立に直面することもありうる。母として子のために，夫・前夫と子の法律上の親子関係を消滅させ，血縁上の父を法律上の父にしたいと思っても，かなえることができない。

　これに対して，夫は出訴期間内であれば，血縁関係の不存在を証明するだけで，父子関係を否定することができる。子を扶養する義務を免れ，妻と離婚して新しい家庭を形成することもできる。例えば，妻が夫を子の法律上の父として子の保

（6）大阪家審平27〔2015〕・3・13家庭の法と裁判6号89頁。本件の紛争解決として，最判平26〔2015〕・7・17民集68巻6号547頁の問題点を指摘する評釈として，二宮周平「判批」民事判例14号（2017年）110-113頁。

護者を確保したいと思っていても，夫の一方的な否認権行使に反対することができない。このように現行法は，父子関係に重大な利害関係を持つ妻と夫の間に著しい不平等をもたらしている。

2　父と子の対等性

子どもの権利条約は，その前文において，「児童が，その人格の完全かつ調和のとれた発達のため，家庭環境の下で幸福，愛情及び理解のある雰囲気の中で成長すべきであることを認め」と記し，これを確保する1つとして，「児童は……できる限りその父母を知りかつその父母によって養育される権利を有する」と規定する（7条）。子には「その父母によって養育される権利」がある。ここでいう「父母」として，法律上の父と血縁上の父が一致しない場合が問題となる。夫が嫡出否認権を行使しないことについて妻も合意し，夫と妻が父母として共同して子を養育している場合には，この法律上の親子関係を維持することが子の利益にかなう。その典型例は，夫の同意を得て妻が第三者の提供精子によって懐胎・出産した場合である。

しかし，父母としての共同性がなく，①妻が単独で子を養育したり，②子の血縁上の父と子を養育している場合には，①では血縁関係がある者を，②では血縁関係があり，かつ，現実の養育者である者を父とすることが，条約の趣旨に合致する。また，子どもの権利条約が子の父母を知る権利を規定しているように，血縁上の父との関係は，子のアイデンティティの確立にとっても重要である。

最判平26〔2014〕・7・17民集68巻6号547頁における金築誠志裁判官の反対意見は，「血縁関係にある父とそうでない父とが現れている場面においては，通常，前者の父子関係の方が，より安定的，永続的といってよいであろう。子の養育監護という点からみても，……B（前夫～引用者注）が子の養育監護に実質的に関与することは，事実上困難であろう」と指摘し，血縁関係のないBとの法律上の父子関係が残ることは，「子の生育にとって心理的，感情的な不安定要因を与えることになるのではないだろうか」と述べ，すでに子が血縁上の父と共同生活をしている場合には，この実態に法的な親子関係を適合させることの方が子の養育環境の安定化につながることを指摘する。また，この事案でBに対する親子関係不存在確認の訴えを認めないことは，子から血縁上の父を法律上の父にする権利（金築裁判官によると「父を求める権利」）を奪っているという面があることを軽視すべきでないとする。

現行の嫡出推定制度は，嫡出否認制度と一体化することによって，子と血縁関係のない者（夫・前夫）を法律上の父として子に強制することがある。その結果，

〈シリーズ（1）〉　夫のみの嫡出否認権規定を合憲とした2つの裁判〔二宮周平〕

子の養育環境を不安定にするおそれがあると同時に，血縁上の父との間に法律上の親子関係を成立させる機会を一方的に奪う。こうした制度は，父母により養育される権利，アイデンティティという子の人格的利益を侵害する。父は出訴期間内であれば，血縁関係の不存在を証明して父子関係を否定することができるのに対して，子は，同じ父子関係の当事者であるにもかかわらず，否定する機会がない。その結果，前述したような利益や権利を確保することができない。父と子の間に著しい不平等をもたらしている。

Ⅲ　判例・家裁実務による解決の限界

判例および家裁実務は，出訴権者および出訴期間の制限から生じる問題に対して，解釈によって対応してきた。しかし，その対応には限界がある。

1　判　例

最高裁は，妻Aと夫Bが2年半以前から事実上離婚状態にあり全く交渉を絶っている間に，妻が男性Cと性的関係を持ち，離婚後300日以内にXを出産した事案で，「Xは実質的には民法772条の推定を受けない嫡出子」だから，XはBからの嫡出否認を待つまでもなく，父のいない子としてCに対して認知の請求をすることができるとした（最判昭44〔1969〕・5・29民集23巻6号1064頁）。この判決は，懐胎期間中に夫婦が事実上の離婚状態や遠隔地居住（出征，収監，海外単身赴任等）のため，外観から見て夫婦の実態がなく，性交がありえない場合には，嫡出推定は適用されず，親子関係不存在確認の訴えを提起することを認めるという外観説をとったものと理解された[7]。その後，父から子に対する親子関係不存在確認請求（最判平10〔1988〕・8・31家月51巻4号33頁，最判平12〔2000〕・3・14家月52巻9号85頁），被相続人の養子から実子に対する親子関係不存在確認請求（最判平成10〔1998〕・8・31家月51巻4号75頁），子（母の法定代理）から法律上の父に対する親子関係不存在確認請求（前掲最判平26・7・17）でも，外観説をとることが確認された。

したがって，外観説の要件事実を証明することができれば，夫は出訴期間を経過していても，親子関係不存在確認の訴えを起こすことができ，妻や子も出訴権者・出訴期間の制限を受けず，親子関係不存在確認の訴えを起こすことができる。

（7）二宮編・前掲注（1）556頁〔野沢〕，判例の外観説を導いたのは，我妻栄『親族法』（有斐閣，1961年）221頁である。

しかし，外観説の要件事実，すなわち，妻の懐胎期間中に客観的に夫婦の実態がなかったことの証明は簡単ではない。夫は出訴期間内であれば，こうした外観的事実があろうとなかろうと，血縁関係不存在の証明だけで親子関係を否定することができることと比べると，妻と子には争うことができる場合が限定され，かつ手続上も大きな負担が課されており，また外観説の要件を欠く事案では，夫が否認権を行使しない場合に，妻や子は異議を述べることができない。

2　家裁実務

　家裁実務では，1970年代頃から，妻の懐胎期間に別居が始まっていなかった場合でも，その後，別居や離婚に至り，妻が子を養育していたり，妻が血縁上の父と同居・再婚しているなど夫と妻の家庭の平和が崩壊している場合には，嫡出否認制度の趣旨とされる家庭の平和が存在しないので，嫡出推定が排除されるとの立場から（家庭破綻説），親子関係不存在確認請求を認めてきた[8]。ただし，人事訴訟についても調停前置主義が適用されるため，家庭破綻説に立つとされる審判・決定公表例のほとんどが，家事調停において夫と妻との間で，①父子関係の不存在を争わず，②親子関係不存在確認の審判を受けることの合意が成立していた（合意に相当する審判，当時の家事審判法23条，現家事事件手続法277条１項）。夫が①に異議を述べる例はなく，家事審判で親子鑑定がなされ，子あるいは妻からの親子関係不存在確認請求は，この法理で認められていた[9]。

　家庭破綻説自体は，前述の最判平12・３・14によって実質的に否定されたが，現在でも，家裁では，懐胎期間中の別居がない事案でも，①②の要件を満たす場合には，親子関係不存在審判をすることがある[10]。夫も妻も子が夫の子ではないことを認識し，別居・離婚を経て，夫は法律上の親としての義務を免れ，子は血縁上の父との間に法律上の親子関係を形成できるという当事者の利益調整のために，当事者の合意による現実的な解決を志向するのである[11]。

　しかし，調停で夫・前夫が子へ愛着，妻・前妻への未練や嫌がらせなどから，

（８）子から戸籍上の父に対する親子関係不存在確認の訴えとして，東京家審昭50〔1975〕・７・14判タ332号347頁，東京家審昭52〔1977〕・３・５家月29巻10号154頁など，戸籍上の父から子に対する訴えとして，大阪地判昭58〔1983〕・12・26家月36巻11号145頁，東京地判平２〔1990〕・10・29判タ763号260頁などがある。
（９）二宮周平「子の福祉と嫡出推定〜外観説の射程」戸籍時報692号（2013年）8-12頁。
（10）矢尾和子・船所寛生「第８回　調停に代わる審判の活用と合意に相当する審判の運用の実情」法曹時報66巻12号（2014年）3394頁。
（11）今村和彦「日本における親子関係事件の裁判実務」新・アジア家族法三国会議編『親子関係の決定〜血縁と意思』（日本加除出版，2017年）29頁参照。

①に異議を述べた場合には、訴訟にならざるをえず、訴訟になれば、外観説が適用され、前述のような問題に遭遇する。判例の外観説も調停合意による家裁実務も、嫡出否認権者を妻や子に広げる代替的な方法とはなっていない。判例や家裁実務による解釈と運用には、限界がある。

Ⅳ 裁判所の判断の検討

以上の基礎知識を前提に4つの裁判所の判断を検討する[12]。いずれも未公表なので、重要な部分について判旨を詳細に紹介する。

1 神戸ケース

(1) 事実の概要

原告の女性Aは、夫Zから継続的に暴力をふるわれていたことから、夫の下を離れ、別居するようになった。その後、男性Bと交際し、Bの子Cを出産した。Aが婚姻中に懐胎した子なのだから、民法772条によれば、Cは夫の子と推定され、戸籍係は夫を父とする出生届しか受理しない。夫が戸籍筆頭者であるため、Cは夫の戸籍に記載される。Aは夫に子の存在を知られることを恐れ、Cの出生届をしなかった。子は無戸籍となった。その後、CはD・Eを出産したが、Cに戸籍がないため、D・Eも無戸籍だった。

AはZと協議離婚し、その後Zは死亡した。Aはその事実を知り、CがBに対する認知調停を申し立て、認知を認める審判がなされた。Cは氏をAに変更するため氏の変更許可を申し立て、許可審判がなされた。Bは2つの審判書を添付し、Cの出生届をし、ようやくAの戸籍にCが記載され、その後、Cを筆頭者とする戸籍が編製され、D・Eは同戸籍に記載された。

(2) 問題点の整理

本件では、CはAの婚姻中に懐胎し出生した子である。懐胎時に事実上離婚状態にあれば、Ⅲ1の外観説が適用され、CとZとの親子関係不存在確認がなされ、BがCを認知することができた。しかし、事実上離婚状態にあったかどうかは不明であり、法の専門家ではないAはこうした方法を知らず、また、戸籍窓口でA、

---

[12] 東京ケースでは、原告代理人は、嫡出推定と嫡出否認を一体のものとして捉え、さらに、女性のみの再婚禁止期間が平等原則に反すること、再婚相手の男性の婚姻の自由を侵害することも主張している。本稿との関係で、嫡出否認権に限定して判旨を紹介する。

Bがこうした方法を教えてもらった形跡もない。現行制度の下，Aの子Cが無戸籍となり，Cの子D・Eも無戸籍となった。Zが死亡し，Bに対する強制認知，氏の変更手続を行ってようやく無戸籍の連鎖を止めることができた。もし嫡出否認権が妻や子に認められていたら，DVがあったとしても，代理人弁護士を通じて否認権を行使することができ，無戸籍とそれを解消するための手続負担を回避することができたかもしれない。裁判所は，この問題にどう向き合ったのだろうか。

（3）神戸地裁判決（平29〔2017〕・11・29未公表）

嫡出否認権を夫のみに限っている現行規定について，憲法14条1項，24条2項に違反しないと判断した。

（ⅰ）前提　①嫡出否認権は，「法制度をまって初めて具体化される権利」であり，「嫡出否認に係る子や妻の利益が，具体的な法制度を離れて，憲法上の権利として各人に保障されているとまで解することはできない」。②「妻や子が，生物学上の父との間の父子関係と法律上の父子関係を一致させたいと願う場合，生物学上の父との間に法律上の父子関係を築くことに係る利益や子の福祉の観点から，これが一致するのが望ましいことはいうまでもない。嫡出否認に係る妻や子の利益は，夫と同様に，婚姻および家族に関する法制度の在り方を検討する上で考慮すべき利益というべきである」。

判旨は②の利益を認めつつ，それは①の指摘のように具体的立法によって実現されるもので，憲法上の権利とまでは捉えない。以下，現行制度の合理性を論証しようとする。

（ⅱ）妻と夫の利益の対比　③「妻は，婚姻期間中，離婚後の期間を通じ，不本意な嫡出推定が働かないよう，適切に懐胎の時期を選択する限り，事実上，嫡出否認の必要性は生じない」のに対して，④「夫は，妻が他の男と性交渉を持ち，懐胎することを，事実上，阻止し得ないから，妻が他の男との性交渉により懐胎・出産した子について，嫡出否認により，父子関係の当事者となることを防止する利益がある」。

判旨は妻に懐胎の時期の選択という行為規範を求めた上で，妻が行為規範に違反した場合の夫の対抗手段として嫡出否認権を位置づける。妻が夫の意思に従属することの問題性には言及しない。

（ⅲ）立法目的　⑤嫡出否認の規定は，「嫡出性を否認するための要件を父母両者にとって厳格に制限することで，婚姻関係にある夫婦の子の身分関係の早期安定を図り，子の利益を強固なものとしており，これをもって，本件各規定の目

〈シリーズ（1）〉　夫のみの嫡出否認権規定を合憲とした2つの裁判〔二宮周平〕

的と捉えることができる。父子関係をめぐる無用な紛争の発生を防ぎ，子の身分関係の法的安定を保持することの重要性を考慮すれば，本件各規定の立法目的には合理性が認められるというべきである」。

　確かに子の身分関係の早期安定の必要性は，出訴権者と出訴期間を限定する根拠となる。しかし，夫のみに否認権を認め，妻や子に認めないことの説明としては不十分である。妻や子に否認権を認めても，出訴期間を限定すれば，早期安定が図られるからである。しかし，本判決は，次のような論理で，現行規定が不合理でないことを説明する。

　（ⅳ）立法目的と区別の合理的関連性　⑥「生物学上の父との間の父子関係と法律上の父子関係を一致させる要請を重視すれば，父，妻及び子のいずれが権利を行使した場合であるかに関わらず，父子関係をめぐる紛争の発生により，法律上の父子関係が確定されず，父子関係を早期に確定して身分関係の法的安定を保持することとは相反する結果を生む可能性がありうる」。

　妻については，まず，繰り返し③を挙げる。次に，⑦妻が夫以外の男性の子を懐胎・出産した場合，夫が否認権を行使しない限り，夫との間に父子関係が成立するが，妻が夫との婚姻を継続するのであれば，この事態を甘受することになり，夫との離婚手続を取れば，自ら親権者になり，生物学上の父と再婚し，子に養子縁組をさせることにより，生物学上の父と共同親権を行使する状況を作ることができ，「嫡出推定が不本意であっても，これを前提として適切に対処することは不可能ではない」。嫡出否認が認められた場合と比べ差異があるが，この評価は国会の立法裁量に委ねられるべき問題である。

　さらに，⑧妻が否認権を行使し，子と夫との父子関係が否定された場合，生物学上の父の認知が受けられず，法律上の父子関係が成立しない結果となることがありうるのに対して，夫が否認権を行使しない限り，父子関係が成立するとすれば，こうした事態を回避することができ，こうして成立した父子関係が実際上，機能しない可能性はあるが，婚姻一般を想定すると，そのような事例ばかりではないと考えられ，より幅広い事態において子の利益を確保するみちが得られると考えることができる。

　子については，⑨子に否認権を認める場合，出生直後には子に意思能力がないから，妻に代理権を認めるとすれば，妻に嫡出否認権を認める場合と同様の問題が生じ，⑩子の成長後に否認権を認めるとすれば，それまで生じた法律関係が覆され，身分関係の法的安定を害するおそれがあることは否定できない，こうした事態を容認できるかの評価は国会の立法裁量に委ねられるべき問題である。

　判旨は，⑥で身分関係の法的安定の保持を強調したことから，⑧⑩を主たる根

拠として，妻と子に夫と同様に否認権を認めることには必ずしも合理性があるということはできないとし，他方で，⑪「夫にのみ相当の制限を加えつつ嫡出否認権を認めることは，生物学上の父との間の父子関係と法律上の父子関係とを一致させることに係る要請と早期に父子関係を確定して身分関係の法的安定性を保持することに係る要請との調和を図る一つの妥協点であるということができる」ことから，否認権の行使主体を夫に限る本件各規定の合理性を否定することはできず，立法目的と区別の間に合理的関連性が認められない場合に該当しないとする。

しかし，⑧に関しては，夫が否認権を行使し，子と夫との父子関係が否定された場合，生物学上の父の認知が受けられず，法律上の父子関係が成立しない結果となることがありうる。誰が否認権を行使しても同じ事態が生じうるにもかかわらず，妻の否認権行使の場合についてのみ，これを問題にする。また，⑩に関しては，成長後に子が否認権を行使するとすれば，それは家庭の平和や父子の関係性が破綻しており，夫を法律上の父とすることに子が納得がいかない場合であろう。子はアイデンティティという人格的利益を求めているのかもしれない。否認を求める子の意思を尊重するとともに，出訴期間を限定することにより，法的安定性を保持することは可能である。判旨はこうした検討をしないまま，法的安定の重視という理由づけて父の意思を優先させる。

(4) 大阪高裁判決（平30〔2018〕・ 8 ・30未公表）

控訴審判決は，原審の理由に変更を加える。

（ⅰ）原審⑦の部分を改め，⑫「夫と子との間に生物学上の父子関係が認められないことが科学的証拠により明らかであり，かつ，夫と妻が既に離婚して別居し，子が親権者である妻の下で監護されているという事情があっても，子の身分関係の法的安定を保持する必要が当然になくなるものではないと解されることからすれば，早期に父子関係を確定して身分関係の法的安定を保持することに係る利益と生物学上の父との間の父子関係と法律上の父子関係とを一致させることに係る利益（嫡出否認に係る利益）とでは，前者が優位な関係に立つとみるべきである」とする。

この部分は，外観説に例外を設けないことを述べた前掲最判平26・ 7 ・17の法廷意見の引用であり，実際に誰と共同生活をしているかの実態よりも，身分関係の法的安定を根拠とする姿勢を一層明確にした。

（ⅱ）原審⑧⑨の部分を改め，⑬夫に否認権が付与される理由を，夫が父子関係の当事者であり，父として扶養義務を負い，子が自己の相続人の地位におかれるなど直接の法的権利義務関係が生じる立場であるからとし，否認によって直接

〈シリーズ（1）〉　夫のみの嫡出否認権規定を合憲とした2つの裁判〔二宮周平〕

的な利益があるのに対して，妻は父子関係の当事者ではなく，嫡出推定により直接の法的権利義務関係が生じるものではなく，妻に生物学上の父との間で子について共同親権者となる利益があるとしても，自らが子の親権者となって夫と離婚し，生物学上の父と婚姻し，子に養子縁組をさせるという形でも達成することができる（原審⑦の後半部分と同じ）とする。さらに，原審③④を用いて，⑭「夫は，妻が他の男と性交渉を持ち，懐胎することを事実上阻止しえないのに対し，妻は，懐胎の時期を選択することによってこれを管理することができる」ことを指摘した上で，⑮「早期に父子関係を確定して子の身分関係の安定を図るという嫡出推定の制度趣旨の下で，限定的，謙抑的に嫡出否認権の行使を考えるとすれば，夫と妻でみる限り，嫡出否認権を夫にのみ認めるという区別には，直接の法的権利義務関係の有無，夫以外の生物学上の父を生じさせる機会の管理の可能性の有無という点で，一応の合理性があるというべきである」とする。

子の否認権については，⑯「子は，出生直後及び主に未成熟子の期間は，専ら養育の対象であるから，子に嫡出否認によって直接の法的義務を免れる利益は通常は考えられない」とし，成長後の否認権行使については，原審⑩と同じ見解を示し，⑰「直接の法的権利義務関係の有無，身分関係の法的安定の利益との衝突の広狭という点で，嫡出否認権を父にのみ認めるという区別に一応の合理性があるということができる」とする。

控訴審も原審同様，生物学上の父との間の法律上の父子関係を築くことによる子や妻の利益を，法制度の在り方を検討する上で考慮すべき利益とするが，妻や子に嫡出否認権を認めるかどうかは，国の立法裁量に委ねられるとする。

控訴審は，原審が妻や子に否認権を否定する最大の根拠となった⑧（否認後の親子関係形成の可能性）にはふれず，私見のような批判をかわし，法的権利義務の発生という論理を持ち出し，⑬妻には権利義務が生じないこと，⑯未成熟子の場合は養育を受けるのみで，義務は生じないことを，夫＝父のみの否認権の合理性の根拠とした。法律上の親子関係は単に権利義務の有無だけではなく，子のアイデンティティに関わる(13)。控訴審も原審同様，このことへの視点が欠けている。また，控訴審は，原審③に相当する⑭懐胎時期の選択・管理を合理性の根拠に用いることによって，妻に対する行為規範性をより強化している。これらの価値判

---

(13) 婚外子の母子関係は，分娩の事実によって当然に発生するとした最判昭37〔1962〕・4・27民集16巻7号1247頁の事案は，他人夫婦の実子として戸籍記載されている子Ａが，成人になり社会的地位を得た後で，「妾の子」と言われることを嫌い，長年養育してくれた実母Ｂを親として否定するようになったため，ＢからＡに対して親子関係存在確認を求めたものである。親にとっても子との関係は親のアイデンティティに関わる面がある。

断を支える根拠が，血縁の有無にかかわらず，子の法的地位の安定を優先する⑫の論理である。したがって，子のアイデンティティの確保を合理性判断の要素にする必要性が認識されない。原審も控訴審も原告の提起した問題には応えていない。

2　東京ケース

（1）事実の概要

AはZと婚姻し，子を2人もうけたが，第2子出生の前にZと別居し，翌年，住民票も現住所に移動した。その後，AはBと知り合い，1年後，AとBは同居した。妊娠を契機に，Aは署名押印した協議離婚届書をZに郵送したが，Zからの返信が遅れた間に，AはCを出産した。A・BはCの出生届をしようとしたが，戸籍係から，出生届をすると，Zを父とする戸籍記載がされることを聞いて，届出を断念した。出産から10日後，Zからの返信があり，翌日，離婚の届出をし，2か月後，AとBは婚姻届をしようとしたが，再婚禁止期間内だため，受理されなかった。6日後，CはBに対して認知の訴えを起こし，調停，合意に相当する審判を経て，CはBの子であることが確定した。再婚禁止期間を経過したことから，A・BはBの氏を夫婦の氏とする婚姻届をし，次にCの氏を母＝夫の氏Bに変更する許可を得た上で，Cの出生届をし，Bを父，Aを母とする戸籍の記載がなされた。

（2）問題点の整理

本件は，妻が別居から2年半後に懐胎した事案なので，判例の外観説の適用を受ける可能性が高いが，1の神戸ケース同様，前夫を相手方とすることへの躊躇があったのか，離婚後の強制認知という別の手段を用いて，血縁の父を法律上の父にした。もし妻に嫡出否認権が認められていれば，否認権を行使し，前夫との父子関係を消滅させれば，BがCを認知し，Cの出生届をすることができ，Cの出生から11か月間の無戸籍状態を回避することができた。裁判所は，この問題にどう向き合ったのだろうか。

また，本件では，原告が，妻については，誰と家庭生活を営み，誰と子を育てていくのかという家族を形成し，維持する自由があり，これは家族の在り方を決める自由や家族の形成・維持に関わる事柄として，幸福追求権の一内容をなす自己決定権として憲法13条1項，個人の尊厳を定める憲法24条2項によって保障されると主張し，子については，子が自らの判断で自己の出自を知ること，出生と同時に登録され，安定した親子関係のもとで養育されることは，子の人格的生存

に不可欠の権利であり，子の父を求める権利は，個人のアイデンティティや家族の在り方，家族の形成・維持に関する権利として，憲法13条ないし24条2項に基づき保障されると主張した。この論点は1の神戸ケースでも主張されていたが，本件ではより詳細，明確に主張されたことから，裁判所がこの主張にどう応えるかも問われた。

(3) 東京地裁判決（平30〔2018〕・3・13未公表）

嫡出否認権を夫のみに限っている現行規定について，憲法13条，14条1項，24条2項に違反しないと判断した。

(ⅰ) 母（妻）の人格的利益　①「嫡出否認に関する母（妻）の人格権の内容は，憲法上一義的に捉えられるべきものではなく，憲法の趣旨を踏まえつつ定められる法制度をまって初めて具体的に捉えられるものである」。②嫡出推定，否認制度は，法律上の父子関係を規律する制度であり，この法制度について母は間接的，付随的な影響を受ける立場にあるにすぎず，嫡出を否認する母（妻）の権利が，憲法上の権利として保障される人格権の一内容であるとはいえない。③母に否認権がないために，否認権者が協力的でない場合には，生物学上の父と子との間の法律上の関係を構築し，これを戸籍に反映させ，父と共に共同親権を行使しあるいは子の養育をし，家族で生活を送ることができなくなるという不利益を被る場合が増加していることは，無戸籍児問題にも現れているところであり，こうした母の利益等は，「嫡出推定制度の構築に当たって憲法24条2項の定める立法裁量の範囲を画する上で考慮すべき余地がないというまでいうことはできない」。

妻の家族形成の自己決定権という主張に対して，③である程度対応したが，あくまでも立法裁量の1つの事由にとどまる。それは②で憲法上の権利とせず，①で法制度で具体化されるものと捉えているからである。夫婦同氏強制制度を違憲とはいえないとした最大判平27〔2015〕・12・16民集69巻8号2586頁と同様の捉え方である。

(ⅱ) 夫のみの否認権の合理性　④父子関係を早期に確定させることにより，身分関係の法的安定を保持する上で合理性を有するものである以上，具体的な制度内容については，立法府の合理的な裁量に委ねられている。⑤嫡出否認権を夫のみに与えることは，夫が父子関係の当事者であることから，個人の尊厳と両性の本質的平等の要請に照らして合理性を欠くとまでいうことはできない。⑥民法774条を違憲としても，それだけでは否認権が誰に与えられるのかが決まるわけではなく，否認権を妻（母）や子に与えることは立法によってのみ可能である。

⑦本件のような事案では親子関係不存在確認の訴えをもって夫と子との間の父子関係の存否を争うことができる。

判旨は，以上を指摘して，夫のみに限定しているからといって，立法裁量の範囲を超えるものとして憲法24条2項に違反するということはできないとする。しかし，⑥は否認権を妻と子に認める解釈論を展開すれば，克服可能である[14]。⑦で解決できない場合もあることの問題性に対しては，前掲平26・7・17の判旨をあげるにとどまる。すべての理由づけが④に起因する。

（ⅲ）子の人格的利益　⑧「嫡出否認に関する子の人格権の内容は，憲法上一義的に捉えられるべきものではなく，憲法の趣旨を踏まえつつ定められる法制度をまって初めて具体的に捉えられるものである」。⑨法律上の父子関係は，子の意思に基づいて創設されるものではなく，嫡出推定や認知など具体的な法制度の中において創設されるものであり，「嫡出を否認すべき子の権利」が憲法上の権利として保障される人格権の一内容であるとはいえないから，民法774条は憲法13条に違反するものではない。

判旨は，父子関係の当事者である子に否認権を認めないことの根拠として⑧⑨をあげ，子に否認権がない結果生じる問題については，③を繰り返し，立法裁量の問題とする。

（4）東京高裁判決（平30〔2018〕・9・27未公表）

控訴審は原審に字句修正をしただけで，原審の理由づけをそのまま踏襲し，控訴人の請求を否定した。控訴人は補充主張をしており，控訴審はこれに応接した。

補充主張は以下のとおりである。a 家族制度は法律により具体化されるものであるとしても，憲法24条2項の規定に照らすと，憲法上の利益が法律上の制度内容に優先する。嫡出否認を過剰に制限することにより嫡出推定を固定化させ，当事者が望む安定した家族関係の形成・維持を阻害していることから，控訴人A（妻）とC（子）の憲法上の人格的利益及び平等権を著しく侵害する。b 父子関係は個人のアイデンティティの根幹を成す極めて身近で重要な法律関係であり，嫡出否認制度の厳格性を回避するためには，民法772条に対する例外規定が明文で定められなければならないが，条文上は例外がなく，判例法理や通達に基づく

---

(14) 例えば，日本人父と外国人母の婚外子は父の認知だけでは日本国籍を取得できず，父母の婚姻を要件とする旧国籍法3条1項の合憲性が問われた事案で，最大判平20〔2008〕・6・24民集62巻6号1367頁は，同項を違憲とするだけではなく，法務大臣宛の国籍取得届を提出したことによって上告人の日本国籍取得まで認めた。嫡出否認についても，家族関係の当事者である妻と子に限定して否認権の行使を認めることは可能である。

〈シリーズ（1）〉　夫のみの嫡出否認権規定を合憲とした2つの裁判〔二宮周平〕

解釈・運用によって例外が認められているにすぎず、家事分野に精通した法律家の支援がなければ、必要な手続を実現することは極めて困難であり、その結果、多数の無戸籍者を生じさせており、解釈による対応の限界を超えている。

妻については、c否認権を夫のみに与え、法律上の父子関係の構築を夫のみの意思に委ねることは、家族を構成し、かつ、子の父が誰かを最もよく知る妻の意思を全く無視するものであり、妻の人格的利益が著しく侵害されている。d否認権を夫のみに認めた立法目的は、第三者の介入を防いで家庭の平和を守る点に限れば、合理性が認められるが、そのような立法目的と、否認権を妻に与えないとすることには合理的な関連性が認められない。

子については、e最判平26・7・17の金築裁判官の反対意見は、法的な父子関係の存否が夫のみによって決まることの問題を指摘するものであり、きわめて重要である。f子を権利主体として位置付け、子の利益を優先する立法がされており、社会意識の変化が法意識の変化にも表れていることから、父子関係についても、子の利益を子自身が守る仕組みを構築することが求められている。g子は父子関係の当事者であり、d同様、第三者の介入を防ぐ家庭の平和を守るために、子の否認権を認めない理由はない。h子が生物学上の父と暮らしている場合にも、生物学上の父を法律上の父とすることができない事態が生じてしまい、父と子の間に明らかな不平等をもたらしている。

控訴審はbに対して次のように述べる。⑩嫡出子ないし法律上の父子関係に関する具体的な法制度をどのような内容のものにするかは、憲法上一義的に定まっているわけではなく、憲法24条2項に基づく合理的な立法裁量に委ねられているから、嫡出推定につき例外を定める規定を設けないという立法不作為が、2015年当時において合理的な立法裁量を逸脱するものとはいえない。

cdに対して、⑪子の身分関係の法的安定を保持するという嫡出推定制度ないし嫡出否認制度の目的の合理性は肯定され、否認の対象となる嫡出性（父子関係）は夫と子との間の法律関係であることをも考慮すると、憲法があらゆる場合に又は特定の場合に、妻に否認権を与えるよう国会に対して一義的に命じているものと解することはできず、国会ないし政治部門を中心として幅広く議論されることが相応しいものということができる。

efghに対して、⑫子の福祉の実現に資するかどうかの観点のほか、子の否認権行使の要否等を判断すべき場合には、判断能力を備える年齢に達するまでの期間と身分関係の早期確定の要請との関係に係る問題が生じ、他方で子の法定代理人（ないし特別代理人）において否認権行使に係る判断をすべき場合には、その行使の是非に係る要件ないし行為規範をどのように考えるかなどの困難な問題

も生じる。⑬否認の対象となる嫡出性は夫と子の間の法律関係であることを考慮しても，⑪が妥当する。現行法において子に否認権が認められていないことが合理的な立法裁量を逸脱するものとはいえず，憲法上保障される利益が侵害されたものということはできない。

なお，bの指摘，無戸籍者が生じる点について，控訴審は，「国会ないし政治部門を中心として様々な議論や検討が行われているところ，これによっても，無戸籍者が発生する事情には様々なものがあり，その原因は複合的なものであることがうかがわれ，その対策の必要性等があるとの指摘はされているものの，その対策や見直しの方向性等について国会ないし政治部門における議論や検討は固まっているとはいえない状況である」として，判断を回避した。

控訴審は，無戸籍者の問題や妻と子の人格的利益について認識を示したものの，これらを立法裁量の問題として，国会ないし政治部門における議論に委ねている。その姿勢は原審よりも顕著である。

V　検討——比較の視点

1　4つの判決の問題点

以上のように，4つの裁判所は，夫のみの嫡出否認権に合理性を認め，妻や子に否認権を付与するかどうかは立法裁量の問題とした。判旨の組立てを再整理する。

第1に，子の身分関係の法的安定を重視する。「夫と子との間に生物学上の父子関係が認められないことが科学的証拠により明らかであり，かつ，夫と妻が既に離婚して別居し，子が親権者である妻の下で監護されているという事情があっても，子の身分関係の法的安定を保持する必要が当然になくなるものではないと解されることからすれば，早期に父子関係を確定して身分関係の法的安定を保持することに係る利益と生物学上の父との間の父子関係と法律上の父子関係とを一致させることに係る利益（嫡出否認に係る利益）とでは，前者が優位な関係に立つとみるべきである」とする（1（4）大阪高裁⑫）。

第2に，夫にのみ否認権を認めることの合理性として，父子関係の当事者であることを挙げる（2（3）東京地裁⑤）。夫が父子関係の当事者であり，父として扶養義務を負い，子が自己の相続人の地位に置かれるなど直接の法的権利義務関係が生じる立場であるから，否認によって直接的な利益があるとする（1（4）大阪高裁⑬）。

第2の補強として，否認権の防御的機能を挙げる。「夫は，妻が他の男と性交

〈シリーズ（1）〉　夫のみの嫡出否認権規定を合憲とした2つの裁判〔二宮周平〕

渉を持ち，懐胎することを，事実上，阻止し得ないから，妻が他の男との性交渉により懐胎・出産した子について，嫡出否認により，父子関係の当事者となることを防止する利益がある」とする（1（3）神戸地裁④）。

　第3に，妻に否認権を認めない根拠として，a 妻は父子関係の当事者ではなく，嫡出推定により直接の法的権利義務関係が生じるものではなく（1（4）大阪高裁⑬），嫡出推定，否認制度は，法律上の父子関係を規律する制度であり，この法制度について母は間接的，付随的な影響を受ける立場にあるにすぎないこと（2（3）東京地裁②），b 子の親権者となって夫と離婚し，生物学上の父と婚姻し，子に養子縁組をさせれば，妻は生物学上の父と共同親権者になることができ，不利益を減らすことできること（1（4）大阪高裁⑬），c 妻は，懐胎の時期を選択することによって，夫以外の生物学上の父を生じさせる機会を管理することができること（1（3）神戸地裁③，1（4）大阪高裁⑭⑮）を挙げる。

　第4に，子に否認権を認めない根拠として，a 子の成長後に否認権を認めれば，それまで生じた法律関係が覆され，身分関係の法的安定を害するおそれがあること（1（3）神戸地裁⑩），b 子は，出生直後及び主に未成熟子の期間は，専ら養育の対象であるから，子に嫡出否認によって直接の法的義務を免れる利益は通常は考えられないこと（2（4）大阪高裁⑯），c 子の否認権行使の要否等を判断すべき場合には，判断能力を備える年齢に達するまでの期間と身分関係の早期確定の要請との関係に係る問題が生じ，他方で子の法定代理人（ないし特別代理人）において否認権行使に係る判断をすべき場合には，その行使の是非に係る要件ないし行為規範をどのように考えるかなどの困難な問題も生じること（2（4）東京高裁⑫）を挙げる。

　第5に，嫡出否認権を妻や子に認めるためには，具体的な法制度が必要であることを挙げる。嫡出否認権は，「法制度をまって初めて具体化される権利」であり，「嫡出否認に係る子や妻の利益が，具体的な法制度を離れて，憲法上の権利として各人に保障されているとまで解することはできない」（1（3）神戸地裁①），「嫡出否認に関する母（妻），子の人格権の内容は，憲法上一義的に捉えられるべきものではなく，憲法の趣旨を踏まえつつ定められる法制度をまって初めて具体的に捉えられるものである」（2（3）東京地裁①⑧）とする。

　第5と表裏の関係にあるが，嫡出を否認する妻（母），子の権利は憲法上の権利として保障される人格権の一内容であるとはいえないとする（2（3）東京地裁②⑨）。

　こうして裁判所は違憲判断を回避し，立法裁量の問題として，国会および政治部門の議論に委ねた。2（4）東京高裁⑪は，憲法があらゆる場合に又は特定の

場合に，妻や子に否認権を与えるよう国会に対して一義的に命じているものと解することはできず，国会ないし政治部門を中心として幅広く議論されることが相応しいものということができるとする。

　私見は，妻に嫡出否認権を認める理由として，誰と子育てをしていくかという母としての生き方，幸福追求に関わることを挙げた。子に認める理由して，夫と妻の間に父母としての共同性がない場合には，血縁上の父を法律上の父として確保することが，子の養育環境を安定化させ，アイデンティティという人格的利益を保障することを挙げた。しかし，これら4つの判決は，身分関係の法的安定を強調し，これらの人格的利益を憲法上保障される人格権とは認めなかった。妻や子の否認権は具体的な法制度によって実現されるべきとすることは，法改正まではこうした人格的利益を保障する必要はないというに等しい。神戸ケースも東京ケースも妻（母）と子の人格的利益は放置されたままだった。こうした事態に歯止めをかけ，立法を促すためには，違憲立法審査権を行使する必要があるのではないだろうか。

　ドイツと韓国には憲法裁判所がある。前者は子に嫡出否認権を認めない当時のドイツ民法を違憲と判断し，後者は離婚後300日以内出生を婚姻中懐胎と推定する規定を憲法不合致と判断した。その論理，理由づけは，日本の解釈にも参考になるものと考える。

2　ドイツ

　血縁上の父との関係は，子のアイデンティティの確立にとっても重要である。子による嫡出否認権の行使を制限していた当時のドイツ民法について，ドイツ連邦憲法裁判所1989年1月31日判決は，「出自は個人の属性を示すメルクマールとして，人格の構成要素を成し，出自を知ることは，それが生物学的に何を教え得るかということとは無関係に，自己の個性の理解と展開とにとって重要な手がかりを与える。だから，人格権には自分の出自を知ることも含まれる。出自が解明されず，人格の発展が出自を知らずになされなければならない例もあることは，この妨げにはならない」と述べ，ドイツ連邦憲法裁判所1994年4月26日判決は，「出自についての知識は，家族関係の理解および自己の人格の発展にとっての重要な手掛かりを提供しうるものである。自分の出自を明らかにできない，ということは，個人にとって著しい負担となり，平穏を失わせることもありうる。だから，一般的人格権には，みずからの出自を知る権利も含まれるといわなければならない」と述べる[15]。この違憲判決を受けて，1997年法改正により制限は撤廃された。

〈シリーズ（1）〉　夫のみの嫡出否認権規定を合憲とした2つの裁判〔二宮周平〕

　日本でも，こうしたドイツの判例について，出自を知る権利がアイデンティティを確立し人格を形成していく上で重要な役割を果たすという認識から，一般的人格権の一要素として憲法上保障されるとしたものと捉え，日本法においても，人格的生存にとって必要不可欠ないし重要な権利であることから，憲法13条後段を根拠に保障される権利と解することができるとする学説(16)，子が父を知る権利や親子関係の確定を求める権利は，憲法13条から導き出せるのではないかと指摘し，子にとって父子関係の確定は将来にわたる重大事であることから，否認権が子に認められないことは，憲法13条の個人の尊重原則に抵触するとし，また否認権が妻に認められないことは，夫婦同権を定める憲法24条1項，14条1項にも抵触するとする学説がある(17)。

　前掲最判平26・7・17の櫻井龍子裁判官の補足意見は，「子が成長した後，自らの判断で自己の出自を知りたいと願い，あるいは生物学上の父との間での法律上の関係の設定を望んだ場合に，それを実現する方法がないこと」について疑問を呈し，山浦善樹裁判官の補足意見も，立法論として，「子が，充分に成長して適切な判断力を備えて自己決定権を行使できるようになった後に，自ら父子関係を訴訟において争う機会を設けるということも考えられる」とする。子の出自を知る権利とその行使に言及したこれら補足意見は，出自を知ることが人格に関わるもので，人格的生存に不可欠の権利であることを前提にしているものと考えられる。これを立法論にとどめるか，ドイツの判例のように違憲の判断基準として用いるか，人格権の有する価値に対する論者の認識が問われている。

3　韓　　国

　韓国民法は日本民法と同様，妻が婚姻中に懐胎した子を夫の子と推定し（親生推定という），「婚姻成立の日から200日後又は婚姻関係終了の日から300日以内に生まれた子は，婚姻中に懐胎したものと推定する」と定める（韓国民法844条）。他方，2005年の法改正により，妻にも否認権が認められ（同846条），かつ否認の訴えの出訴期間について，否認の事由を知った日から2年とされた（同847条）。2015年4月30日，韓国憲法裁判所は，韓国民法844条2項の規定の内，「婚姻関係終了の日から300日以内に生まれた子」について，憲法不合致決定をした(18)。

---

(15) 海老原明夫「自己の出自を知る権利と嫡出否認——ドイツ連邦憲法裁判所の判決と親子法の改正」法学協会雑誌115巻3号（1998年）358，367頁。
(16) 所彩子「『AID児の自己の出自を知る権利』について——憲法上の権利と構成する必要性」法政法学25号（2000年）91頁。
(17) 辻村みよ子『憲法と家族』（日本加除出版，2016年）306，318頁。

本決定は，本件規定により制限される基本権として，次のことをあげる。「すべての国民は，人格権を基礎として，自らの生活領域を形成する権利を有し，血統に立脚した家族関係の形成は，個人の人格を発現するための自立領域を保障するのに重要な要素である」とし，婚姻終了後300日以内出生子について，例外なく前夫の子と推定し，これを否認するためには親生否認の訴えを提起しなければならないとする本件規定は，「血縁に基づいて家族関係を形成しようとしている申立人の人格権及び幸福追求権を制限するものである」とする。さらに憲法36条1項が，個人の自律的な意思及び両性の平等に基づいた婚姻及び家族生活の自由な形成を国が保障することを規定していることを示し，本件規定は，「真実の血縁関係と合致せず，当事者が望んでもいない親子関係を強いるものであるから，個人の尊厳と両性の平等に基づいた婚姻及び家族生活に関する基本権を侵害する」とする。

続いて，厳格な要件の下で認められる親生否認の訴えの提起の負担を国民に負わせるためには，親生推定の規定がどの程度合理的なものであるかを検討しなければならず，「訴訟を通じて親生否認をすることができるということだけで，親生推定の非合理生が治癒されると解することは困難である」とし，「親生推定の基準が過度に不合理なものであり，また，それから脱するための方法が過度に制限されたものであるために，真実の血縁関係に反する親子関係を強いるものとなるのであれば，それは，立法形成の限界を逸脱するものとして，違憲といわざるを得ない」とする。

すなわち，血縁に基づいて家族関係を形成することを，人格権及び幸福追求権の問題として位置づけ，個人の尊厳と両性の平等に基づいた婚姻及び家族生活に関する基本権とすることから，親生推定の基準を検討し，否認の訴えが過剰な負担になっていないかどうかを検討するのである。母には人格権及び幸福追求権，婚姻及び家族生活に関する基本権があることから，本決定は，「真実の血縁関係と合致せず，当事者が望んでもいない親子関係を強いる」こと，否認の訴の提起を強いられることを，「家族成員が被る深刻な不利益」と捉え，解決策を講じないことを「立法形成の限界を超えるもの」とし，母の有する上記2つの権利の侵

---

(18) ただし，本件規定を違憲無効とすると，子が夫の親生子であることが明らかな場合にも，親生推定が消滅し，子の法的地位に空白が生じること，違憲状態の修正は立法者の裁量に属する問題であることから，本件規定について憲法不合致決定を宣告するが，立法者による改善立法がなされるまでの継続適用を命じた。判旨の紹介として，金亮完「韓国民法嫡出推定規定の一部についての憲法不合致決定──『婚姻終了後300日以内に出生した子』の違憲性」戸籍時報727号（2015年）9-14頁，金成恩「韓国憲法裁判所に憲法不合致判決と嫡出否認権・嫡出推定に関する法改正」本誌197頁。

〈シリーズ（1）〉　夫のみの嫡出否認権規定を合憲とした2つの裁判〔二宮周平〕

害と判断することができた。

これに対して，日本国憲法24条2項は，「家族に関するその他の自己に関しては，個人の尊厳と両性の本質的平等に立脚して制定されなければならない」とし，13条には幸福追求権が明記されている。これらを手がかりに韓国のような基本権を導くことができないだろうか。憲法学と家族法学の協働が求められる。

おわりに

親子法改正については，いくつか提案がなされている[19]。それらは妻と子に嫡出否認権を保障するものである。2018年6月，自民党政務調査会は，無戸籍者問題は，人間の尊厳に関わる重大な社会問題と指摘し，a 嫡出推定制度の問題点の整理と見直しの方向性の検討，b 嫡出否認権の提訴権者を子や母に拡大することの検討を提言した。7月，公明党は，c 民法772条1項に例外規定を設ける民法改正とbの検討を提言をした。10月，嫡出推定の見直しに向け，法務省が有識者らで作る研究会が発足した。4つの判決が示唆した立法府での検討が開始する。

無戸籍者を生じさせないためのポイントは2つである。①婚内子の父子関係について，婚姻中に妻が分娩した子は，夫を父とする規定に改める。離婚して再婚した後に子が出生すれば，現夫の子となり，再婚していなければ，父のない子なので，血縁上の父から認知することができる。②嫡出否認権を妻と子に拡大する。婚姻中に生まれた子は，①により夫が父となるが，妻から否認の訴えを起こすことができる。DNA鑑定（夫が協力しない場合には，特例として子の血縁上の父との鑑定を認める）をすれば，夫が父でないことが判明するので，短時間で判決が出る。DV被害者にとって訴訟は負担かもしれないが，夫と子の父子関係を否認する権利が自分にあるかどうかは，大きな違いだと思われる。

---

(19) 民法改正研究会家族法作業部会「家族法改正 ── 婚姻・親子法を中心に」ジュリスト384号（2009年）22頁以下，家族法改正研究会「家族法改正 ── その課題と立法提案」家族〈社会と法〉33号（2017年）23頁以下

〈シリーズ（1）〉

韓国憲法裁判所の憲法不合致決定と嫡出否認権・嫡出推定に関する法改正

金　成　恩

Ⅰ　はじめに
Ⅱ　韓国の嫡出否認制度
Ⅲ　韓国の嫡出推定制度
Ⅳ　終わりに

Ⅰ　はじめに

　韓国の親族法は，植民地時代に日本の明治民法の影響を受けて制定されたものであったため，親子関係法においても日本と類似する部分が依然として多く存在している。その一方，合計7回の改正により，日本の親子関係法と異なる規定も置かれるようになってきている。韓国の家族法は，1958年2月2日に制定され，1960年1月1日から施行された後，1977年改正にはじまり1990年，2005年，2007年，2011年，2012年に，改正が行われた。さらに，2017年10月31日に改正が行われ，翌年2月1日から施行されている。
　親族法改正は，子の権利保護・福祉の重視，父母の平等，人間の尊厳などといった視点から，韓国社会の変化した家族関係を反映したものである。そして，それらの改正の背景には，憲法裁判所から違憲判決または憲法不合致の決定を受けたケースが少なくない。とりわけ，嫡出否認・推定制度をめぐって行われた2005年及び2017年の改正は，憲法裁判所の憲法不合致決定が決定的な役割を果した。韓国親子関係法における父子関係の成立に関しては，日本の親子関係法と同様に嫡出子（韓国語の表記は，「親生子」）推定制度と認知制度を設けており，前者は嫡出子について，後者は嫡出でない子についてのものである。上記の二つの改正前の嫡出推定と嫡出否認の訴えに関する規定は，日本民法第772条，775条，777条と同様に「婚姻成立の日から200日後又は婚姻関係終了の日から300日内に出生した子は，婚姻中に懐胎したものと推定する（旧844条）」と，「嫡出否認の訴えは，夫が，子又は親権者である母を相手として，子の出生を知った時から1年以内に提起しなければならない（旧847条1項）」と定めていた。しかし，1997年と2015年に，憲法裁判所は，それぞれ「子の出生をした日から1年以内」といった嫡出

否認の訴えの出訴期間と,「婚姻関係終了の日から300日内に出生した子」の部分について,憲法不合致決定をした。その後,各々の憲法不合致決定の趣旨を反映し,2005年と2017年に法改正が行われた。

本稿では,韓国の嫡出否認・嫡出推定をめぐる憲法裁判所の憲法不合致決定の内容,改正の経緯及び,改正前後の議論を中心に整理し,今後の親子関係法をめぐる日本の議論において参考資料として一助としたい。

Ⅱ 韓国の嫡出否認制度

1997年,憲法裁判所は,旧民法847条第1項の規定のうち,「その出生を知った日から1年内に」といった出訴期間について,夫の嫡出否認の機会を極端に制限するものであり,夫の人格権,人間の尊厳と価値及び幸福追求権及び両性平等に基礎する婚姻と家族生活に関する基本権を侵害するものとして,憲法不合致決定をした。その後,上記の決定をうけ,2005年に出訴期間とともに出訴権者について民法改正が行われた。

1 旧847条1項に対する憲法不合致決定

(1) 事件概要

XとYは1992年4月に婚姻申告をし,1992年12月にAを出産した。しかしXは1994年8月に,Aが自身の実子ではないとの理由でソウル家庭裁判所に嫡出否認の訴えを提起した。合わせてXは,民法第847条第1項が嫡出否認の訴えの出訴期間を「その出生を知った日から1年以内」と規定しているのは憲法上の基本権を侵害しており違憲であるという理由で,ソウル家庭裁判所に上記の法律条項に対する違憲審判の提請を申請したが,上記の裁判所は1995年6月22日,上記の申請を受け入れて上記の法律条項に対する違憲審判の提請を決定し[1],この決定は1995年7月,憲法裁判所に接受された。

(2) 決定の要旨
1) 出訴期間に関する立法裁量とその限界

嫡出否認の訴えに関して,どの程度の出訴期間を置くのかという問題は,夫だけでなく子と母および家族の法的地位と関係するので法律的な親子関係を真実に合致させようとする夫の利益と親子関係の迅速な確定を通じて法的安定を求めようとする子の利益を,どのようにその社会の実情と伝統的観念に合致するように調和させるのかに関する問題は,利害関係人の基本権的地位と婚姻および家族生

活に関する憲法的判断を考慮して決めるべき問題であり，原則的に立法権者の裁量に任されているといえる。

ところで民法第844条によって認められている嫡出推定の効力は，法律で認める他の推定に比べて非常に強力なものであるので，嫡出子と推定される限り，生みの父が婚姻外の出生子として認知をすることや，子が生みの父を相手に認知を請求することの双方ともが許容されておらず，ひとまず出訴期間が経過した場合には後にその推定が真実に反するものだということが明白になったとしても，その推定を覆すことは許されない。

その結果，親子関係をそれ以上争うことができなくなった夫としては，真実に反する親子関係をその意思に反して強要されることになるという点で，人間の尊厳と価値，幸福追求権を保障している憲法第10条や，婚姻と家族生活の保護を規定している憲法第36条に違反する素地があるのである。

したがって，嫡出否認の訴えについての出訴期間をどの程度にするのかは重要な問題であり，原則的にそれが立法裁量に属するにしても，その出訴期間そのものが，過度に短期間であったり不合理であって，夫が自分の子が実子であるか否かについての確信も持てないうちにその出訴期間が経過してしまうことによって，嫡出を否認しようとする夫をして出訴を著しく困難にせしめたり，事実上不可能にさせて，真実の血縁関係に反する親子関係を否認できる機会を極端に制限するものであるならば，これは立法裁量の限界を越えるものであり，違憲と言わざるをえない。

2）民法第847条第1項の違憲可否

一般的に親子関係の存否に関しては，特別な事情や何らかの契機がなければ，親子関係が存在しないということを知ることが困難であったり，それを疑わない

＊読者の便宜を考慮し，和訳を添える。
（1）提請裁判所の提請決定理由の要旨：民法第847条第1項は，民法第844条の嫡出推定を受けている子に対する嫡出否認の訴えの出訴期間を「その出生を知った日から1年以内」と規定して，きわめて短期間として定めているが，これは日本を除いた他のどの国の立法例からもその類例を見いだせないほど極めて短期間であり，これによって夫が自分の子が実子であるか否かについての確信も持てないうちにその出訴期間が経過することになり，結果的に夫をして真実の血縁関係に反する親子関係を否認できる機会を極端に制限することになる。これは血縁に対する人間の普遍的な感情に反するだけでなく，真実の血縁関係に対する愛着が日本など外国と比較にならないほど強いわが国の民族の伝統的な観念にもはなはだ背馳しているものである。結局，民法第847条第1項が嫡出否認の訴えの出訴期間を極めて短期間と規定していることは，人間の尊厳と価値，幸福追求権を保障した憲法第10条と婚姻と家族生活の権利侵害禁止を保障した憲法第36条第1項に違反するものである。

ことが通例であるにもかかわらず，嫡出否認の訴えの出訴期間を定めることにおいて，夫が子との間に親子関係が存在しないということを知ったかどうかを全く考慮せず，ただ「出生を知った日から」とだけ規定しているので，夫にとって非常に不利な規定というべきであろう。

さらには「1年」という出訴期間そのものも，各種の事情に照らしてみる時，著しく短いものである。親子関係の存否は，特別な場合でなければ簡単に知ることが困難であるという属性に照らして，普通の場合，子の出生を知った日から1年という短期間の熟慮期間は短すぎて実質的に出訴の機会さえ与えないのと同然であろう。このような審判対象条項は，婚姻期間中は貞節が守られるという伝統的観念を背景にした規定だが，現代社会は女性の社会的活動の増加と価値観念の混沌および倫理意識の弛緩により伝統的観念に多くの変化が起こっており，また，出産過程も病院など専門機関で多くの子供たちが次々と産まれ続けていて，取り違えが起きる可能性も排除できない点など，社会的現実的環境も変わっており，真の親子関係が存在しない可能性が多くなっているため夫に嫡出否認権を付与する必要性はかえって増加している。その反面，わが国はどの国よりも血統を重要視し，血縁に格別の愛着を持つ伝統的慣習を維持している。これらの点などを総合的に考慮すれば，出訴できる期間を子の出生を知った日から1年と規定していることは短すぎるというべきであろう。結果的に，嫡出を否認しようとする夫をして，出訴を著しく困難にさせたり，事実上不可能にさせ，それによって真実の血縁関係に反する父子関係を否認できる機会を極端に制限しているものなので，立法裁量の範囲を逸脱しているものであり，次のような憲法上の基本権を侵害しているといえるであろう。

第一に，人間の尊厳と価値，幸福追求権を保障している憲法第10条に違反する。

嫡出否認の訴えの出訴期間を一律的に子の出生を知った日から1年と規定することによって，夫は子が実子であるのかどうかについての疑いも持たないうちにその出訴期間が経過してしまうので，結果的に夫をして血縁関係のない親子関係を否認できる機会を極端に制限せしめ，また，子の出生後1年を過ぎてはじめて彼の子でないことを知るようになった夫をして当事者の意思に反してまで嫡出否認権を喪失せしめるものである。これは人間が持つ普遍的感情にも反するだけでなく，自由な意思により親子関係を否認しようとする夫の家庭生活と身分関係において享受すべき人格権および幸福追求権を侵害しているのである。

第二に，婚姻と家族生活の権利侵害禁止を保障している憲法第36条第1項に違反する。

真実の血縁関係に合致せず，当事者が望んでもいない親子関係を否認する機会

を十分に与えず，嫡出否認権をきわめて短期間内に喪失させ，ひいては子に対する扶養義務をはじめとするその他の法的地位を維持し続けるように強要するのは，個人の尊厳と両性の平等に基づいた婚姻と家族生活に関する基本権を侵害するものである。

　3）憲法不合致決定とその不合致状態の除去方案

　民法第847条第1項について単純違憲宣言をするとすれば，嫡出否認の訴えの出訴期間の制限が一時的にまったく無くなる法的空白状態になり，これによって出生後相当期間が経過してすでに覆せない身分関係として利害関係者に受け入れられていた父子関係についても，改正立法が施行されるまではいつでももう一度再論することができるようになる。そのことによって，少なくない法的混乱を招く恐れがあるだけでなく，違憲的な規定に対して合憲的に調整する任務は原則的に立法者の形成裁量に属する事項であるから，我が国の裁判所は立法者がこの事件の審判対象条項を，少なくともこの決定で明らかにした違憲理由に合わせて新しく改正するまでは，裁判所その他の国家機関は民法第847条第1項のうち「その出生を知った日から1年以内」という部分をこれ以上適用・施行できないように中止するが，その形式的存続だけを暫定的に維持させるために，この事件の審判対象条項に対し単純違憲決定を宣告せず，憲法裁判所法第47条第2項本文の効力喪失を制限的に適用する変形違憲決定(2)としての憲法不合致決定を宣告するものである(3)。

　上記のような憲法不合致状態は一日も早く法改正を通じて除去されなければな

（2）変形決定とは，単純違憲決定や単純合憲決定とも異なる新たな形式の決定として，限定合憲決定，限定違憲決定，憲法不合致決定の3類型が採択されている。憲法裁判所は，法律の違憲可否を審査するにあたって，審判対象条項の違憲性が認められたとしても，憲法合致的な解釈の必要又は立法者の形成権の尊重，法的空白による混乱の防止などの理由で，審判対象条項に対する単純違憲決定をすることなく，限定された意味領域または適用領域が違憲であることを宣言したり，審判対象条項が憲法に合致しないことを宣言したりする，決定をしている。このような決定類型をいわゆる「変形決定」と称している（韓国憲法裁判所のホームページにより）。

（3）憲法裁判所の終局決定の類型は，①本案判断としての却下決定と，②本案判断としての違憲決定または合憲決定に，大別される。また，違憲決定には，単純違憲決定だけではなく，憲法不合致決定，限定合憲決定，限定違憲決定すべてが該当する。単純違憲決定とは，審判対象条項が違憲法律だと決定されると，決定の当日から審判対象条項の効力を喪失させることをいう。憲法不合致決定とは，審判対象条項が違憲だとしても，立法者の形成を尊重し，審判対象条項について単純違憲決定を宣告することなく，「憲法に合致しない」ことを宣言するにとどめる決定の形式である。該当法律は原則として違憲であるが，即時の無効化に伴う法の空白と社会的な混乱を避けるために，立法改正をするまでに一時的にその法を存続させる決定である。

らないものであり，不合致状態を除去するための各種の可能な方法のうちどれを選択するのかは立法権者の裁量に属すると言うべきだが，我が国の裁判所としては国会の広範囲な立法形成の自由を制約するためにではなく，先に判示した抽象的基準論による立法形成の現実的な困難を勘案して一応の準拠となる程度の事例を提示している。すなわち，スイス家族法では，嫡出否認の訴えは夫が子との間に親子関係が存在しないことを知ることになった時から1年以内にこれを提起できるが，ただしその場合にも子の出生後5年が経過すれば特別な事情がない限りこれを提起できないと規定しているものである。

　上記のような立法例は，原則的に夫が親子関係が存在しないということを知った時から，その出訴期間を計算することにより一応その夫に十分な熟慮期間を与えることでもって，夫の利益を十分に考慮しながらも，他方では出生後5年を経過した場合には訴えの提起を不可能にすることで，子の利益のために身分関係の早期確定を図るものであり，調和のとれた立法例だと思われる。

（3）個別の意見

　多数意見が改正法律のモデルとして提示しているスイスの家族法のように，自分の子の出生後5年が過ぎれば，子が実子でない事実をそれまでの間知らなかったとしても嫡出否認の訴えを提起できないように規定するならば，このような法律条項は，夫が子を継続して子と認定する意思がない場合，夫から自由な人格的決断を下すことができる実質的機会を剥奪し，裁判請求権を行使する機会を事実上まったく与えないことによって，結局夫をしてその意思に反して扶養義務と養育義務など重い義務を継続して負担せしめ，自らの血統でない子が家系を継ぐのを涙を呑んで甘受しなければならず，財産まで相続させなければならないという重大な苦痛を生涯受け続けるようにさせる。

　結局このような場合，夫は子の利益のための道具に過ぎず，夫の人格権は夫が受忍できないほど侵害されるのである。

　それだけでなく夫の帰責事由もなしに法律が親子関係を夫に強要することが，子の利益に合致するとも考えにくい。すでに自らの子と認める意思がない子のために，夫が父としての役割を忠実に果たすことは期待し難い。すなわち，子が上記のような苦痛に陥った夫から虐待を受けるのは火を見るより明らかなことである。そうであるがゆえに，法によって嫡出否認の訴えの道を遮断するよりも，子が自分自身の血統ではないことを知った時から2年内であれば，夫をしていつでも嫡出子否認の訴えを提起することができるように規定したドイツ法のように，その道を開き，嫡出否認による子の負担は第一次的に母と血統上の父を通じて調

整するようにさせ，第二次的には社会が各種の社会政策的対策を設けることによって解決するということが道理に合致していると考える。したがって衝突する利益の一方の当事者である夫に嫡出否認の訴えを提起する機会を与えない結果が生じる立法は，夫の一般的人格権と裁判請求権を深刻に制限する反面，——子の利益にも実際に合致するとばかりは思えない——子の地位の早急な確定にのみ偏ったものなので，過剰禁止原則の一つの要素である法益の均衡性の原則に違反する。

すなわち夫の血統でない子の地位は本来誤ったものであり，原則的に除去されなければならない，あってはならない，保護されることはできない地位である。それに反して，夫の地位は本来正当で原則的に保護され，救済されなければならない地位である。それにもかかわらず，夫の責任に帰することのできない一定期間が過ぎたからといって，子の利益のために夫に嫡出否認の訴えを提起する機会さえ与えないことによって，夫に上記で見たような重大な精神的苦痛と被害を受けさせるのは，本来除去されなければならない誤った地位を，原則的に保護され救済されなければならない正当な地位より過度に一方的に保護することであり，根本的に誤った法益刑量に基づいているものである。したがって子がその実子でないことを知らないまま一定期間が過ぎた場合にまで，嫡出否認の訴えを提起する機会を全く与えない立法は，過剰禁止の原則に背いており違憲であり，多数意見が主張するように決して調和のとれた立法だといえない。

(4) 反 対 意 見

憲法裁判所の決定の遡及効を原則的に認めているドイツの法制と，将来効を原則的に認めている我が国の法制とを混同して，ドイツの判例を無批判的に間違って受け入れた意見であるゆえに反対し，この事件の場合は憲法不合致決定ではなく，単純違憲決定をしなければならない。

2　第847条の改正の内容

上記の嫡出否認の出訴期間に対する憲法裁判所の憲法不合致決定を契機にして，出訴期間だけでなく，出訴権者についても民法改正が実現された。当初，政府から国会に提出された本来の改正案第847条においては，憲法裁判所の判示を踏まえ，否認の訴えは，夫または妻が他の一方を相手として，その事由のあることを知った時から1年以内，その子が出生した時から5年以内に提起しなければならないと規定して5年という絶対的出訴期間を置いていた。しかし5年の出訴期間が血縁の真実に反する不自然な父子関係の成立と維持を強制するという批判

が提起されて改正案から削除され,「事由のあることを知った日から1年と定められていた相対的出訴期間を2年に修正した(4)。
　その結果,旧847条1項,「嫡出否認の訴えは,夫が,子又は親権者である母を相手として,子の出生を知った時から1年以内に提起しなければならない」という規定が,2005年民法改正を通じて「嫡出否認の訴えは,夫または妻が他の一方または子を,その事由のあることを知った時から2年以内に提起しなければならない」になった。
　出訴期間1年だけが憲法不合致とされたにもかかわらず,妻にも否認権が認められたのは,改正の理由によると「今までの嫡出否認の訴えは,夫だけ提起することができるし,出訴期間も出生を知った日から1年以内に制限しているが,これは,血縁真実主義及び夫婦平等の理念に符合されないので,今後は夫だけではなく,妻も出訴することができるようにする」としている。

3　学説の動向

　2005年の法改正の前から,学説が出訴期間及び出訴権者に関して当時の現行法を批判していた。改正法の立法理由は,血縁真実主義及び夫婦平等の理念に符合されないとするのみだが,改正に導いた要因の一つとしてこうした学説の批判があったものと考える。以下,学説を紹介する。

(1) 出訴期間について

　改正前の出訴期間については,「子が自己の嫡出子ではないことを知った時から2年以内に」としているドイツ法のように,相対的な出訴期間を主張する見解(5)と,「嫡出否認の訴えは,夫が子との間に親子関係が存在しないことを知ることになった時から1年以内に提起できるが,子の出生後5年が経過すれば,提起することができない」としているスイス法のように,絶対的な出訴期間を主張する見解(6)に大別される。まず,前者は,上述の2の改正案が修正された理由を根拠にしている。後者は,事実上の生活関係,つまり社会的な親子関係を法的に保護し,子の福祉と家庭の平和に資するということを根拠にしている。

---

(4) 比較法の観点から見れば,憲法裁判所の判示のように,スイス民法は,事由があることを知った日から1年以内という相対的出訴期間以外に,子の出生を知った日から5年以内という絶対的出訴期間を設けているのに反して,ドイツ民法は事由があることを知った日から2年以内という相対的出訴期間だけを設けている。国会の審議過程で絶対的出訴期間は採択されなかった。김상용 이외 공저, 가족법판례해설, 세창출판사, 2009, 244-245면, 和訳:キム・サンヨン外 共著『家族法判例解説』(セチャン出版社, 2009年) 244-245頁。

〈シリーズ（1）〉　韓国憲法裁判所の憲法不合致決定と嫡出否認権・嫡出推定に関する法改正〔金　成恩〕

（2）嫡出否認の訴えの出訴権者について，

1）母の嫡出否認権（改正前）

2005年改正民法によって，夫と同じように妻も嫡出否認権を持つことができるようになった。改正前の母の嫡出否認権について具体的な内容面では多少の見解の違いがあるが，基本的に母にも嫡出否認権が認められなければならないという見解が大部分であり，完全否定説は見出しがたい。

①肯定説

現行民法のように，母にも嫡出否認権が認められなければならないという肯定説の根拠としては，血縁真実主義，子の福祉，そして夫婦平等の理念を挙げている[7]。改正前の嫡出否認の訴えは，家庭の平和や子の福利のような利益が全く侵害される可能性がない場合にも，一律に夫にのみ独占的な嫡出否認権を認めている規定であり，これはすなわち家父長的価値観に由来したものであると指摘した。すなわち家長である夫だけが誰が家に属するのかを決めることができるという発想から出発したものであり，合理的な理由のない立法であり，事実と異なる親子関係を正しうる道を遮断している前近代的な立法ということである[8]。

②制限的肯定説

母の嫡出否認権の行使と関連して侵害される可能性のある多様な利益を考慮して母の嫡出否認権を認めなければならないという見解であり，母の嫡出否認権が

（5）강승묵, 친생부인의 소에 관한 독일민법과 우리 개정민법의 비교검토, 한양법학 18집, 한양법학회, 2005, 298-299면. 양수산, 친생부인에 관한 입법론적 고찰, 가족법연구 9호, 한국가족법학회 1995, 79면. 조미경, 친생부인의 소에 관한 비교법적 고찰, 가족법연구 11호, 한국가족법학회 1997, 205면. 和訳：ガン・ソンモク「嫡出否認の訴えに関するドイツ民法と我が国の改正民法の比較検討」ハンヤン法学18集（ハンヤン法学会，2005年）298~299頁. ヤン・スサン「嫡出否認に関する立法論的考察」家族法研究（韓国家族法学会，1995年），79頁. チョ・ミギョン「嫡出否認の訴えに関する比較法的考察」家族法研究　第11号（韓国家族法学会，1997年）205頁.

（6）최진섭, 친생부인제도의 쟁점 - 가족법 개정안과 관련하여, 판례월보 통권 344호, 1999, 38면. 고정명, 민법제847조 위헌성의 검토 - 적출부인의 소와 관련한 소제기 기간을 중심으로, 법학논총 9호, 국민대학법학연구소, 1997, 32면. 和訳：チェ・ジンソップ「嫡出否認制度の争点 - 家族法の改正案と関連して」判例月報通巻344号（1999年）38頁, ゴ・チョンミョン「民法第847条の違憲性の検討 —— 嫡出否認の訴えと関わる訴提起の期間を中心に」法学論叢9号（国民大学法学研究所，1997年）32頁.

（7）조미경, 앞의 논문, 198면. 천종숙, 친생부인권의 문제점, 민법학의 회고와 전망：민법전 시행 30주년 기념 논문집, 한국민사법학회 1993, 944면. 和訳：チョ・ミギョン・前掲注（5）198頁. チョン・ゾンスク「嫡出否認の問題点」『民法学の回顧と展望：民法典施行30周年記念論文集』（韓国民事法学会，1993年）944頁.

（8）김주수, 친족상속법, 법문사 2000, 244면 이하. 和訳：キム・ジュス『親族相続法』（法文社，2000年）244頁以下.

制限される事由には次のものを挙げている[9]。

ⅰ）家庭の平和維持　改正前，嫡出否認の訴えを夫が独占するようにしているのは，第三者によって家庭の平和を侵害できないようにするものであるため，家庭の平和を維持する必要がない場合に限って母の嫡出否認権を認めようとする見解である。夫が実の親子ではないことを知りながらも嫡出否認の訴えを提起しないのは，家庭の平和と婚姻関係を維持しようとする場合と，妻に対する報復の目的で子を自らの支配下に置こうとする場合とがあり得る。前者の場合には家庭の平和を維持しようとする夫の利益が保護されなければならず，後者の場合にはすでに婚姻関係が事実上破綻に至っていると見られるので母の嫡出否認権を認めなければならないということである。

ⅱ）子の福祉　相当な期間の家族共同生活を通じて夫と子の間に実質的な親子関係が形成されている場合に母の嫡出否認権を認めれば，法律上の親子関係は当事者の意思に反して消滅するので実質的な親子関係の維持発展にも否定的な影響を及ぼすことになるであろうし，これはすなわち子の福利に反することであって，母の嫡出否認権が制限されなければならないということである。その他，フランス民法のように，夫の嫡出否認がない場合に，母は婚姻解消後に子の生物学的父と再婚する場合にだけ母の嫡出否認権を認めようとする見解がある[10]。

2）子の嫡出否認権

2005年民法改正で，母が嫡出否認の訴えを提起できる原告適格を持つことになったが，子の嫡出否認権は認めなかった。改正民法以降，母の嫡出否認権をめぐった議論はほとんど見られず，子の嫡出否認権については活発な議論が行われつつある。現在，子の嫡出否認権を全面的に否定する見解はほとんど見られず，制限的肯定説が主流をなしている。

①肯定説

自らの血統を知る権利に立脚して，子に嫡出否認権を認めることが血縁の真実

---

(9) 김상용, 모의 친생부인권－민법개정논의와 관련하여, 고시연구 28권 9호, 2001 20-25면, 이준영, 자신의 혈통에 대한 자의 알권리와 친생자관계, 가족법연구 14호, 2000, 109면, 이경희, 가족법, 법원사, 2004, 147면, 이화숙, 친생자추정과 친생부인의 소, 사법행정 376호, 1992, 84면, 홍춘의, 친생의 추정과 부인제도, 가족법연구 9호, 1995, 201면. 和訳：キム・サンヨン「母の嫡出否認権──民法改正議論と関連して」考試研究28巻 9 号（2001年）20~25頁，イ・ジュンヨン「自分の血統に対する子の知る権利と実親子関係」家族法研究14号（韓国家族法学会，2000年）109頁，イ・ギョンヒ『家族法』（法源社，2004）147頁，イ・ファスク「嫡出推定と嫡出否認の訴え」司法行政376号（1992年）84頁，ホン・チュンイ「嫡出推定と否認制度」家族法研究 9 号（韓国家族法学会，1995年）201頁．

(10) 최진섭, 앞의 논문, 36면．和訳：チェ・ジンソップ・前掲注（ 6 ）36頁

と子の最善の福祉を追求する方法であり，子に嫡出否認権を認めなければならない[11]。また，子どもが故意または過失なしにその実父と接触できなかったにもかかわらず，子どもがその実父に何らの関心も持ってはいけないということは，子の福祉に適合しないゆえに，自身の血統を知る権利を子にも認めるべきであり，したがって子どもにも嫡出否認権を認めなければならない[12]。子の立場から見て，法律上の父と母が子に対して嫡出否認の訴えを提起できるのに反して，当事者である子は，嫡出否認権を行使できないようにすることは公平性に反する。ただし子の嫡出否認権が，未成年者であった間，子を養育してくれた法律上の父に対する扶養義務を負わないがための方便として利用されることを防ぐための制限は必要だと指摘する[13]。

②制限的肯定説

自らの血統を知る権利は，憲法第36条1項による婚姻と家族生活に対する国家の保護義務と互いに衝突する形態で存在するので，子の嫡出否認権と関連しても一定の制限下で子の利益を保護するために子の嫡出否認権を認めなければならない[14]。子に前提条件なしに嫡出否認権を認めるのは，現在の家族法体系とも矛盾するだけでなく，実際において家庭の平和を害し，両親の私生活を侵害する可能性がある。要するに，法律上の父＝夫が子を虐待する場合，および両親の離婚等で実質的に家族関係が存在せず，形式的な家族関係の継続が子の福祉に反する場合，そして法が保護しようとする家庭の平和が子の嫡出否認権の行使によって脅かされない場合には，例外的に嫡出否認権を認めなければならない[15]。

---

(11) 조미경, 혈연진실주의 - 친생부인의 소에 관한 법무부개정안과 관련하여, 가족법 연구 12호, 가족법학회 1998, 372-373면 チョ・ミギョン「血縁真実主義―嫡出否認の訴えに関する法務部改正案と関連して」家族法研究12号（韓国家族法学会，1998年）372～373頁。
(12) 강승묵, 앞의논문, 301면, 이은정, 가족제도의 변화와 친자법 개정의 필요성, 법학논고 33호, 경북대학교 법학연구원, 2010, 393면, 和訳：ガン・ソンモク・前掲注（5）301頁，イ・ウンチョン「家族制度の変化と親子関係法改正の必要性」法学論考33号（キョンプク大学法学研究院，2010年）393頁。
(13) 성년에 달하고서 자가 적출부인을 하는 것은 사회적 친자관계를 파괴하는 것이므로, 가족제도의 보호라는 차원에서 결코 바람직한 것이 아니라, 다른 가족원을 희생해서까지 보호할 사회적 이익이 없다는 것이다. 최진섭, 앞의 논문, 33-37면, 和訳：チェ・ジンソップ・前掲注（6）33～37頁。反面，扶養義務から逃れるための手段になる可能性があるといっても，それが子の原告適格を否認する十分な理由にはなりえず，このような目的のために嫡出否認の訴えを提起している場合には権利濫用の法理などによって解決することができるという見解もある。이경희, 친생부인제도와 혈연진실주의, 고시계 51권 11호, 2006, 28면, 和訳：イ・ギョンヒ「嫡出否認制度と血縁真実主義」考試界51巻11号（2006年）28頁。
(14) 이준영, 앞의논문, 108면, 和訳：イ・ジュンヨン・前掲注（9）108頁。

③否定説

嫡出否認の問題は両親の固有領域であり、子が嫡出否認をするには、少なくとも意思能力を持ってからでなければできないという問題があるので、かなりの歳月の経過によって立証が難しく、長期間家族関係が不安な状態で残されることになる。また、両親が長い間否認しなかった家族関係を子が否認するようにすることは社会通念に反しており、母に原告適格を認めることによって子の利益を代弁できるので、子の嫡出否認権を認定しなくてもよいという見解である[16]。

3）生物学的な父の嫡出否認権

生物学的夫に出否認権を認めるのかどうかについては、家庭の平和と社会的親子関係の保護、そして子の利益に反するという理由で、現在のところはこれを肯定する学説は見いだしがたい。ただし生みの父が子とすでに同居している場合のように、社会的親子関係によって成り立っている家族共同体的生活関係が存在する場合には、子との法的な親子関係を形成するための前提として生物学的父に嫡出否認権を認める必要があるという見解がある[17]。

4 小　括

旧民法847条第1項の「嫡出否認の訴えは、子の出生を知った時から1年以内に提起しなければならない」という規定によって嫡出否認の機会を失った父らは、「同規定は真実の血縁関係に反する父子関係を否認しようとする父から、否認できる機会を極端に制限しており、したがって、同項は、人間の尊厳と価値及び幸福追求権を保障する韓国憲法10条ならびに婚姻と家族生活における権利侵害の禁止を定めた同法36条1項に違反する」と主張して、家庭裁判所に対し、旧民法847条第1項の違憲性について憲法裁判所が判断するよう求める申立をした。各々の家庭裁判所は、これを容れ、憲法裁判所に違憲審査提請をしたところ、憲法裁判所は、同規定について憲法不合致決定をした。この決定で、「嫡出否認の訴えは、

---

(15) 김상용, 자의 친생부인권－민법개정안중 친생부인제도의 개선과 관련하여, 고시연구 25권10호, 1998, 103-105면, キム・サンヨン「子の嫡出否認権－民法改正案のうち、嫡出否認制度の改善と関連して」考試研究25巻10号（1998年）103~105頁。

(16) 법무부, 법무심의관 문장운 검사의 진술, 제288회 국회 법제사법위원회 회의록 1호 2002 14면（강승묵, 앞의논문, 296면 재인용）, 和訳：法務部「法務審議官ムンチャンウン検事の陳述」第288回国会法制司法委員会会議録1号（2002年）14頁（ガン・ソンモク・前掲注（5）296頁再引用）。

(17) 이준영, 친생부인과 생물학적 부, 가족법연구 12호, 한국가족법학회, 1998, 409면, 이경희, 친생부인제도와 혈연진실주의, 고시계 51권 11호, 2006, 28면, 和訳：イ・ジュンヨン「嫡出否認と生物学的父」家族法研究12号（韓国家族法学会、1998年）409頁、イ・ギョンヒ・前掲注（13）28頁。

〈シリーズ（1）〉　韓国憲法裁判所の憲法不合致決定と嫡出否認権・嫡出推定に関する法改正〔金　成恩〕

夫が子との間に親子関係が存在しないことを知ることになった時から1年以内にこれを提起できるが，ただしその場合にも子の出生後5年が経過すれば特別な事情がない限りこれを提起できない」と規定しているスイス家族法を提示した。その後，改正案にも影響を与えたが，5年という絶対的な出訴期間について批判が殺到し，結局，2005年に「その事由のあることを知った時から2年以内に提起しなければならない」という内容で改正された。改正前は，子が満1歳になって以降は（普通の場合），自己の子ではないことを知った場合にも嫡出否認の訴えを提起できなかったが，出訴期間の起算点の改正により，事実上，出訴期間がほとんど無制限に延長されたといえよう。

　嫡出否認についての改正のもう一つの核心は，従来，父だけが嫡出否認の出訴権者になっていたが，2005年民法改正によって，父だけでなく母も嫡出否認の訴えを提起することができるように改正したということである。法改正前は，夫の子と推定される婚姻中の嫡出子に対しては，その嫡出否認の審判が確定するまでは他人が子を認知することができず，子に対する親子関係存否確認の訴えもまた提起できなかった。父が嫡出否認の訴えを提起せずに母と子を苦しめてもこれといった対応策がなかったが，このような点から母（妻）だけではなく，子の福祉に合致する改正だという評価を受けた[18]。以前，母の否認権が認めらなかったのは，姦通した妻に対する倫理的な非難意識と家父長的な考え方が，母の基本権の侵害より重視されてきたからであるといえる。しかし，離婚・再婚の増加とそれによる社会的な意識の変化，女性の社会的進出による経済的自立などの今日の社会的事情の変化及び，今日の家族法の基本理念との調和を考えると，上記の主張は説得力がない。おそらくこのような理由で，母の基本権の侵害，つまり個人の尊厳と幸福追求権を保障する韓国憲法10条ならびに法の下の平等を定めた同法11条に違反すると判断し，母の否認権を認めたのではないかと思われる。

　しかし，改正法により子の否認権は認められなかったが，子のアイデンティティという人格的利益と子の福祉という観点から考えると，子どもの出自を知る権利を認め，父子関係の当事者である子も嫡出否認の訴えの出訴権者として認めるべきであると考えられる。

---

(18) 한숙희, 친족법 제개정 경과과 과제, 민사법학 52호（2010）571-572면, 和訳：ハン・スクヒ「親族法の制改正経過と課題」民事法学52号（2010年）571~572頁。

Ⅲ　韓国の嫡出推定制度

　韓国の旧嫡出推定制度は，日本民法と同様に「婚姻成立の日から200日後又は婚姻関係終了の日から300日内に出生した子は，婚姻中に懐胎したものと推定する（旧844条）」と規定していたが，「婚姻関係終了の日から300日内に出生した子を法律上の例外なく，前夫の嫡出子と推定する旧844条は，母の人格権及び幸福追求権，個人の尊厳と両性平等に基づいた婚姻と家族生活に関する基本権を侵害する」とし，2015年に憲法不合致決定を宣告した。その後，民法改正が行われ，婚姻関係が終了した日から300日以内に出生した子で，前夫の子として出生の届出がなされていない子についての嫡出否認許可請求制度と，認知許可請求制度が新設され，2018年2月から施行されている。

1　旧民法844条についての憲法不合致決定

（1）事実の概要
　申立人X女は，2005年4月25日にA男と婚姻したが，2011年12月19日にソウル家庭裁判所から協議離婚意思の確認を受けた後，2012年2月28日に管轄区役所に離婚届出をした。その後，XはB男と同居し，2012年10月22日Cを出産した。Xは翌年5月6日にCの出生の届出をしようとしたが，区役所の担当者から，婚姻関係終了の日から300日以内に生まれた子については，前夫の嫡出子として家族関係登録簿に記載されるから，これを解消するためには嫡出否認の訴えを提起しなければならないことの説明をうけ，Cの出生の届出を保留した。一方，医療機関での遺伝子検査の結果，CはBの子であることが確認されたのでBはCを認知しようとしている。そこで，Xは，本件審判対象条項（第844条）及び第845条はXの基本権を侵害するものであるとして，2013年9月5日に憲法裁判所に憲法訴願審判を申し立てた。

（2）決定の要旨
1）本件審判対象[19]により侵害される基本権
　すべての国民は，人格権に基づいて，自ら自己の生活領域を形成していく権利を有し，血統に立脚した家族関係の形成は，個人の人格を発現するための自律領

---

[19] 憲法裁判所は，申立人X女はB男と婚姻していない状態でCを出産したので，民法第845条は審判対象から除外した。

域を保障するのに重要な要素である。しかし，本件審判対象条項は，婚姻関係の終了後300日以内に子が出生したときは，その子の実父が誰であるかが明白な場合にももっぱら前夫の子と推定し，これを否認するためには嫡出否認の訴えを提起しなければならないものとしているから，血縁に基づいて家族関係を形成しようとしている申立人の人格権と幸福追求権を制限するものである。また，憲法36条1項は個人の自律的な意思及び両性の平等に基づいた婚姻及び家族生活の自由な形成を国が保障することを規定している。ところで，本件審判対象条項は，真実の血縁関係と合致せず，当事者が望んでもいない親子関係を強いるものであるから，個人の尊厳と両性の平等に基づいた婚姻及び家族生活に関する基本権を制限する。しかし，女性の再婚禁止期間の規定が廃止された以上，審判対象条項による申立人の婚姻の自由及び性的自己決定権は制限されているとはいえない。

2）立法の形成及び限界

婚姻終了後に出生した子についての嫡出推定の基準をどのように定めるかという問題は，母のみならず，子・実父・夫の法的地位にかかわるものであるから，「法律上の親子関係を真実に符号させようとする母・子・実父・夫の利益」と「親子関係の迅速な確定を通じて法的安定を求めようとする子の利益」とを，いかにその社会の実情と伝統的な概念に沿うように調和させるかという問題である。従って，これは利害関係人の基本権並びに婚姻及び家族生活に関する憲法上の決断を考慮して決定すべき問題であり，原則として立法者の裁量に委ねられている。

ところで，844条により認められる嫡出推定の効力は，法律で認める他の推定に比し，強力なものである。嫡出推定を受けている限り，母が子の実父の子として家族関係登録簿に登録すること，子が実父を相手方にして認知請求をすること，実父が子を認知すること，夫が子に対する養育及び相続の義務から免れることのいずれも許容されない。このように民法上の嫡出推定が母・子・実父・夫の法的地位に及ぼす影響は大きいものであるから，厳格な要件の下で認められる嫡出否認の訴えの提起の負担を国民に負わせるためには，そのような嫡出推定の規定がどの程度合理的なものであるか検討しなければならない。訴訟を通じて嫡出否認をすることができるということだけで，嫡出推定の非合理性が治癒されると解することは困難である。従って，婚姻終了後に出生した子についての嫡出推定の可否と方法を定める問題は，原則として立法裁量に属するとしても，その嫡出推定の基準が過度に不合理なものであり，またそれから脱するための方法があまりにも制限されていて真実な血縁関係に反する親子関係を強いるものとなるのであれば，それは立法形成の限界と越えるものとして，違憲と言わざるを得ない。

3）審判対象条項の違憲性

ア 母子関係は，妊娠と出産という自然的な事実によりその関係が明確に決定されており，父子関係においては，嫡出推定制度が設けられている。夫婦が同居生活をすると妻が夫の子を懐胎するのは正常であり，夫婦の貞操義務が守られている限り，妻が夫以外の男性の子を懐胎することができないから，民法は妻が婚姻中に懐胎した子又は婚姻関係終了後300日以内に出生した子は夫の子に推定されている。

近年において，遺伝子検査技術の発達により科学的な親子鑑定が可能となり，上記のように蓋然性に基盤をおいた嫡出推定制度を維持する必要があるかについては，疑問が提起され得る。しかしながら，出生と同時に子に安定した法的地位を与えることにより，子の出生時に法的保護の空白をなくすという側面から，嫡出推定はいまなお子の福祉のために非常に重要な制度である。とりわけ，親子関係について争いが生じないほとんどの場合において，親子関係を形成するために特別な手続を踏まえる必要がないという点を考慮すると，嫡出推定制度は引続き維持する必要がある。

第844条の200日または300日という期間は，懐胎時から出産時までの最短・最長期間に該当するという医学的な統計に基づいており，妊婦の個人差はあるが，経験値にも符合する。この故，ドイツと日本などの外国にでも出生時から逆算して300日以内の期間を嫡出推定の基準としている。このような事情を鑑みると，本件審判対象条項が婚姻終了後300日以内での出生の有無を嫡出推定の基準としていることは，合理的なものである。

イ 本件審判対象条項は，民法が1958年2月22日に制定されて以来一度も改正されないまま今日に至っている。婚姻終了後300日以内の出生という嫡出推定の基準規準は，民法制定の当時の社会的・法律的な背景に基づくものであるところ，当時は，離婚率が低かったし，離婚後の再婚もまれであったし，女性は婚姻関係終了後6カ月間再婚することもできなかった（旧民法811条）。従って，婚姻終了後300日以内に出生した子を法律上例外なく夫の嫡出子と推定するのにはそれなりの合理的な根拠があり，親子関係の科学的確認が困難な状況において，嫡出推定に反する例外的な場合には厳格な嫡出否認の訴えによってのみ解決することが，子の法的地位の安定に資することは言うまでもなく，訴訟経済などにも符合するものであった。

しかしながら，今日における社会的・法律的な状況は嫡出推定の基準が設けられた当時とは大きく変わってきている。まず，離婚及び再婚に対する社会的な認識が変化し，離婚率及び再婚件数が増加したほか，女性の再婚禁止期間の規定も削除された。他方，1977年12月31日に家庭裁判所による協議離婚意思確認制度（民

法第836条）が，さらに2007年12月21日には離婚熟慮期間制度が導入された（第836条の２）。その結果，婚姻関係が破綻に至ってから法律上離婚の効力が生じるまでの時間差が大幅に伸び，女性が夫以外の男性の子を出産する可能性が増加した。そして，なによりも過去には存在しなかった遺伝子検査技術の発達により父子関係も科学的に正確に確認することができるようになった。

　ウ　ところが，嫡出推定されると，その推定はもっぱら嫡出否認の訴えのみにより覆すことができる。出生の届出は，子の出生後１カ月以内にしなければならならず，届出の期間を懈怠すると，過料という制裁をうける（家族関係の登録等に関する法律第44条１項，第46条２項，第122条）。従って，婚姻終了後300日以内に出生した子が前夫の嫡出子でないことが明らかであり，前夫が嫡出推定を望まず，実父がその子を認知しようとする場合にも，家族関係登録簿にはいったん前夫の嫡出子として登録されることになる。これにより，母の場合，前夫と離婚して新しい家庭を形成し出産した前夫以外の男性の子が家族関係登録簿には前夫の子として記載され，これを解消するためには，出訴期間内に前夫を相手方として嫡出否認の訴えを提起しなければならないところ，このような事情は母が離婚後新しい家庭を形成するのに負担となるものと言わざるを得ない。また，夫にとっても，前妻が離婚後出産した第３者の子が自己の嫡出子と推定されて家族関係登録簿に登録され，これにより扶養義務を負うことになるが，このような状況から免れるためには，母による嫡出否認の訴えを待つか，それとも２年の出訴期間内に自ら嫡出否認の訴えを提起しなければならない負担を負うことになる。もし，母または夫が嫡出否認の訴えを提起しなかった場合，あるいは２年の出訴期間が経過して嫡出否認の機会を失った場合には，子は実父に認知することができず，実父も子を認知することができなくなり，真実の血縁関係を回復する途が閉ざされてしまう。

　このような不合理な結果は，婚姻関係終了後短期間のうちに再婚をする例がまれであった民法制定当時には，現実的に問題となることはなかった。しかしながら，社会と法制度の変化に伴い，婚姻関係終了後300日以内に前夫以外の男性の子を出産する事例が増加しており，その父子関係を容易に確認することができるようになったことにより，真実の血縁関係の回復の途を閉ざす本件審判対象条項の問題点が浮上するようになった。

　エ　嫡出推定制度は，母子関係と違って父子関係の正確な証明が実質的に不可能であるとの前提の下で設けられたものである。しかし，遺伝子検査などにより親子関係の証明が可能になった現在においては，父子関係の立証困難はもはや嫡出推定の根拠とすることには難しい。他方，本件審判対象条項のように前婚がす

でに終了したことを前提として嫡出推定を適用する場合には，家庭の平和維持をその立法趣旨とすることもできない。そうすると，本件審判対象条項の立法趣旨としては，子の法的地位を速やかに安定させる必要性だけが残る。

　社会的に離婚及び再婚が大幅に増加し，法律上も女性の再婚禁止期間が廃止されており，協議上及び裁判上の離婚に必要な時間が相当増えた以上，婚姻終了後300日に出生した子が夫の実子である蓋然性は，過去に比べて減少した。そして，遺伝子検査により実子と確認された人が自己の実子を認知する積極的な意思がある場合には，子の法的地位に空白が生じる余地もある。このような場合，本件審判対象条項は，本来の立法趣旨には何ら資することができず，親子関係を速やかに真実に合致させ，新し家庭を形成しようとする当事者の意思を度外視する結果のみを招く。

　このような問題を解消するために，ドイツでは夫との婚姻中に出生した子であっても，その出生日が離婚訴訟継続以後であり，実父がその子を認知した場合であれば，夫の嫡出推定を制限する例外規定が設けられている[20]。離婚訴訟が継続中であれば，すでに家庭の平和が破綻しており，そのうちに出生した子を実父が認知してその子の法的地位が安定した場合，あえて離婚した前夫の嫡出子として推定する何らかの法律上の利益がないからである。

　そうすると，すでに婚姻関係が解消した後に子が出生し，本件のように実父がその子を認知しようとしている場合まで，何ら例外なく婚姻終了後300日以内に出生した子を前夫の嫡出子と推定する本件審判対象条項は，嫡出推定の主たる目的である子の福祉に照らしてみても，過度に不合理な制限とみるべきである。

　オ　本件審判対象条項が，婚姻終了後300日以内の出生の有無を嫡出推定の原則的な基準としていること自体が立法形成の限界を超えたとはいえない。また，子の法的地位の安定のためにも本件審判対象条項のような嫡出推定規定は必要である。問題は嫡出推定に例外を一切許容しておらず，もっぱら嫡出否認の訴えによってのみ嫡出推定を覆すことができるようにしたことから生じている。ドイツのように，嫡出推定に一定の例外を認めること，嫡出否認の訴えより手続が容易であり，費用も手ごろな非訟事件手続によって嫡出推定を覆すことができること

---

(20) 憲法不合致決定文には，こう書いてある。補充すると，ドイツ民法1592条1号は，婚姻中の出生である限り，離婚した前夫が父とされ，その父性を争うためには父性否認によらなければならないとする。しかし，民法1599条2項1文は，離婚の申立てから離婚判決確定までに出生した子に対して，離婚判決確定後1年以内に第三者が前夫の承諾を得てその子を認知すれば，民法1592条1号が排除されるとする。野沢紀雅「比較法的検討――ドイツ（第28回学術大会・シンポジウム　父子関係成立のあり方の検討：嫡出推定・認知制度の見直し）」家族〈社会と法〉28号（2012年）52〜53頁。

などにより，違憲性の解消のみならず子の身分関係の安定を図ることができる方法もある。それにもかかわらず，民法制定以後，社会的・医学的・法律的な事情の変更をまったく反映せず，例外なく一律に300日の基準のみを強いることによって家族構成員が被る深刻な不利益に対する解決策を講じていないのは，立法形成の限界を超えるものとして，母が家庭生活と身分関係において享受すべき人格権及び幸福追求権，個人の尊厳と両性の平等に基づいた婚姻と家族生活に関する基本権を侵害するものである。

4）憲法不合致決定と暫定適用命令

本件審判対象条項は，申立人の基本権を侵害するものであるが，この条項が違憲と宣言されて直ちにその効力を喪失すると，婚姻終了後300日以内に出生した子に対して，嫡出推定ができなくなる。そうなると，婚姻終了後300日以内に出生した子が夫の嫡出子であることが明らかな場合にも，嫡出推定が消滅し，子の法的地位に空白が生じる。また，本件審判対象条項が違憲だとしても，違憲の状態を憲法に合わせ調整するための具体的な改善案をどのような基準と要件に従って講じるかは，原則として，立法者の裁量に属する問題である。したがって，本件審判対象条項について憲法不合致決定を宣言するが，立法者による改善立法がなされるまでの継続適用を命じることにする。

（3）反対意見

本件審判対象条項は，婚姻終了後，出生した子の嫡出子関係について根本になる推定規定である。推定規定は，まだ真実が明らかでない段階において法律関係を安定させる目的を有し，推定規定の本質上，真実と異なる場合は不合理な点がないわけではないから，例外規定として推定を覆す方法を規定することによってその不合理性を解消するものである。不合理な場合があるからといって推定規定が違憲であるとすると，すべての推定の規定が違憲性を有することになると言わざるを得ない。嫡出推定規定それ自体の不合理性を論じるためには，その議論は適用範囲を包括するものでなければならないが，規律する相当の部分が合理的であって，一部不合理な部分があるとしても，例外規定を設けて嫡出推定規定の不合理性を解消することができるのであれば，本件審判対象条項は，立法形成の限界を遵守したものとみなければならない。

本件審判対象条項が規律する範囲は，三つに大別することができる。ⅰ）何人も子の実父が前夫であることを争わない場合，ⅱ）多数意見が注力している部分である子の実父が前夫でない第三者である蓋然性が濃厚な場合，ⅲ）子の実父が前夫であるのかが明らかでない場合，をいう。多数意見は，嫡出推定規定の規律

範囲のうち，一部分が不合理であるとして，依然としてその効用を発揮すべき部分まで憲法不合致を宣言することであり，子に対する法的保護の空白を放置する結果をまねく。結局，多数意見は上記のⅱ）の場合において制限的に妥当するものである。

今日において，遺伝工学の発達により父子間の血縁真実を明らかにすることは容易になったにも関わらず，諸国が相変わらず嫡出推定規定を基本的に維持している事実は，この規定が根本的な規定であることを明確にしており，合理的な理由がある。

本件審判対象条項の憲法不合致宣言によって生じる子の法的保護の空白を除去しつつ，問題を解決する近道は，嫡出否認の訴え以外の方法で推定を覆すことができないように規定している民法第846条や第847条まで本件の審判対象条項を拡張し，これらの規定に推定を覆すためのより合理的で容易な方法を規定していない不真正立法不作為が違憲であるか否かを論じることでなければならない。言い換えれば，国が嫡出子推定を覆しえる例外について不完全・不十分な立法をすることによって，立法形成の限界を著しく逸脱したか否かを検討しなければならないのである。本件審判対象条項の適用範囲のうち，ⅱ）の場合に不合理性が著しく表れるから，嫡出推定の例外として，このような不合理性を解消することができる立法をしないことが立法形成の限界を超えたものであるとみることができる。

例外規定により嫡出推定規定の不合理を十分に解消することができるため，本件審判対象条項そのものは合理性と必要性が認められ，立法裁量の限界を遵守したものであるから，申立人の基本権を侵害しない。本件審判対象条項の一部不合理な部分は，立法不作為状態にある，推定を覆す規定を合理的に改善する立法をすることによって解消することができる。にもかかわらず，嫡出子関係の基となる規定を憲法不合致と宣言することは，矯角殺牛の愚をおかすものである。

さらに，いままで立法時限が定めた憲法不合致決定について相当数がその時限を超えても改善立法がなされない立法慣行が存在している。これに照らし，多数意見が暫定適用，憲法不合致決定をしながら，立法時限を置かないことは，子に対する法的保護の空白状態を憂慮した苦肉の策とみることができるが，これは，正常な憲法不合致決定方法ではない。また，その改善立法までどのくらいの時間が所要されるのかも不明であり，多数意見が指摘する違憲性はいつ解決されるか展望することは困難である。多数意見は，子に対する権利救済を求める申立人の権利をまったく救済していないばかりか，結果的に本件審判対象条項について，相当期間暫定合憲宣言をしたものに他ならない。

2 判例の動向

　判例は当初，嫡出推定の例外を認めなかったが[21]，その後判例を変更して第844条2項の親子関係の推定は，同居の欠如によって妻が夫の子を妊娠することができないことが外見上明白な場合にはその推定が及ばないという外観説を採っている[22]。下級審では，家庭の平和がすでに破綻している，または婚姻関係が解消されているケースであれば，遺伝子検査の結果により親子関係が存在しないことが明らかな場合には嫡出推定の効力が及ばないという，家庭破綻を前提とした血縁説に従っている[23]。

3 学説の動向

　学説としては，判例のように客観的な同居が存在しておらず夫の子ではないことが明らかな場合にだけ，嫡出推定が及ばないものと見る外観説[24]と，夫の生殖不能や血液型，人種的特徴によって夫の子たりえない事情がある場合には，嫡出推定が及ばないという血縁説[25]がある。また，折衷説に分類される合意説と家庭破綻説がある。合意説は，嫡出否認の訴えの提起要件を厳格にした根拠として，家庭の平穏と夫婦の私生活についての非公開などを挙げていることから，関連当事者である夫婦と子の合意があるならば，保護の必要性がないので，このような場合には嫡出推定は排除されて親子関係存否確認の訴えを提起することがで

---

(21) 夫婦が事実上離婚して数年にわたって別居生活をしている途中で子を妊娠した場合にも，第844条1項の嫡出子推定は覆されないということである。대법원1968.2.27 67므34，和訳：大法院1968.2.27　67ム34

(22) 民法第844条は，夫婦が同居して妻が夫の子を妊娠できる状態で子を妊娠した場合に適用されるもので，夫婦の一方が長期間にわたって海外に出かけていたり，事実上の離婚によって夫婦が別居している場合など，同居の欠如によって妻が夫の子を妊娠できないことが外観上明らかな事情がある場合にはその推定が及ばないので，夫は嫡出否認の訴えによらず，親子関係不存在確認の訴えを提起することができる。대법원 1983.7.12 82므59전원합의체，대법원2012.10.11 2012므1892，和訳：大法院1983.7.12　82ム59　全員合意体，大法院2012.10.11　2012ム1892

(23) 서울가정법원 2015.7.21 2014드단310144판결，대전가정법원 2017.2.16 2016드단55628 판결，和訳：ソウル家庭裁判所2015.7.21　2014ドダン310144判決，大田家庭裁判所2017.2.16　2016ドダン55628判決

(24) 김용한，친족상속법，박영사 2013, 175면，지원림，민법강의（제13판），홍문사 2015, 1951면，和訳：キム・ヨンハン『親族相続法』(博英社，2013) 175頁，チ・ウォンリム『民法講義（第13版）』(弘文社，2015年) 1951頁。

(25) 박동섭，친족상속법(제4판)，박영사 2013, 244면，조미경，앞의논문, 166-167면，和訳：パク・トンソプ『親族相続法（第4版）』(博英社，2013年) 244頁，チョ・ミギョン・前掲注(7)166-167頁。

きるという見解である(26)。家庭破綻説は，外観説と血縁説が家庭の平穏と血縁主義に対する二者択一的思考で嫡出推定問題に接近していることを批判して，家庭の平穏とともに夫と子の福利保護，血縁主義など嫡出推定と嫡出否認制度の理念を総合的に考慮して推定の例外を決定しなければならないという見解である(27)。この外に，論じられている学説の盲点を批判して，子の利益と法的父子関係を否認しようとする夫の利益をバランスよく解釈するために，「血縁関係がない夫と子の間に父子としての情緒的きずなが形成されていて，夫が父としての役割を遂行する意思を持って子を養育するなどの生活の実態が形成されており，社会的にも親子関係と認識されている状態」をさす社会的親子関係をその基準として提示している社会的親子関係説がある(28)。

4　民法一部改正（施行日2018年2月1日）

（1）民法一部改正法律案

2015年憲法裁判所の憲法不合致決定は，婚姻関係の終了後300日以内に出生した子が，前夫の嫡出子ではないということが明らかであり，実父がその子を認知しようとする場合においても，母がその子をひとまず前夫の子として出生申告した後に，嫡出否認の訴えを提起しなければならないという方法の問題点を指摘し，改善立法を要求した。上記の決定を受け，議員案として，2016年5月30日にイ・チャンヨル議員ほか9名，2016年8月19日にキム・ドウップ議員ほか9名が，それぞれ代表発議した民法一部改正法律案が国会に提出された(29)。また法務部に2016年7月に嫡出推定改正チームが発足され，2017年4月5日に政府案として，民法一部改正法律案が国会に提出された。第354回の国会定期会の法案審査第一小委員会（2017年9月20日）にて，上記の3件の法律案を併合審査した後に各案

---

(26) 박병호, 가족법, 한국방송통신대학출판부 1991, 159-160면, 송덕수, 친족상속법, 박영사 2015, 132-133면, 和訳：パク・ピョンホ『家族法』(韓国放送通信大学出版部, 1991年) 159-160頁，ソン・ドクス『親族相続法』(博英社, 2015年) 132-133頁。

(27) 김주수・김상용, 친족상속법 (제11판), 법문사 2013, 285-286면, 양수산, 친족상속법, 한국외국어대학교 출판부 1998, 349면, 오시영, 친족상속법(제2판), 학현사 2011, 254면, 和訳：キム・ジュス，キム・サンヨン『親族相続法（第11版）』(法文社, 2013年) 285-286頁，ヤン・スサン『親族相続法』(韓国外国語大学校出版部, 1998年) 349頁，オ・ション『親族相続法（第2版）』(学現社, 2011年) 254頁。

(28) 정구태, 친생추정의 한계 및 친생부인의 소의 원고적격：대법원2012.10.11 선고 2012므1892판결 및 대법원2014.12.11 선고 2013므4591판결, 법학연구 제26권 1호, 충북대학교 법학연구소 2015, 131면, 和訳：チョン・グテ『嫡出推定の限界および嫡出否認の訴えの原告適格：大法院2012.10.11宣告2012ム1892判決および大法院2014.12.11宣告2013ム4591判決』法学研究第26冊1号（忠北大学校法学研究所, 2015年) 131頁。

の内容を整理し，2017年改正と同じ内容の解決策を提示した。そして，法制司法委員会は，上記解決策を委員会の案として本会議に上程し，同月29日に可決成立された。

（2）民法一部改正の内容

第844条（夫の嫡出子の推定）①妻が婚姻中に妊娠した子は，夫の子と推定する。②婚姻が成立した日から200日後に出生した子は，婚姻中に妊娠したものと推定する。③婚姻関係が終了した日から300日以内に出生した子は，婚姻中に妊娠したものと推定する。

第854条の2（嫡出否認の許可請求）①母または母の前夫は，第844条第3項の場合において，家庭裁判所に対し，嫡出否認の許可を請求することができる。ただし，婚姻中の子として出生の届出がされた場合には，この限りではない。②第1項の請求があった場合，家庭裁判所は血液採取による血液型の検査，遺伝因子の検査など科学的方法による検査の結果または長期間の別居等その他の事情を考慮して許可可否を定める。③第1項及び第2項により許可を受けた場合には，第844条第1項及び第3項の推定が及ばない。

第855条の2（認知の許可請求）①実父は，第844条第3項の場合において，家庭裁判所に対し，認知の許可を請求することができる。ただし，婚姻中の子として出生の届出がされた場合には，この限りではない。②第1項の請求があった場合，家庭裁判所は血液採取による血液型の検査，遺伝因子の検査など科学的な方法による検査結果または長期間の別居等その他の事情を考慮して許可可否を定める。③第1項及び第2項により許可を受けた実父が，「家族関係登録等に関する法律」第57条の規定（嫡出子出生の届出による認知）による届出をする場合は，第844条第1項及び第3項の推定が及ばない。子を認知することができる。

附則（法律第14965号　2017.10.31）　第1条（施行日）この法律は，公布後3ヶ月が経過した日から施行する。第2条（夫の嫡出子推定に関する適用例）第854条の2及び第855条の2の改正規定は，この法律の施行前に生じた父母と子の関係についても適用する。ただし，この法律の施行前に判決により生じた効力には影響

---

(29) 議員発議による改正案は，2015年の決定趣旨を反映して旧844条2項にただし書（2017年改正前）を新設することを内容とするものである。前者は，「ただし，婚姻関係終了の日から300日以内に出生した子であっても，遺伝子検査により，嫡出子ではないことが証明された場合には，この限りではない」，後者は，「ただし，婚姻関係終了の日から300日以内に出生した子であっても，生命倫理及び安全に関する法律第2条第15号の遺伝子検査に従い，嫡出子ではないことが証明された場合には，この限りではない」という内容である。

を及ぼさない。

（3）家事訴訟法

改正前の嫡出否認の訴えは，ナ類の家事訴訟事項であったが，嫡出否認の訴えの許可及び認知の許可の新設に併せて，家事非訟事項に改正された。家事非訟事件のうち，ラ類事件とし，該当事件の管轄裁判所を子の住所地の家庭裁判所とした（家事訴訟法2条1項カ目7の2及び7の3，同法44条1項3号の2）。また，家庭裁判所が嫡出否認の許可や認知の許可の審判をする場合は，母の前夫または前夫の成年後見人の陳述を聴取することができるようにした（同法45条の8）。

5　小　　括

Ⅲの1は，婚姻関係終了の日から300日以内に出生した子は，原則として前夫の嫡出子と推定されるが，遺伝子検査を通じて第三者が実父と確認されており，実父が子を認知する意思がある例外的な場合でも一律に前夫の嫡出子と推定することは，母の基本権を侵害するものであるとして，憲法裁判所に対し憲法訴願審判[30]が申し立てられた事案である。これに対し，憲法裁判所は，民法第844条2項の規定のうち，「婚姻関係終了の日から300日以内に出生した子（本件審判対象条項）」の部分について，民法制定以後，社会的・医学的・法律的な事情の変更をまったく反映せずに，つまり遺伝子検査の容易性がより一層発展した今日の状況にあわせて改正しないまま，例外なく一律に300日の基準のみを強いることによって家族構成員が被る深刻な不利益に対する解決案がないことを認め，本件審判対象条項は「母が家庭生活と身分関係において享受すべき人格権及び幸福追求権，個人の尊厳と両性の平等に基づいた婚姻と家族生活に関する基本権を侵害する」と違憲性を確認し，憲法不合致決定をした[31]。

憲法裁判所は，婚姻終了後300日以内に出生した子が前夫の嫡出子でないこと

---

(30) 憲法裁判所には，①違憲法律審判，②憲法訴願審判，③弾劾審判，④権限争議審判，⑤政党解散審判といった五つの権限がある（韓国憲法第111条）。そのうち，②の憲法訴願審判には，権利救済型の憲法訴願と違憲審査型の憲法訴願がある。前者は，公権力の行使または不行使により，憲法上保障された基本権を侵害される者は，裁判所の裁判を除いては，憲法裁判所に憲法訴願審判を請求することができる，ただし，他の法律に救済手続がある場合には，その手続をすべて経た後に請求することができる（憲法裁判所法第68条1項）。後者は，違憲法律審判の提請申請（申立）が棄却されたときは，その申請（申立）をした当事者は，憲法裁判所に対して憲法訴願審判を請求することができる。この場合，その当事者は当該事件の訴訟手続により同一な事由を理由として再び違憲可否の審判提請をすることができない（憲法裁判所法第68条2項）。

が明らかであり，実父がその子を認知しようとする場合にも，①母はいったん前夫の嫡出子として登録し，出訴期間内に前夫を相手方として嫡出否認の訴えを提起しなければならないことが，母が離婚後新しい家庭を形成するのに負担となる，②母または前夫が嫡出否認の訴えを提起しなかった場合，あるいは２年の出訴期間が経過して嫡出否認の機会を失った場合には，子は実父に対し認知請求することができず，実父も子を認知することができなくなり，真実の血縁関係を回復する途が閉ざされてしまう，③嫡出推定に一定の例外を認めるか，それとも嫡出否認の訴えより手続が容易であり，費用も手ごろな非訟事件手続によって嫡出推定を覆すことができる方法を設けるべきである，と指摘した。

その後，民法改正により，母または母の前夫から嫡出否認許可を請求することができる制度（嫡出否認許可請求制度）と，実父から認知許可を請求することができる制度（認知許可請求制度）が新設され[32]，憲法裁判所の指摘の③が実現された。

しかし，嫡出否認許可請求制度は，婚姻中の子として出生の届出がなされていないことが前提となるから，前夫によって出生の届出がなされた場合及び前夫の

---

(31) 審判対象条項による私生活の秘密と自由，婚姻の自由，性的自己決定権，財産権，平等権の侵害主張については，次の理由で受け入れなかった。①嫡出否認の訴えの進行過程において生じる私生活の公開の問題は，訴訟法上での弁論及び訴訟記録の非公開制度の運営にかかわる制度として，審判対象条項により請求人の私生活の秘密と自由が制限されたとはいえない。②女性の再婚禁止期間を規定した旧民法811条が廃止された以上，審判対象条項により請求人の婚姻の自由及び性的自己決定権が制限されたとはいえない。③審判対象条項により，簡単な遺伝子検査の代わりに手続が複雑であり，相対的に多くの費用がかかる嫡出否認の訴えをすることで，請求人に経済的な負担が生じるとしても，このような不利益は，嫡出否認の訴えを提起することに伴う間接効果として，反射的不利益に過ぎず，これを憲法が保障している財産権の制限とはいえない。④審判対象条項が，婚姻解消後300日以前に出産した女性とその以後に出産した女性との間に格差を置くことは，審判対象条項が婚姻解消後300日を嫡出推定の基準にしている。その基準が合理的であるのかに関しては，人格権などの侵害可否を検討しながら判断する以上，これに関する平等権の侵害主張は，別途に判断しない。
(32) 前者は，家庭裁判所から嫡出否認の許可をうけるまで，出生の届出をすることができないから，子どもの保護に空白が生じる恐れがあり，後者は，民法上嫡出推定をうける婚姻中の嫡出子を実父（生物学上の父）が認知することは，現行法体系と合わないという批判がなされている。김상용，법무부 친생추정조항 개정안에 대한 비판적 고찰，중앙법학 19권 3 호，중앙법학회 2017，101-113면，김상헌，친자관계에 있어서 헌법재판의 역할에 관한 고찰 - 민법제844조 2 항 등 위헌확인 사건을 중심으로 친족상속법적 관점에서，서울법학 25권 4 호，서울시립대학교 법학연구소，2018，138-140면，和訳：キム・サンヨン「法務部親子推定の改正案に対する批判的考察」中央法学19巻３号（中央法学会，2017年）101-113頁，キム・サンホン「親子関係において憲法裁判所の役割に関する考察──民法第844条２項など違憲確認事件を中心に親族・相続法的観点から」ソウル法学25巻４号（ソウル市立大学法学研究所，2018年）138-140頁

合意を得ることができない場合は、嫡出否認許可を請求することができない。原則に戻って嫡出否認の訴えをしなければならない。また嫡出否認許可が請求された場合には、裁判所は前夫の陳述を聴取する。認知許可請求制度も同様である。要するに前夫の合意が必要である。改正前から家庭裁判所実務では、出生の届出をしない状態で、前夫と父子関係解消の合意をすれば、親子関係不存在確認の審判を行うことができることもある。これを鑑みると、目新しい制度ではないと考えられる。結局、旧嫡出推定制度から指摘されてきた時間的・費用的・手続的な負担には変わりはない。依然として離婚して新たな家庭を形成しようとする母（妻）、実父の幸福追求権も侵害するものであるから、憲法裁判所が指摘した①と②に対する解決は、改正を通じてもできなかった。

他方、改正民法でも、妻が婚姻中に妊娠した子は、夫の子と推定すると規定しているから、別居していても婚姻中に出生した場合や離婚後300日以内に出生した場合には、前夫の子と推定される。出生届をすれば、前夫の家族関係登録簿に記載されるから、母親が出生届を出せず、子どもが無戸籍になってしまうことも改正前とかわらない。出生と同時に家族関係登録簿(33)に登録される利益という子の利益が侵害される。これは、「児童は、出生の後直ちに登録される。児童は、出生の時から氏名を有する権利及び国籍を取得する権利を有する」と規定している子ども権利条約の7条に反するものである。

ところで、憲法裁判所は、憲法不合致決定で、離婚の申立てから離婚判決確定までに出生した子に対して、離婚判決確定後1年以内に第三者が前夫の承諾を得てその子を認知すれば、夫の推定が排除されるとするドイツ民法を、敢えて言及している。民法改正の際に、この言及を考慮し、上記の二つの制度を新設したのではないか考えられるが、ドイツ民法は、婚姻中に出生した子は、夫の子と推定する。つまり、ドイツは、嫡出推定においては、懐胎主義ではなく、分娩（出生）主義を採用している。そこで女性が離婚後、再婚して出産した子は、離婚後300日以内に生まれた場合でも、現夫（再婚の夫）の子と推定される。これは、子は出生と同時に家族関係登録簿に登録することができるから、出生と同時に家族関係登録簿に登録される子の利益を保障する。また嫡出否認及び親子関係不存在の訴えをする必要がないから、離婚して新たな家庭を形成しようとする母の幸福追求権も侵害しない。せっかく憲法裁判所がドイツ民法を例として挙げたのにも関わらず、民法改正の際に、分娩（出生）主義までは気付かなかったのか、既存の懐胎主義をそのまま採用している。今回の改正は、骨抜き改正ではないかと言わ

---

(33) 2008年1月1日から、戸籍制度に代わる新しい制度である。

ざるをえない。

Ⅳ 終わりに

　韓国の旧嫡出推定・嫡出否認制度は，日本と同様に法律上の父と血縁上の父が一致しない場合に，①夫のみに制限した出訴権者，②子の出生を知った日から1年以内にとする嫡出否認の訴えの出訴期間，③婚姻解消後300日以内に生まれた子を前夫の子と推定する規定によって生じた問題について，判例解釈及び家裁実務の運用で対処してきたが，1997年と2015年に②と③は，憲法の視点から取り上げられ，「家族生活及び身分関係において享受すべき人格権及び幸福追求権，個人の尊厳と両性の平等に基づいた婚姻と家族生活に関する基本権を侵害する」ものとして，憲法不合致決定をした。その後，②と③は憲法的価値の実現の観点から法改正が行われており，さらに①の夫のみの嫡出否認権を妻にも認めた。①は，審判対象条項ではなかったにもかかわらず，改正されたのは，2000年に戸主制違憲訴訟が起こされ，2005年2月に戸主制度と関連する条文に対する憲法不合致決定が宣告されたのが，重要なきっかけになったと考えられる。

　2005年，戸主制と関連する規定についての違憲訴訟で，初めてジェンダー平等の観点から憲法的価値が論じられるようになったといえる。憲法裁判所は，「家族構成員すべては，性別を問わず，人格を有する個人である。家族構成員を強制的に戸主を中心とした「家」に位置づけることは，家族生活における個人の自由意思が侵害されることであり，憲法36条1項に違反する」とした。また，家族法において伝統・慣習論は，ジェンダー不平等規定の存置する根拠として憲法的正当性を主張してきた。しかし，これについても「憲法前文と憲法9条の'伝統'，'伝統文化'とは，歴史性と時代性を持つ概念として理解するべきである。過去のある時点で歴史的に存在したという事実だけでは，すべてが憲法の保護をうける伝統になるものではない。…結論的に，従来（伝来）のある家族制度が憲法36条1項で要求する個人の尊厳と両性平等に反するときは，憲法9条を根拠にしてその憲法的正当性を主張することはできない」とした[34]。

　以上の韓国憲法裁判所の憲法不合致決定らからみると，立法理由及び伝統・慣習の重視という名前で合憲性を正当化してきたこととは異なり，個人の尊厳を重視して，違憲可否を判断しており，今後，個人と多様性を尊重するという原則のもとに，家族法に残っているジェンダー問題——本稿で述べたように嫡出否認の

---

(34) 헌법재판소 2005.2.3. 2001헌가9，和訳：憲法裁判所2005.2.3ホンガ9

出訴権者を子に拡大することと，嫡出推定における懐胎主義から分娩（出生）主義への転換 ── を解決していくことが望まれる。

研究ノート

大学におけるセクシュアル・ハラスメント判例総覧50件

浅倉むつ子
鈴木陽子

はじめに

　2017年から18年にかけて，全世界的に，性的被害の告発とその撲滅を訴える動きが相次いだ。国内でも例外ではなく，2017年には伊藤詩織氏が首相と親しいジャーナリストからのレイプ被害を告発し[1]，2018年には女性記者が元財務事務次官によるセクシュアル・ハラスメント（以下，セクハラとする場合がある）を明るみに出し，これらを契機に「メディアで働く女性ネットワーク」や「メディアにおけるセクハラを考える会」[2]が設立された。メディア界で働いている女性に対する権利侵害の実態が日の目をみたことは，一つの成果である。しかしながら，これらの件をめぐる一連の政治家発言は最悪で，世界に向けて日本が「性差別大国」であることを発信してしまった[3]。国の行方に責任をもつ大臣や議員が性暴力にここまで無理解であるのなら，一般社会の人々にその「害悪」を理解させることもまた，至難の業であろう。案の定，ネットには被害者である女性たちへの中傷・非難があふれ，背筋が寒くなる思いである。
　セクハラは性暴力の一類型であり，就業環境や教育・研究環境を著しく悪化させる侮蔑的で敵対的な行為である。このようにきわめて深刻な人権侵害を引き起こす違法な行為であるにもかかわらず，セクハラについては「たかがこの程度の

---

(1) 伊藤詩織『Black Box』（文芸春秋，2018年）
(2) 「メディアで働く女性ネットワーク」（2018年5月設立，林美子代表），「メディアにおけるセクハラを考える会」（2018年5月設立，谷口真由美代表）。
(3) たとえば「週刊誌に録音売るのはある意味犯罪・はめられた」（下村博文・元文科相），「抗議する女性国会議員はセクハラとは縁遠い方々」（長尾隆・衆議院議員），「弁護士に話すのがそんなに苦痛なのか」（矢野康治・財務省官房長），「はめられて訴えられているんじゃないかという意見がある」「セクハラ罪という罪はない」（麻生太郎・財務大臣）などの発言が相次いだ。浅倉むつ子「日本は『性差別大国』」労働法律旬報1920号（2018年）4頁以下も参照。

問題」としか理解されないことがまれではない。被害者による告発が，売名行為だとか，加害者を陥れる道具として使われたかのように非難される場合すらある。公的世界で名をあげた人々が加害者の場合にはなおさらであり，政治の世界，メディアの世界，高等教育の世界でも，この構図は変わらない。

今回，私たちは，さまざまな分野に広がっているセクハラ事案のなかから，大学における裁判例50件を分析することにした[4]。特に大学のセクハラ事案をとりあげるのはいくつかの理由がある。大学では，第1に，セクハラが，被害者（主として院生・学生）と加害者（主として教員）の力の落差がもっとも大きい関係性において発生しがちであること，第2に，それだけに被害者が拒絶できない状況におかれやすいこと（教員による成績評価や指導上の影響力・支配力の大きさ），第3に，一般社会とは異なる学内の仕組みや，専門性が高い学問の世界という権威的構造があるため，他の分野とは独自に検討する必要がある，といえるからである。

1　大学におけるセクハラ対策と法規制

職場におけるセクハラについては，1997年の均等法改正時に，女性労働者を対象とするセクハラ対策が事業主の配慮義務となり（均等法21条1項），2006年の均等法改正時には，男女労働者を対象とするセクハラ対策が事業主の措置義務となった（同法11条1項）。均等法のセクハラ指針は，事業主が講じるべき措置を具体的に示しており[5]，2013年の同指針の改正により，現在では，ジェンダー・ハラスメント（性差別意識に基づく嫌がらせ）や同性に対するセクハラも，事業主が対応すべき措置に含まれている。

この均等法におけるセクハラ措置義務規定は，一般職国家公務員には適用されない仕組みである。そこで97年改正均等法の施行時（1999年）にあわせて，一般職の国家公務員を対象とする人事院規則10-10が制定された[6]。当該人事院規則は，対応すべき対象となるセクハラ行為を均等法ほど限定的にはとらえず，幅広い行為を規制の対象とするものであった[7]。この人事院規則10-10に倣う形で，

---

(4) キャンパスセクハラ判例について分析した先行研究として以下も参照されたい。松本克美「キャンパス・セクシュアル・ハラスメント訴訟と大学の教育研究環境配慮義務」立命館法学300・301号（2006年）453-488頁。

(5) 事業主が職場における性的な言動に起因する問題に関して雇用管理上講ずべき措置についての指針（平成18年10月11日厚生労働省告示第615号）。ここに明示されている措置は，①事業主の方針等の明確化およびその周知・啓発，②相談に応じ，適切に対応するために必要な体制の整備，③事後の迅速かつ適切な対応などである。

(6) 人事院規則10-10　セクシュアル・ハラスメントの防止等（1998年11月13日）

〈研究ノート〉　大学におけるセクシュアル・ハラスメント判例総覧50件〔浅倉むつ子〕〔鈴木陽子〕

　各省庁はその後相次いで，通達等によってセクハラ防止対策を整備していった。
　文部省（当時）もその一環として1999年に，国立大学におけるセクハラ防止対策にかかる文部省訓令4号[8]を策定した。2004年4月には国立大学が法人化され，均等法11条（当時は21条）が大学にも適用されることになったが，教育現場としての大学に関しては，従前どおり文部省訓令4号の趣旨を活かしたセクハラ防止対策が講じられてきている。公立・私立大学も，文部省訓令4号の趣旨をくみつつ，設置者である地方公共団体や学校法人等が，それぞれの権限と責任に基づき，大学内のセクハラ防止対策を講じている状況である。
　セクハラ行為を行った行為者に対する制裁は，学内構成員に適用される就業規則の懲戒規定に従って対応がなされなければならない。処分の相当性は，懲戒処分に関する人事院通達に示されている標準例[9]が参照される傾向にある。ちなみに同通達は，セクハラについては，行為類型ごとに具体的な処分相当性の標準例を示している[10]。
　一方，セクハラ行為が発生した場合の被害者の学習環境の保護等に関して，各大学は，教務等に関する学内規則にのっとり学生のゼミ所属の変更等の措置を行っている。使用者が有する労働契約上の業務命令権にもとづき，大学は，教員に対して，ゼミや講義担当の変更，在宅勤務，研修受講等を命じている。現在，764校にのぼる全国の大学（国立86校，公立84校，私立594校）は，「セクハラ防止の取組を実施している」と回答し，99.1％の大学が，学内の全ての学生及び教職員が相談できる窓口を設置していると回答している[11]。以上の状況からみて，大学ではセクハラ事件が相変わらず多発しているものの，セクハラ対策については，大学のほうが一般企業よりはおそらく進んでいるのではないかと推測される[12]。

---

(7) 人事院規則は当初から，1997年改正当時の均等法が対象外としていた，①男性職員が被るセクハラ，②職場外の職員同士のセクハラ行為，③ジェンダー・ハラスメント，なども対象としていた。浅倉むつ子『均等法の新世界』（有斐閣，1999年）98頁以下。
(8) 「文部省におけるセクシュアル・ハラスメントの防止等に関する規程」（1999年3月30日文部省訓令第4号）。
(9) 人事院「懲戒処分の指針について」（平成12年3月31日職職-68）
(10) セクハラ行為に対する処分の標準例としては，①暴行脅迫を用いるわいせつ行為等に対しては免職もしくは停職，②相手の意に反することを認識したうえでわいせつな言辞等の性的言動を繰り返したときは停職または減給。ただし相手が精神疾患に罹患したときは免職又は停職。③相手の意に反することを認識してわいせつな言辞等の性的言動を行った場合は減給または戒告，としている。
(11) 文科省「平成26年度大学における教育内容等の改革状況について」。

2　大学におけるセクハラ裁判例50件の4分類

　本稿では，1997年から2018年までの判例50件をとりあげて分析した。概要は文末の【一覧表：大学におけるセクシュアル・ハラスメント裁判例50件】に示す通りである。これらの判例は，ウェストロー・ジャパン，判例秘書，TKCの検索により入手できた裁判例の中から，大学におけるセクハラ事案と考えられるものを時系列に並べ，判決の年月日，裁判所名，事案の概要，判断，出典を示した。右端の欄にはこれら判例をⅠからⅣに分類して表示した。（Ⅰ）教員・職員から大学を訴えた事案[13]，（Ⅱ）院生・学生から教員や大学を訴えた事案，（Ⅲ）教員から学生・職員を訴えた事案[14]，（Ⅳ）その他の事案，である。

　全体の流れをみると，初期の段階では，被害者（主として院生・学生）が加害者（主として教員）や大学に損害賠償を求めるⅡ型の訴訟が数多く提起されていたが，平成16年頃からは，教員が大学を訴えるⅠ型が増加した。時期が大学法人化と重なっているものの，その影響の有無は判然としない。ただ，この頃から，各大学におけるセクハラ防止対策の整備，相談室の充実，加害者への処分の増加があったのではないかと推測される。大学内での自律的な紛争処理手続きによって，大学が加害者とされる教員に対し就業規則や懲戒規程に基づく処分を講じ，かかる処分を不服とする教員が提訴するケースが増えたのであろう。

　一方，大学から処分を受けた教員が被害の申し立てをした学生等を相手取って訴訟を提起するという事案もみられる（Ⅲ型）。院生・学生が大学の苦情相談窓口に虚偽の申告をしたとして，教員から不法行為もしくは名誉毀損による損害賠償を請求する訴訟類型である（例えば【36】【43】）。被害者である院生・学生は応訴の負担を強いられるが，【一覧表】にある裁判例において，最終的に原告（教員）の請求が認められた事例はない[15]。

3　セクシュアル・ハラスメントの行為類型

　裁判所はどのような行為をセクハラと認定しているのだろうか。第1には，意に反する性交渉，性的部位（胸や下半身）への接触，その他身体的接触（抱きつく，

---

(12) これは，2018年9月3日に行われた日本学術会議主催のシンポジウム（「セクシュアル・ハラスメントをめぐる法政策の現状と課題」）において「キャンパス・セクシュアル・ハラスメントの実態と課題」を報告した北仲千里氏の見解とも一致するものである。

(13) ほとんどの事件の原告は教員だが，【31】は職員が提訴した事件である。

(14) ほとんどの事件の被害者は学生だが，【29】の被害者は職員である。

(15) 【1】の反訴では教授による名誉毀損の主張が認められたものの，控訴審（【3】）で棄却された。

キスをする）という行為がある。これらは刑事事件になり得る重大かつ深刻なケースであり，大学のセクハラ事案では相当数を占める。次に認定されているのは，性的関係を要求するような言動，食事に誘う等の執拗なメールを送信すること等である。

　裁判所は，近時，女性を蔑視する発言等もセクハラと認定する傾向を示している。例えば，教員が女性の助教に対し，「女性研究者は出産とかで何年も空くと，やっぱりなかなか戻りづらい」などの発言につき，着任早々に複数回にわたって結婚又は出産で休職する予定がないかを尋ねたことも併せて考慮しつつ，「発言を聞いた女性労働者に対して強い不快感を与える」セクハラに当たる，と判断したケースがある【49】。このように裁判所は，セクハラを必ずしも「性的な言動」のみに限定せず，一般の女性労働者の感じ方に照らして，当該発言を聞いた女性労働者に強い不快感を与える発言をセクハラと認定する傾向にある。

4　セクシュアル・ハラスメントの成否

（1）供述の信用性

　裁判では，意に反する性交渉等，セクハラ行為の存否が争点となる事案が多く見られる。それらが密室で起きた場合には，客観的証拠に乏しく，加害者と被害者の供述が大きく異なる場合が多いからである。裁判所は，どちらの供述が信用できるかを比較してセクハラ行為の存否を判断する。信用性の判断としては，それぞれの供述内容が，①具体的かつ詳細であるか，②不自然，不合理でないか，③一貫性があるかなどがポイントとなる。一般的に，当事者の供述が変遷すれば，その供述内容の信用性は疑わしいと受け止められる。しかし裁判所は，セクハラをめぐる裁判において被害者の供述が変遷することは，被害者が受けた性暴力の態様によっては十分にあり得ることだとして，理解を示す傾向がみられる（例えば【20】）。

　また，【22】の事案では，セクハラ行為の事情聴取の進行において，院生・学生が，当初は担当教員との関係の悪化をおそれて被害の一部しか供述しなかったものの，その後に追加的に供述したという場合に，それをもって被害者の供述の信用性は否定されない，と判断した。

（2）同意の有無

　セクハラの成否に関しては，被害者が拒否したり，逃げたりしなかったという事実をもって，同意があったかどうかが問われる。しかし，大学における特有な関係性においては，教員は学生の成績評価，論文審査，修了などに関する絶対的

な力を持ち，院生・学生は教員の機嫌を損ねれば著しい不利益を被りかねない立場にあり，それだけに，教員からの性的な要求をストレートに拒絶できないことが十分にありうる。裁判所も，院生・学生の同意の有無については，教員との関係性や被害者の心情を考慮しながら，それが真意に基づくものか不本意ながら従ったものかなど，慎重に判断する傾向にある。

　教員が指導的地位・権限を利用して性的関係を強要することは許されるべきではない。しかし，教員と院生・学生が恋愛関係にあったと認定されると，セクハラ行為は否定される。大学の特任教授（原告）が他大学の院生に対する性的関係の強要等を理由に解雇された事案では，1審・控訴審ともに，教員と訴外大学院生Bとの性的関係は「大学教員としての品位を損なう不適切な行為であるとはいえるものの，相手の望まない性的な言動ということはできない」からハラスメントに該当しないとして，大学が行った処分を違法・無効と判示した（【39】【40】）。教員と院生の関係が「相互の愛情に基づくもの」としてセクハラ行為の存在を否定した事案（【44】），教員と学生が「恋愛関係」にあったものと判断した事案（【25】【26】）もある。

　しかし，教員と院生・学生間には特有な権力関係が背景にあることを考えれば，年齢差が著しい場合（【39】【40】）や，教員に配偶者がある場合（【25】【26】）においては，教員がいくら恋愛関係だと強弁し，院生・学生もそれに応ずる心理状態にあるとしても，両者の関係性は自由恋愛からはほど遠いものでしかないはずである。

5　大学の対応の是非

　セクハラ訴訟において大学の対応の是非が問われる裁判は，上記の判例分類のⅠ型とⅡ型に分かれている。Ⅰ型は，加害者とされる教員・職員が原告となり，大学が行った懲戒処分や教務上の措置の違法性を争う裁判である。Ⅱ型は，被害者である院生・学生等が原告となり，セクハラ防止対策やセクハラの事後的対応が不十分であったとして大学の責任を問う裁判である。以下では，まずⅡ型の事案を分析する。

（1）被害者（院生・学生）からの訴え（Ⅱ型）

　Ⅱ型訴訟の法的な根拠としては，私立大学の使用者責任（民法715条）ならびに国公立大学の国家賠償責任（国賠法1条1項），また，大学自体の不法行為責任（配慮義務・措置義務）（民法709条）や在学契約に基づく教育・研究環境配慮義務（民法415条）などが考えられる。

ア　使用者責任

　教員のセクハラ行為につき大学の使用者責任が認められた事案は，【一覧表】の中では2つある（【12】【16】）。

　【12】は，正規の授業時間外に学外で行われた合宿中に起きた事案であり，使用者責任の要件である業務の執行性が争われた。裁判所は，教授の指導者としての地位，合宿の批評会と授業内容との共通性，合宿参加者と授業参加者との共通性等の事情に照らして，当該合宿は授業の延長としての性格を有するため，「事業の執行行為と密接な関連を有する行為」であると認めた。

　【16】は，海外調査旅行中にホテル客室内で起きた事案である。裁判所は，市立大学教授は「本件セクハラ行為を行うに当たって，自己が本件調査旅行の研究代表者であり，Xが通訳や雑用等の担当者であるという両者の上下関係から生じる事実上の影響力を巧妙に利用して不法行為に及んだものと認めるのが相当」とし，調査旅行中に客室が打合せに使用され，現に本件セクハラ行為の際にも客室内で翌日の日程の打合せがなされたという事情も考慮して，「その職務を行うについて」なされた違法有責な行為であると認定して，国賠法（1条1項）を適用し，大学の損害賠償責任を認めた[16]。

　一方，国立大学教授のセクハラ行為について，それが全く私的な懇親会の帰宅途中になされたものであり，外形上「その職務を行うについて」なされたものではないと判断した事案（【22】）や，教授が学生に恋愛感情を抱いて告白した行為等は，講義や研究等の被告学園の事業とは関連なしになされた純然たる私的行為であり，「事業の執行につきなされたものとは認められない」とした事案（【23】）においては，使用者責任は否定されている。

イ　不法行為責任

　セクハラ訴訟には，大学に対して固有の不法行為責任を追及するものもある。大学がセクハラ防止対策を講じており，セクハラ発生後に必要な調査や適切な対応をとっている場合や，大学が教員のセクハラを事前に抑止することが困難であったとされる事案では，大学に対する損害賠償責任は否定される（例えば【22】【23】）。

ウ　債務不履行責任

　大学は高等教育機関であり，在学契約に基づき院生・学生に対して，セクハラ被害の発生防止やセクハラが発生した場合の適切な措置を講じる義務がある。これは教育・研究環境配慮義務の一環であり，この義務を懈怠した場合には，大学

---

(16) 本件では，国家賠償法が適用されたため，民法715条の適用は排斥されている。

は契約上の責任を問われることになる。

　大学がセクハラ防止指針を定め，相談員を配置し，防止対策委員会等を設置しており，セクハラ被害の申出を受けた後は被害者の心情にできるだけ配慮した上で加害者の懲戒手続を進めている場合には，当該義務違反は否定される（【22】）。

　大学の研究環境配慮義務の内容を具体的に明示した判例をみよう（【30】）。本件は，指導教員からセクハラを受けた大学院生が，辞職した教員の後任指導者を速やかに採用せず，他の学生に対する適切な説明を怠るなどした大学に対して損害賠償を求めた事案である。裁判所は，年度途中で後任指導者を確保することは極めて困難であるため，新規に教員を採用できなかったことについては義務違反を否定しつつ，大学は原告らに対し，「研究環境配慮義務の一内容として採用方針やその採用に関する進捗状況について，セクハラの被害者に可能な限り具体的な情報を提供する義務があった」として，この対応を怠った大学の義務違反を認めた。さらに，大学は「研究環境配慮義務の一内容として，突然指導者を失うことになった他学生らに対し，……（彼らの）動揺や混乱を最小限度に止め，原告らの研究活動に支障を生じさせないよう速やかに適切な説明を行うなどの対策を講じるべき義務がある」と述べる。

　セクハラが生じた場合には，加害者への処分だけでは十分な対応をしたとはいえず，被害者である院生・学生が従来と同じように研究活動に専念できるよう被害の回復に努めることも大学に求められているといえよう。

（2）加害者とされる教員・職員からの訴え（Ⅰ型）
　ア　事実誤認
　大学から懲戒処分を受けた教員等が処分の無効，取消等を求めて提訴する場合，まずは懲戒事由がないこと，処分の前提となる事実の誤認が主張される。セクハラ行為は存在せず，就業規則等に定める懲戒事由に該当しない処分は違法であるとの主張であり，セクハラ行為の存否が，最初に争点となる。

　イ　処分の相当性
　セクハラ行為が認められた場合，次に問題となるのは処分の相当性である。大学が加害者に対して講じた懲戒処分の内容が相当といえるか否かが論点である。セクハラ行為と処分の軽重が比較衡量され，処分内容が不相当に重い場合には，権利濫用として無効となる。セクハラ訴訟においては，①ハラスメントの内容・回数・悪質性，②過去の懲戒処分歴の有無，③反省の意思，④加害者の不利益の大きさ（賃金が支払われない，研究室等が利用できない）等を総合的に考慮して，相当性が判断されている。

セクハラ行為が認定され，懲戒解雇や免職処分が有効とされた事案は多い。教員が地位や権限を利用して性的関係を強要したことが認定された事案（【34】），抱きしめる，キスをする，性的部位を触るなど身体的接触が認定された事案（【14】【32】【33】【34】【45】），相手の意に反して執拗に大量のメールを送信する行為が認定された事案（【31】【33】）は，刑法上の強制わいせつや「ストーカー行為等の規制等に関する法律」におけるストーカー行為としての評価を受けうる重大な違法行為であり，厳しい処分であっても，相当性が否定されることはない。

ただし，懲戒処分の中でももっとも重い懲戒解雇は無効とされることもある。【49】で裁判所は，大学院医学系研究科の教授（原告）の助教に対する女性蔑視発言や他の者を不快にさせる発言等をセクハラと認定し，懲戒事由に該当するとしたが，懲戒解雇は社会的相当性を欠き無効とした。懲戒解雇は，退職金が支給されず，再就職等にも影響を与えるもっとも重い処分であることから，相当性は慎重に判断され，重大な違法行為があった場合に限り有効とされる処分である。

解雇に次いで重い懲戒処分は停職であり，次に，減給，戒告と続く。【35】事件では，大学院生を自己の研究室に誘い性交渉に及んだとして，被告大学から停職6か月の懲戒処分を受けた大学院の准教授（原告）が処分の無効確認を求めたケースであるが，裁判所は停職処分を相当としつつ，期間は3か月にとどめるのが相当であるとして，6か月の処分は裁量の逸脱であり違法と判断した。

ただし，セクハラの事実が認定された上で，懲戒処分の相当性が否定された判例は，【一覧表】上は，上記2件にとどまる。停職処分[17]，戒告処分[18]が争われた事案ではいずれも，処分は有効とされた。

　ウ　手続上の違法

懲戒処分は制裁罰の性格を持つことから，刑事処罰と類似の諸原則が要請される[19]。被処分者には，懲戒処分事由の告知，弁明ならびに防御の機会が付与されなければならない。【一覧表】の中では，懲戒処分の手続上の違法が認定され

---

(17) 留学生である科目等履修生に対する性的な発言や身体接触の行為に対する3か月の停職処分は相当とした事案（【24】），ゼミ所属の学生に対する執拗なメールを送り前年にも同様の言動を行って厳重注意を受けたのに再び事件を起こしたことを理由とする1か月の職務停止処分を有効とした事案（【46】）がある。

(18) 指導教育する立場にある講師から院生（医師経験5年程度の内科医）になされた性的言動に対する処分が有効とされた事案（【20】）がある。

(19) 行政手続きでは，原則として，被処分者に対して，処分の根拠となる具体的事実についての事前の告知，弁解・防御の機会の提供が必要であるとされている（最高裁判所平成4年7月1日大法廷判決）。文部科学省も，セクハラに関する苦情相談を受けた後に加害者とされる職員から事実関係等を聴取する場合には，加害者とされる職員に対して十分な弁明の機会を与えなければならない旨を定めている。前掲注（8）参照。

た事案は見当たらず，これらの大学においては，適正な手続のもとに処分が行われていると推測される。

　エ　教務上の措置

　高等教育機関である大学においては，とくに被害者救済の観点から，懲戒処分とは別に，教員に対して教務上の措置（講義や演習科目の指導・担当の停止，教授会への出席停止などの措置）がとられる。被処分者からは，これらの措置が二重処分であると主張されることが多い。

　判例上は，このような主張をめぐり判断が分かれている。同一事案に関して，1審は，教務上の措置は，制裁としての懲戒処分とはその性質・目的が異なるから二重の懲戒処分にあたらず適法，と判断したが（【8】），控訴審は，実質的には訓戒処分の対象となった行為に対する再度の不利益処分と評価して，一事不再理の原則に照らし違法と判断した例がある（【10】）[20]。

　【24】事件では，裁判所は，大学は停職3か月の懲戒処分に加えて，教育活動の停止及び教授会等大学運営への参加停止措置を採り，それが2年経過後も放置されたことを裁量権の逸脱があり違法，と判断した[21]。しかし，大学は雇用している教員に対して，管理運営上必要な事項について職務上の命令を発する権限を有しており，学生への教育環境配慮義務を尽くすために必要な範囲で，教員の教授の権利や大学の運営に参加する権利を制限することは当然の措置であると思われる[22]。判旨のように教員の権利を過度に重視する判断には賛成しがたい。

　【19】事件では，裁判所は，停職処分の後になされた業務命令は実質的な懲戒処分ではないと判断した。ただし，被害者が修士課程を修了した後まで，教員に対して講義・研究指導の停止を継続した措置は違法である，と判示した[23]。さらに，教員の研究活動は教育活動と異なり，学生と接点を持たずに行うことも可能であ

---

(20) 本件で裁判所は，「教授会の権限は，各教員と債務者（雇用主）との間の雇用契約に基づいて有する権利ないし法律上の利益には及ばず，その各教員の権利ないし法律上の利益を，教授会が本人の意思を無視して侵害することはできない」として，教授会決定に基づく教務上の措置を違法とした【10】。

(21) 本件で，裁判所は，懲戒の被処分者が人事院に審査請求をすることは正当な不服申立権の行使であり，この判定が出るまで教育活動の停止及び教授会等大学運営への参加停止措置をとることができるとすれば，大学教授の正当な不服申立権の行使を抑制し，実質的に見て二重の処分を課するのと同様な結果を招来することになる，と述べている【24】。

(22) 松本は，大学の教育研究環境配慮義務を在学契約関係ないしそれに類似する社会的接触関係における信義則上の教育研究環境配慮義務違反，つまり債務不履行責任として捉えるべきと強調する。そのように解することで，国家賠償法の解釈として問題となる，大学の責任か公務員個人の責任かという二者択一問題を避けうるからである。松本・前掲注（4）論文476頁。

り，居室を情報処理室の一室に限定して化学棟への立ち入り禁止を継続した措置は違法，とした[24]。業務命令の目的は，学生らに対する良好な教育研究環境の確保・提供であるとすれば，その必要性が認められない教務上の措置は違法・無効となる。

そのほか，停職処分後になされた在宅勤務・研修の業務命令や授業科目として演習を担当させない旨の通知につき，大学側に瑕疵はない，とした判例がある【46】。

（3）その他（Ⅳ型）

【27】は，セクハラ相談の対応ミス等を理由に戒告処分を受けた大学教授が処分の有効性を争った事案である。本件では，セクハラ相談員（教授）が理事長の調査に不誠実な対応をして報告しなかったことが問題になったところ，裁判所は，セクハラ相談室はあくまで大学の一組織であるから，設置者である大学から報告を求められた際に守秘義務を理由に全て回答を拒絶することができると解するのは困難であるとして，教授の対応は不相当だったと判示した[25]。

【47】は，学生が非常勤講師の臀部を触った不法行為につき，教員から大学の対応には労働契約上の義務違反があるとして慰謝料請求がなされた事案である。大学は，学生に2度の事情聴取をし，学生が教員の臀部に触った可能性は否定できないとの印象を有しながらも，具体的状況にまで踏み込んだ綿密な調査をしないままに，ハラスメント調査委員会がハラスメント行為を否定したのであり，裁判所は，大学は「不十分な調査によって被用者である原告に不利な結論を下した」として，労働契約上の義務違反を認めた。当該大学は，加害学生に次回の原告の授業への出席を見合わせるよう指導し，次いで英語科目クラスを変更する措置をとったが，これらの措置は事態の早期決着をめざすことを優先しただけで，教員を精神的に相当傷つけたと判示された。

最後に，【一覧表】には登場してはいないが，大学においては学生間のセクハラが数多く発生していることを忘れるべきではない。コンパや誕生パーティなどの名目で飲酒し，そのあげくに行われる集団的な性暴力や，留学生を対象にした民族的蔑視が含まれる性暴力の事例など，大学内のセクハラ事案は，この国の人

---

(23) 本件における業務命令は，停職期間が満了した後，1年10か月継続した。
(24) 本件では，従来の研究室の荷物も運ばれず，なすべきことのないままに本件部屋に一人置かれているという状態が1年10か月継続した。
(25) 一方，裁判所は，教授の当該対応を懲戒処分の対象とするには疑義があるとして，戒告処分を無効とした。

権意識の未成熟性をおおいに反映しているように思われる。この実態から目を背けずに，各大学は「たかがセクハラ」というような学内構成員による人権軽視の意識を根底から反省して，安全で十分な教育を受ける権利をすべての構成員に保障すべく，改革に本腰をいれて取り組まねばならない。

〈研究ノート〉 大学におけるセクシュアル・ハラスメント判例総覧50件〔浅倉むつ子〕〔鈴木陽子〕

一覧表：大学におけるセクシュアル・ハラスメント裁判例50件

	裁判年月日	裁判所名	事案概要	判断	出典	分類
1	平成9年1月28日（秋田県立農業短期大学事件）	秋田地裁	【本訴】出張先のホテル内で大学教授（被告）から強制わいせつ行為を受けたとして、研究補助員の女性（原告）が慰謝料を請求。【反訴】本訴被告からも本訴原告に名誉毀損の反訴。	【本訴請求棄却】原告の供述内容は被害者の対応として不自然であり、強制わいせつ行為の存在を否定。【反訴請求一部認容】大学教授の名誉感情が著しく侵害され、社会的信用が著しく毀損された。（慰謝料30万円・弁護士費用10万円）。	判時1629号121頁	本訴 II 反訴 III
2	平成10年10月15日（三重大学事件）	津地裁	コンパの二次会で大学の助教授（被告）から指示された女子大学生（原告）に馬乗りなどをされた。教官の地位、権限を誇示したとして、単位認定などで不利益をほどこすための行為がされた事実、これに対して抗議を反復したことを理由として損害賠償を求めた事案。	【請求一部認容】馬乗りになった行為は、社会通念上許容される範囲を逸脱する行為であって不法行為責任を負う。著しい屈辱感と恐怖感を抱かせ精神的苦痛をあたえたものという。（慰謝料30万円・弁護士費用3万円）。もっとも、原告の抗議に対して被告がなした言動は脅迫とはいえず、不法行為には該当しない。	判タ1057号206頁	II
3	平成10年12月10日（秋田県立農業短期大学事件・控訴審）	仙台高裁秋田支部	［1］の控訴審	【原判決変更】控訴人（地裁本訴原告）の供述と被控訴人（地裁本訴被告）の供述の信用性を比較検討し、控訴人の供述を採用。本件は、被控訴人が控訴人に強制わいせつ行為を行い、その性的自由を違法に侵害したものであり、損害賠償を命じた。（150万円）。大学教授の反訴請求は理由がなく棄却。	判タ1046号191頁 判時1681号112頁 労判756号33頁	本訴 II 反訴 III
4	平成11年5月24日（東北大学事件）	仙台地裁	大学院生（原告）が在学中に指導および論文審査の担当教官であった助教授（被告）から、その地位を利用して性的関係を強要され、さらに被害申告に伴って研究科が実施した事実調査の過程で虚偽の弁明によって精神的被害を受けたとして、不法行為に基づく損害賠償を求めた事案。	【請求一部認容】被告は支配従属関係を背景に、原告が良好な環境の中で研究を受ける教育を受ける利益を侵害した。また、原告に性的接触を受忍させ、原告の性的自由をも侵害したものである。不法行為は長期間の及び悪質というほかなく、また自己の責任を免れようと図りその悪質さを得ない。（慰謝料750万円）。	判タ1013号182頁 判時1705号135頁	II
5	平成11年6月3日（東北生活文化大学事件）	仙台地裁	大学の助手（原告）が、大学の教授（被告）から車で迎えにくるよう呼び出され、途中で停車した車内で強制わいせつ行為の被害を受けたとして、損害賠償を求めた事案。	【請求一部認容】被告は事実を主張することはできないと主張するが、体力差や原告の恐怖心等からすれば抵抗行為がなかったことも不自然ではない。本件には、原告が被告に謝罪するなどのような不自然さがあるが、あたかも両親から誤解を受けるかのごとく孤立無援の状態で気力を失い混乱した精神状態で作成されたものと推認される。被告には大学教授の職にとどまり成立処分以外には社会的制裁を受けていないという事情から、損害賠償請求を社会的認容。（慰謝料600万円・弁護士費用100万）。	判時1800号53頁 LEX DB28080109	II

237

6	名古屋高裁 平成12年1月26日（三重大学事件・控訴審）	[2]の控訴審	【原判決変更】被控訴人（地裁原告）が控訴人（地裁被告）に馬乗りになった行為は、社会通念上許される範囲を逸脱する行為と評価できる違法。また、女子学生の正当な抗議に対する被告らの言動は、控訴人の権利行使を妨害するために威迫されたと認められる違法である。（慰謝料80万円・弁護士費用10万円）	判タ1057号199頁	II
7	仙台高裁 平成12年7月7日（東北大学院大学事件・控訴審）	[4]の控訴審	【控訴棄却】控訴人（地裁被控訴人）が遠法なセクハラを行ったことが認められるとして、慰謝料・弁護士費用を認めた原判決を維持。	裁判所ウェブサイト	II
8	神戸地裁 平成13年1月18日（神戸学院大学事件）	ゼミ生の「肩を抱く」「手を握る」行為が「セクハラ」にあたるとの言動にあたるとして訓戒処分を受けた大学教授（債権者）が、学部教授会が行った演習科目の担当停止という教務上の措置は不適法だと主張して、演習担当者の地位にあることを定める仮処分を申し立てた事案。	【申立却下】本件措置は、債務者の教授会の決議によってされた教務上の措置であり、訓戒分があったにかかわらず、二重の懲戒処分をするものではない。また債権者の講義や研究に関する活動を制限するものでもなく、身分や給与等にも無関係の措置であるから、債権者の被る不利益が格段に大きいといた措置であるとはいえず適法である。	判タ1092号189頁	I
9	仙台高裁 平成13年3月29日（東北生活文化大学事件・控訴審）	[5]の控訴審	【原判決変更】控訴人を信頼し、また、指示・要求に従わざるを得ない立場にあるのを不当に利用し、被控訴人の意思に反する性的行為の行為に及んだ経緯、この行為は非難されるべきだが、被控訴人の行為は改善効と無警戒にまでする態度で断言として拒否する態度に出なかったらの行為に至ってはなかったものであり、不適法としての仮処分を認める相当慰謝料200万円・弁護士費用30万円	判時1800号47頁	II
10	大阪高裁 平成13年4月26日（神戸学院大学事件・抗告審）	[8]の抗告審	【原決定変更】被抗告人（地裁債務者）の教授会が決定した。抗告人（地裁債権者）の全演習科目の指導・担当を停止すると、その措置の決定に至る経緯、実質的に訓戒処分と評価せざるを得ず、不適法であり、債権者の演習担当者としての仮地位を定める仮処分を認める。	判タ1092号170頁	I
11	千葉地裁 平成13年7月30日	大学院医学部研究科の大学院生（原告）が指導を受けていた大学教授（被告）から学会の宿泊先ホテルの被告の部屋で抱きつかれるなどのセクハラ行為を受けたとして損害賠償を求めた事案。	【請求一部認容】原告と被告の間には教育上の支配従属関係が存在していたところ、被告が性的意図をもち、原告が拒絶の意思を明らかにしたにもお互いお身体的接触に及んだこと、社会通念上許容される限度を超えまない相手方の意思に反する性的自由または人格権を侵害する身体的接触であることは社会的接触である（慰謝料300万円、弁護士費用30万円）	判時1759号89頁	II

〈研究ノート〉 大学におけるセクシュアル・ハラスメント判例総覧50件〔浅倉むつ子〕〔鈴木陽子〕

12	平成13年11月30日（日本大学事件）	東京地裁	大学の研究合宿中に、担当教授（被告Y1）からわいせつ行為を受けたとして、女子学生（原告）が大学（被告Y2）の不法行為責任を求めた事案。	［請求一部認容］原告の主張するわいせつ行為の事実を否定するが、被告教授はその供述は被告教授と比較して相対的に高い信用性を有するものであり、わいせつ行為の存在は認定される。本件合宿を授業の延長としての性格を有するものであり、被告教授の使用者である被告大学は損害を賠償する義務がある（連帯して慰謝料150万円・弁護士費用30万円）。	判時1796号121頁	II
13	平成13年12月21日（東北生活文化大学事件・上告審）	最高裁第二小法廷	［9］の上告審	［上告棄却・上告受理申立て不受理］	LEX/DB28070690	II
14	平成14年3月27日（琉球大学事件）	那覇地裁	交際関係にあった女子大学院生からセクハラを訴えられた妻子ある助教授（原告）に対して、大学は、当該行為の合意の有無の判断を留保したうえで道義的責任を理由に戒告処分をした。その後、大学が別途セクハラを認定されたのち、大学が懲戒処分（免職）を行ったところ、原告が当該処分の取消しを求めた事案。	［請求棄却］本件免職処分は、社会観念上著しく妥当性を欠き、裁量権を濫用したものとは認められない。また二つの懲戒処分（免職処分と戒告処分）で問題とされた事実は異なるため、二重処罰禁止の原則に反しない。	裁判所ウェブサイト LEX/DB28071033	I
15	平成14年4月12日（大阪外国語大学事件）	大阪地裁	国立大学大学院の教授（被告Y1）からの性的言動や他大学院のゼミナールへの参加を受けたとして、大学院生（原告）が国（被告Y2）に対し、損害賠償を求めた事案。	［請求一部認容］被告教授は、他大学院の受講を名誉・信用等を侵害したとして、国賠法1条1項により法的利益や名誉・信用を賠償を命じた（100万円・弁護士費用10万円）。もっとも、セクハラに関する部分については、被告教授の言動は大学教員としての思慮分別を欠けるものとそしられないが、悪意から出たものとは認めがたく、内容、態様、原告に与えた不快感等を総合勘案すると、社会通念上違法性があるとは認められない。	LEX/DB28070781	II
16	平成15年1月29日（名古屋市立大学事件）	名古屋地裁	［本訴］公立大学の教授が海外調査旅行に参加したゼミナールの大学院に在籍する日本人学生（原告）に対して、ホテルの一室でセクハラ行為を行ったとして、同教授及び市（被告Y2）に対し損害賠償を求めた。［反訴］本訴被告Y1から同損害賠償及び本訴原告に名誉毀損による損害賠償を求めた。	［本訴請求一部認容］明らかに求愛する趣旨のことを被告教授が、開接的に自分の性的意図を結婚するまでも示唆して一時的な性的関係の許容があったかのような言葉を繰り返したことについて、セクハラ答弁の一部が不同意と認定できる。調査旅行先でもあるホテルの客室内で望外セクハラ行為を行いたものと考慮すると、本件セクハラ行為は、セクハラ行為を行ったものとしていた事情も考慮すれば、本件セクハラ行為は、被告市がその職務遂行ある公務員の使用者責任が認められる（慰謝料100万円・弁護士費用20万円）。	労判860号74頁	本訴II 反訴III

	年月日（事件名）	裁判所	事案	判旨	出典	類型
17	平成16年3月19日（早稲田大学事件）	東京地裁	大学のゼミに招待されたマスコミ界の著名人（被告）が、ゼミの懇親会を中座し、ホテル客室内で女子大学生（原告）を同行し、性的行為に及んだとして不法行為に基づく損害賠償を求めた事案。	【反訴請求棄却】本訴原告の申立てで事実と真実と認めるのが相当。本訴原告の行為は違法に本訴被告教授の名誉を侵害する場合に当たらない。【請求一部認容】被告が原告すべての事情を総合した経緯、性的自由の態様等を考慮し性的自由に反ない性的自由決定権の侵害の慰謝料として150万円、性的自由に反ない性的自由決定権の侵害の慰謝料として30万円、弁護士費用20万円を認めるのが相当。	ウエストロー・ジャパン	II
18	平成16年8月30日（早稲田大学事件・控訴審）	東京高裁	[17]の控訴審	【控訴棄却・一部変更】控訴人（地裁原告・附帯被控訴人）控訴人（地裁被告・附帯被控訴人）を心理的に拒絶不能な状態にさせて性的行為を行ったと経緯、性的自由の態様等一切の事情を総合し勘案すると、被控訴人の性的自由ない性的自由決定権の侵害の慰謝料として200万円、弁護士費用40万円を認めるのが相当。	判時1879号62頁	II
19	平成16年10月12日（鳥取大学事件）	鳥取地裁	国立大学の助教授（原告）が、強姦の状態にあった女子学生をホテルに連れて行きセクハラ行為をしたとして、停職6か月の懲戒処分を受けた。学科長は、学生への講義、研究指導停止、学生への講義等への立入禁止、助教授の一室を居室とする業務命令を行ったが、助教授はこの業務命令が違法だとして国に対して賠償を求めた事案。	【請求一部認容】本件業務命令の目的は、良好な教育研究環境の確保、提供及び職場環境の確保にあり、実質的な懲戒処分ではなく、研究指導等を免ずる業務命令であり、学生に対する良好な職場環境の確保にあり、実質的な懲戒処分ではない。しかし、学生に対する指導等を免ずる業務命令は、学生に対する良好な職場環境の確保にあり、実質的な懲戒処分ではない。しかし、期間の定めもなく命じられ、停職期間満了後1年10か月間継続したことは違法である。また情報処置として、学生棟への立入を禁止した措置は、当該化学教育研究環境を保護するために必要というべき。（慰謝料100万円・弁護士費用10万円）	LEX/DB28809743　LLI/DB L05950416	I
20	平成17年2月9日（名古屋大学医学部事件）	名古屋地裁	大学院の講師（原告）が、自己の研究室に所属する大学院生にセクハラをしたことを理由として懲戒処分（6か月の停職）及び処分手続上の違法がある（被告）に、国立大学法人（被告）に取消しを求めた事案。	【請求棄却】本件処分の認定において、原告の行為は原告の意思に反する性的な言動であってセクハラに当たるとし一部の性的な言動があったこと、本件処分は認められず、また処分手続上の違法も認められない。裁量権を濫用したとは認められず、また処分手続上の違法も認められない。	裁判所ウェブサイト　LEX/DB28100601	I
21	平成17年3月9日（名古屋大学文学部事件）	名古屋地裁	大学院助教授（原告）が指導していた女子大学生の心的、精神的混乱に乗じ性交渉に至る関係を結んだこと等を理由として懲戒処分（6か月の停職）について、事実誤認、適正手続違反の違法事由があるとして、国立大学法人（被告）に取消しを求めた事案。	【請求棄却】原告の一連の言動は教育公務員に対する国民の信頼を著しく失墜させる非違行為に該当、本件処分の認定にあたって、一部の事実誤認があるとしても、本件処分分の中でも重いものであっても、本件処分が6か月の停職という懲戒処分の中でも重いものであることを考慮しても、社会通念上著しく妥当を欠き、裁量権を濫用したとはいえない。	裁判所ウェブサイト　LEX/DB28101217	I

〈研究ノート〉 大学におけるセクシュアル・ハラスメント判例総覧50件〔浅倉むつ子〕〔鈴木陽子〕

			事案	判旨	出典	
22	東京地裁	平成17年4月7日（お茶の水女子大学事件）	大学院教授（被告Y1）から、同教授のゼミの聴講をしていた科目等履修生（原告）がセクハラ等履修生を受けたとして、教授及び国立大学法人（被告Y2）に対して損害賠償を請求した事案。【24】と同一事案であるが、別訴訟。	【請求一部認容】　被告教授が原告に対して行った行為はセクハラ不法行為に該当する（慰謝料200万円・弁護士費用30万円）。しかし被告大学は、被告教授のセクハラを事前に防止することは困難であったこと、また大学のセクハラ防止体制や本件報告を受けて以降の対応状況から、信義則上の義務違反があるとはいえない。損害賠償責任はない。被告教授のセクハラ行為は、全く私的な懇親会か帰宅する途中で行われたものであり、行為の外形上もそれ自体が帰宅する途中で行われたものではなく、国賠法で大学が責任を負うことはない。	判タ1181号244頁 LEX/DB28100833	II
23	東京地裁	平成17年4月26日	大学のゼミ生（原告）が教授（被告Y1）からセクハラを受けたために心因反応で休養加療を余儀なくされたとして、教授及び大学（被告Y2）に対して、損害賠償を求めた事案。	【請求一部認容】　被告教授が告白したゼミ生を指導していた行為は社会的相当性を逸脱し、不法行為を構成するが故に、自己の純然たる恋愛感情を告白するものではなく、性的接触や性的な発言等を伴うセクハラとは類型を異にし、その慰藉料は低額（慰藉料40万円・弁護士費用8万円・通院費用約7万円・前期個人的行為としても、被告教授の地位・権限を濫用してなされたものではないため、被告大学の使用者責任を否定。	ウエスト・ジャパン	II
24	東京地裁	平成17年6月27日	ゼミ生にセクハラを行ったとして、停職3か月の懲戒処分を受け、さらに停職期間中のすべての教育研究活動の大学運営への参加停止を命じられた（停止措置）大学院教授（原告）が、セクハラ行為は不当であるとして、国立大学法人（被告）は虚偽であると主張して、懲戒処分の取消を求め、さらに停止措置は違法であるとして損害賠償を請求した事案。【22】と同一事案であるが、別訴訟。	【請求一部認容】　大学からのセクハラの訴えは具体的かつ詳細でセクハラ不自然・不合理ではなく、これを理由とする停職3か月の懲戒処分は相当。一方、懲戒処分は恋愛関係の破綻に至る経緯において生じた事実としても、教授の権利を不当に制約するものではないが、大学運営に参加する権利を制約するものであって、大学運営への参加に制約を課すものとしていわば本件停止措置は本件懲戒処分に重ねて処分をしたこととならず、裁量権の逸脱があり、大学は本件停止による損害賠償責任を免れない（慰謝料100万円）。	判時1189号243頁 判時1897号129頁 労判910号72頁	I
25	名古屋高裁	平成18年10月19日（名古屋大学文学部事件・控訴審）	【21】の控訴審	【原判決取消し・請求認容】　控訴人（地裁原告）と女子大学生との関係は控訴人の私的領域での出来事にとどまるものであって、暴行・脅迫行為は恋愛関係の破綻に至る経緯において生じた事実をもって取り上げた懲戒事由の前提事実としたものであって、暴行・脅迫行為を独立して懲戒事由（6か月の停職処分）として取り上げた懲戒事由の前提事実の認定を誤り、かつ、懲戒権者の裁量権を逸脱してなされた処分で違法な処分である。	ウエスト・ジャパン	I

241

[ジェンダー法研究 第 5 号(2018.12)]

No.	日付	裁判所	事案	判旨	評釈者	区分
26	平成20年2月26日（名古屋大学文学部事件・上告審）	最高裁第三小法廷	[25] の上告審	[上告棄却・上告受理申立て不受理]	ウェストジャパン	I
27	平成20年4月18日	東京地裁	大学教授（原告）が論文の盗用、学生からのセクハラ相談に対する対応ミス、虚偽の出勤簿を作成したことを理由として懲戒処分を受けたため、大学（被告）に対し処分の無効及び損害賠償を求めた事案。	[請求一部認容] 論文の評価は、同じ専門の研究者に委ねられるべき問題であり、懲戒処分にはなじまない。原告が虚偽の出勤簿を作成した事実やセクハラ相談に不適切な対応をした事実はない。理事長のセクハラ相談対応の調査に対する原告の対応は不相当であったといえるが、懲戒処分の対象とするには疑義があり、懲戒処分は権利濫用で無効。理由なく懲戒処分を科したことは不法行為にあたる（慰謝料50万円）。	ウェストジャパン	IV
28	平成21年3月24日	東京地裁	大学教授（原告）が女子学生にセクハラを行い当該学生がPTSDを発症したという事実を、大学院研究科委員会において研究科長が発言したことは名誉棄損にあたるとして、原告が国立大学法人（被告Y1）及び研究科長（被告Y2）に対し慰謝料の支払いを求めた事案。[32] と同一事案であるが、別訴訟。	[請求一部認容] 女子学生が原告の行為を嫌がっていたことやそのためにPTSDに罹患したという部分には真実性がないという他、原告の行為は大学院教官の指導として不適切であるとはいえず、研究科長の発言の一部は名誉棄損にあたって被告一部敗訴に限られており、慰謝料5万円、弁護士費用1万円の支払いを被告大学法人に命じた。	判例2041 64頁	I
29	平成21年4月22日	東京地裁	[本訴］大学教授（原告）が実際にはセクハラ等していないが実績があったのに、被告申告されて懲戒処分を受けるなどして名誉・信用を害されたとして名誉棄損と不法行為に基づく損害賠償を請求。[反訴］本訴原告からセクハラ被害を受けたとして、本訴被告が不法行為による損害賠償を求めた。	[本訴請求棄却] 経過に付される客観的証拠の存在から信用性が高いのに対し、本訴原告の供述は場当たり的な弁解の域を出るものではなくして、被害申告は虚偽のものではない。[反訴請求一部認容] 本訴被告が本訴原告に対し受けた精神的苦痛の程度が著しい上に教授が本訴を提起したことと相まって心身に変調が生じ、退職することを余儀なくされたことなど一切の事情を総合考慮して慰謝料275万円、弁護士費用25万円を認めるのが相当。	ウェストジャパン	本訴III 反訴II
30	平成21年7月27日	東京地裁	原告らが大学院在学中、指導担当助教授らからセクハラ又はパワハラを受けたところ、大学（被告）は辞職した助教授の後任にセクハラを行った助教授を採用せず、適切な指導に対する説明及び情報提供をする義務に違反したと主張し、損害賠償を求めた事案。	[請求一部認容] 本件において、被告は辞職した助教授の後任として採用した助教授を速やかに採用するなどの措置を講ずべき適切な説明な義務があったにもかかわらず、年度中に後任担当教員を採用することなく適切な指導に関する説明を怠ったことについては、原告ら学生に対する後任指導者を速やかに採用する義務を怠ったことにはならないが、他方で原告らに対する適切な情報提供を怠ったこと、他学生に比し孤立した状態を放置し、研究環境を回復させるための措置義務に違反する（原告1に対し330万円、原告2に対し110万円の慰謝料）。	ウェストジャパン	II

〈研究ノート〉　大学におけるセクシュアル・ハラスメント判例総覧50件〔浅倉むつ子〕〔鈴木陽子〕

	年月日	裁判所	事案	判旨	出典	
31	平成21年8月28日	東京地裁	大学の女性職員への複数のハラスメント行為やストーカー行為を理由に懲戒処分を受けた職員（原告）が、大学による処分は無効であり、雇用契約上の地位確認、解雇後の賃金及び慰謝料の支払いを請求した事案。	【請求棄却】原告の同僚職員女性に対するメール等による再三にわたるセクハラや行為を認定。当該行為が被告の就業規則の懲戒事由や解雇事由に該当するものである上、諭旨解雇に至る手続面にも瑕疵はなく、本件諭旨解雇は客観的に合理性及び相当性を欠く無効であるとはいえない。有効である。	ウエストロー・ジャパン	I
32	平成22年12月17日	東京地裁	2人の大学院生に対するセクハラ行為を理由に、国立大学法人（被告）がセクハラ行為を行ったとせず、解雇手続きにも違法があり、解雇は無効であり、雇用契約上の地位確認、未払賃金及び慰謝料の支払いを請求した事案。[28]と同一事案である。	【請求棄却】原告による処分理由となったセクハラはあったと認められ、諭旨解雇は正当な処分理由に基づくものであり、セクハラ事案の審査の在り方は正に大学の自律的な判断によって決められることであって、セクハラを受けた院生2人に対する反対尋問の機会がないとしても、直ちに違法とならず諭旨解雇は有効。	ウエストロー・ジャパン LEX/DB25470708	I
33	平成23年2月16日	山口地裁	男子学生へのセクハラを理由として勤務先の大学から懲戒解雇処分された大学准教授（原告）が、当該処分は無効であるとして、公立大学法人（被告）に対して地位確認（主位的請求）また地位確認が有効としても退職金を支給しないことは違法であるとして、その支給を求めた（予備的請求）事案。	【請求棄却】原告は、教員として支払わない約170通ものメールを男子学生の意思に反する性的な行為を行ったと認められ、これを理由とする解雇処分は適法である。男子学生の内容、様及び程度、これによって男子学生の両親等との信頼を損ねる。これにより支えた損害の重大性や原告の責任の重大性に照らせば大学にふさわしくないほどの信義に反する行為は、永年の功労を共酌しても退職金不支給規定が適用される。退職金不支給は適正である。	LLI/DB L06650065	I
34	平成23年7月28日	東京地裁	大学院生へのセクハラ行為を理由として大学から懲戒解雇処分を受けた大学助手（原告）が、大学及び慰謝料の支払い等を求めた事案。[36]と同一事案である。	【請求棄却】教え子の学生の供述は信用することができる一方、原告のセクハラ行為の態様はきわめて悪質であるうえ、まったく反省の態度を示していない。本件懲戒解雇は有効であり、解雇の一連の手続を適正である。	労経速2123号10頁	I
35	平成23年9月15日	大阪地裁	大学院准教授（原告）が、国立大学法人（被告）から女子学生に対するセクハラ行為を理由に停職6か月の懲戒処分を受けたため、同処分の無効確認及び停職期間中の賃金の支払いを求めるとともに、慰謝料の支払いを求めた事案。	【請求一部認容】原告は、研究を行うことができるように配慮すべき立場にありながら、深夜にみだりに研究室で性交渉の事実を勧める被告の行為は相当でる。原告の行為は被告でとめるのが相当であり、6か月とした停職処分は3か月にとめるのが相当である。原告の停職期間は3か月の限度で適法無効。賃金の故意・過失は認められない。被告処分による損失請求は認められず、また処分の公表は不法行為にあたる理由はなく、慰謝料請求は棄却。	労判1039号73頁	I

No.	年月日	裁判所	事案	判決	出典	本訴Ⅲ 反訴Ⅱ
36	平成23年10月5日	東京地裁	[本訴]大学でオペラ歌手の准教授（被告）から「オペラ大学」を指導していたオペラ歌手の准教授（原告）が、被告が故意に歌う要を認める目的で大学に継続的な関係を要求されたとして虚偽の申告をしたとして、名誉毀損、慰謝料を要求をしたとして、原告から継続的に性的行為をされたとして、損害賠償請求。[反訴]本訴請求は本訴[34]と同一事案であるが、別事案訴訟。	[本訴請求棄却]本訴原告と本訴被告の供述の信用性を比較検討し、本訴被告の供述部分を採用。その主要な部分を認める目的で虚偽の事実を申告したと認めるに足りないから、本訴請求は理由がない。[反訴請求一部認容]本訴原告が本訴被告と性的関係を強要するものであって、本訴被告の女性としての人格権を著しく侵害するものというべきである。精神的損害は250万円と認定。	労判1047号5頁	Ⅰ
37	平成24年1月27日（学校法人尚美学園事件）	東京地裁	採用時および学科長就任時、以前の勤務先でのパワハラ・セクハラを行ったとして問題とされていることを告知しなかったことを理由に、数年勤務後に普通解雇となった原告（被告）に対する懲戒処分（原告）が、大学・学校（被告）に対し、労働契約上の地位の確認、賃金等の支払い、不法行為に基づく損害賠償、名誉毀損における原状回復の措置としての謝罪文の交付を求めた事案。	[請求一部認容]告知すれば採用しないことが予測される事項について、雇用契約締結過程における信義則上の義務として自発的に告知する法的義務があるとはいえず、本件解雇は無効であり、被告は原告に賃金・賞与を支払うべきである。一方、損害賠償請求に文書を含めて文書掲載請求及び損害賠償請求は認められない。	労判1051号5頁	Ⅰ
38	平成24年5月31日	東京地裁	大学（被告）から必修科目の講義担当を外す措置等を受けた大学准教授（原告）が、これらは懲戒権の濫用に当たり無効であるとして、地位確認及び損害賠償を求めるとともに（甲事件）、業務命令違反を理由にしてなされた懲戒処分の無効確認を求めた事案（乙事件）。	[甲事件：請求棄却、乙事件：請求一部認容]甲事件：原告に対するセクハラの事実は認められず、本件措置の理由とするのは相当ではないが、それ以外の行為を理由にした本件各措置は、人事上の措置として有効であり、損害賠償請求も認められない。乙事件：研究室移転を命じる業務命令違反を理由になされた1回の懲戒処分は、権利の濫用に当たり、無効。	判時2194号131頁	Ⅰ
39	平成25年1月29日	京都地裁	他大学の大学院生に対する性的関係を強要を理由に、勤務先大学に、性的嫌がらせを理由に懲戒解雇された特任教授（原告）が、性的嫌がらせには理由がないから、原告の雇用契約期間が残っており、地位確認請求には合意によるものであり、被告が事実誤認に基づく特権任の告発を公表したことにより精神的苦痛を被ったと主張して、地位確認及び損害賠償を求めた事案。	[請求棄却]原告の院生に対する一連の行為は、セクハラに該当しないとはいえず、性的な言動であり得ないゆえに本件解雇は無効であるが、原告の雇用契約期間はすでに終了している。被告が事実誤認を認定してもやむを得ない特段の事情があり、過失があったということはできないから、不法行為に基づく損害賠償請求は理由がない。	判時2194号131頁	Ⅰ

〈研究ノート〉 大学におけるセクシュアル・ハラスメント判例総覧50件〔浅倉むつ子〕〔鈴木陽子〕

No.	年月日	裁判所	事案	判旨	出典	分類
40	平成26年3月5日	大阪高裁	[39]の控訴審	[原判決変更] 控訴人(地裁原告)の一連の行為はセクハラに該当せず、懲戒処分は違法無効であるとして退職金支払請求についての控訴を認容するが、被控訴人が本件処分の公表をすることについても、過失があったと認めることはできず、故意・過失がなかったと認められないから、損害賠償請求は理由がなく棄却。	ウエストロー・ジャパン	I
41	平成26年4月14日	東京地裁	大学(被告Y1)の科目等履修生(原告)が、同大学の職員(被告Y2)からセクハラや侮辱行為を受けたこと、また原告が大学のセクハラ被害相談協議会に相談したことに関する情報を大学職員(補助参加人)や被告Y2が漏えいしたため、履修を継続できなくなり、原告が履修科目の履修を継続できなくなったとして、損害賠償を求めた事案。	[請求一部認容] 被告職員自身が性的差別などしたと認める証拠はない。また他の職員がセクハラ行為で訴えているが、それが原告で訴えていることは認定できず、話した相手は友人等補助参加人等数名に限られており、守秘義務違反は認められない。しかし、担当授業内で被告職員がセクハラ行為を行なった点は、担当教員の面前で発言したことを認め、約30人の学生が聞いていたことは学生への開示にあたり、被告大学の職員はセクハラ行為を直接的に認識するに至った教員のみならず、これを伝聞した者についても、その情報を外部に漏洩してはならないという守秘義務を負うのであり、補助参加人が行った行為については弁護士費用として使用料責任を負う。(慰謝料10万円、弁護士費用1万円)。	ウエストロー・ジャパン LEX/DB25519223	II
42	平成26年6月10日	東京地裁	大学の非常勤講師(被告)からアカデミックハラスメントによる被害を受け、またそのセクハラと性交渉を強制されたとして、女子学生(原告)が損害賠償を求めた事案。	[請求一部認容] 原告をホテルに連れ込み、性交渉を持つことを強く要求し、原告が拒否したことでその性交渉に応じたものと認められないことから、原告の意に沿うことをさせたので不法行為の成立を認定する。慰謝料120万円、治療費及び弁護士費用として約57万円を認定。	ウエストロー・ジャパン	II
43	平成26年12月22日	東京地裁	留学生(被告)から大学のハラスメント(原告)によるセクハラ教授を大学に申告し、苦情相談、防止委員会により教員会を立てたところ、防止委員会による調査結果を受けて大学の理事会が内容解任され原告の申立ては不法行為にあたるとして損害賠償を求めた事案。	[請求棄却] 本件申立てに事実を捏造し曲げたものではあったということではなく、その内容が事実無根であったということもない。意図的に事実を捏造したものではないから、本件申立てが事実の摘示がされたものであるとはいえず、申立ては違法であるとはいえない。	ウエストロー・ジャパン	III
44	平成27年3月27日	東京地裁	原告は、大学院在籍中、同大学の准教授(被告)から継続的にセクハラ行為を受け、また被告は結婚に向けた努力をするなどと称して原告との交際を継続した事実。	[請求一部認容] 交際は基本的に相互の愛情の基づくものであり、被告が原告に対する指導的な立場や上下関係を利用して、あるいは暴力的な支配によって交際及びその継続を強要し、原告が本意ではないから従ったものであるとまでは認められない。	ウエストロー・ジャパン	II

45	平成27年6月8日 (学校法人早稲田大学事件)	東京地裁	大学院生らに対するハラスメント行為を行ったとして大学（被告）から解雇された大学教授（原告）が、当該解雇は無効であるとして労働契約上の地位の確認を求め、さらに、本件解任に係る事実をウェブサイト上に掲示し、教職員に電子メールで送信したことが不法行為に当たるとして、損害賠償を求めた事案。	【請求棄却】原告は飲み会終了後、セクシュアル・ハラスメントに該当する触ったことが認められ、それは刑法上の強制わいせつ行為として評価を受けうる重大な違反である。大学がそうした行為はセクシュアル・ハラスメントに当たり、有効。大学がウェブサイト上に解任の対象者の所属等を明らかにして適切性を欠く行為をしていたことを指摘する公示行為は、原告の社会的評価を低下させるものであるが公共性が認められるものではないが理由申し立ても理由がない。	労判1141号82頁	I
46	平成27年6月9日 (学校法人実践女子学園事件)	東京地裁	女子大で、ゼミ所属の女子学生に対する言動がハラスメントに当たると認定され、1月の停職処分、在宅勤務命令、研修の業務命令、担当する授業通知等を受けた大学講師（原告）が、当該処分は違法であるとして、取消しおよび不法行為に基づく損害賠償を求めた事案。	【請求棄却】原告は、繰り返し、執拗と言えるほどのメール送信や学生との間柄を超える関係を受けるに値する対応や、その内容は教員の学生と受けえないような物言いや性的な関係を求められている過度のものと評価されうるもの、大学の学生関係に対し学生指導を将来を考えう、慎重となされるべきであり、これらは重大なハラスメントにあたり、本件停職処分（1か月）は理由がある。取消事由もない。	ウエストロー・ジャパン LEX/DB25540625	I
47	平成28年11月29日	千葉地裁松戸支部	クラスの生徒（被告Y）から臀部を触られたとして大学の男性非常勤講師（原告）が大学に対応措置を要請したものの、学内の調査委員会の対応が不十分であったとして、学生（被告Y2）に損害賠償請求を求めた事案。	【請求一部認容】被告学生が授業中に原告の臀部を触った事実を認定（慰謝料10万円・弁護士費用1万円）。また、被告大学の措置は労働契約上の義務に違反し、損害賠償責任を負う（慰謝料80万円・弁護士費用8万円）。	労判1174号79頁	IV

れず、セクハラとして不法行為に当たると原告の主張は採用できない。被告が交際解消を申し入れ後に結婚を拒み、妊娠中絶、妊娠中絶を強要したことが人格権益等の不利益を求めた学行為の不法行為が成立する。また妊娠中絶に関する原告の不法行為に関わる主張については同様の不法行為にあたる（慰謝料200万円）。

*参考 本件と同一事案だが別訴訟である[48]に対して、本件の控訴審判決（東京高裁・平成27年9月10日）は、一審被告が妊娠中絶による原告の不利益を軽減、解消することがなかったことについて不法行為を肯定、そのほか本件解任による原告の評価を低下させるものの判決と同様の判断により、損害額を減額して認容。原告の請求を認容した（慰謝料150万円・弁護士費用15万円）。

たが、原告の妊娠が判明すると原告との結婚を拒絶、妊娠中絶をもっと強要したと主張、不法行為に基づく損害賠償を求めた事案。[48]と同一事案であるが、別訴訟。

〈研究ノート〉 大学におけるセクシュアル・ハラスメント判例総覧50件〔浅倉むつ子〕〔鈴木陽子〕

48	平成29年7月14日	東京地裁	セクハラ・アカハラを理由として大学（被告）から懲戒解雇された大学教授（原告）が、当該懲戒処分は無効であるとして、地位確認、未払賃金・特別手当の支払い、不法行為に基づく損害賠償を求めた事案。[44]と同一事案であるが、別訴訟。	[請求一部認容] 原告の言動は著しく不品位かつ無責任なものであり、また品位に欠けるものであって、一般的な社会倫理規範に反し、懲戒規定の減給、停職及び降格事由に該当する。そ の情状は悪質であるから、7日を上限とする被告大学における停職では明らかに軽きすぎ、少なくとも降格に処する合理的な理由とは相当であるが、懲戒解雇は客観的には合理的な理由があり社会通念上相当であるとは認められない。懲戒解雇は無効であり、未払賃金・特別手当（平成27年12月分）の支払があり、地位確認請求、未払賃金請求は認容。懲戒解雇が原告に不法行為として発生しているとは認められず、大学に対する損害賠償請求は棄却。	労判1175号71頁 ウエストロー・ジャパン	I
49	平成29年10月4日（国立大学法人群馬大学事件）	前橋地裁	パワハラ・セクハラを理由に勤務先の国立大学法人（被告）から懲戒解雇された大学院教授（原告）が、当該処分は無効であるとして、地位確認等を求め、さらに精神的損害賃金支払いを求め、さらに精神的損害を被ったとして損害賠償を求めた事案。	[請求一部認容] 女性蔑視の発言やセクハラに該当する適正な範囲を超えた叱責・指導、業務の適正な範囲を超えた叱責・指導、業務の適正な範囲を超えた叱責・警告等は社会通念上相当性を欠くが、懲戒解雇は社会通念上相当性を欠くため無効。原告の地位確認を認める。大学が論旨確認を経ず懲戒解雇に切り替えた行為は不法行為であり、被告は損害賠償責任を負う（慰謝料15万円）。	ウエストロー・ジャパン	I
50	平成30年2月28日	東京高裁	[48]の控訴審。教員原告（地裁原告）及び大学（地裁被告）がそれぞれ控訴した事案	[一審原告控訴棄却・一審被告控訴棄却] 地裁判決を一部原判決に基づく変更。被告が地裁原告に処分を付すること自体を欠くに足りるにもかかわらず、懲戒解雇は合理的な理由を認められるが、懲戒解雇は合理的な理由を認めず、社会通念上相当であるとは認められず、無効とすべきである。地裁原告の平成27年12月から本判決確定に至るまでの特別手当の支払請求を認め、原判決をその限度で変更。	ウエストロー・ジャパン	I

出典：判例掲載誌：「判時」（「判例時報」）、「判タ」（「判例タイムズ」）、TKC（LEX/DB）、労判（「労働判例」）
判例情報データベース：ウエストロー・ジャパン、TKC（LEX/DB）、労判（「労働判例」）、判例秘書（TLLI）、裁判所ウェブサイト

分類 （Ⅰ）教員・職員から大学を訴えた事案
　　 （Ⅱ）院生・学生から教員や大学を訴えた事案
　　 （Ⅲ）教員から学生・職員を訴えた事案
　　 （Ⅳ）その他の事案

立法・司法の動向

夫婦別姓訴訟の新しい展開

二 宮 周 平

はじめに
Ⅰ　戸籍上の夫婦別姓訴訟
Ⅱ　第2次選択的夫婦別姓訴訟
Ⅲ　夫婦別姓婚姻関係確認訴訟
おわりに

は じ め に

　最大決平27〔2015〕・12・16民集69巻8号2586頁（以下，上記最大判とする）の法廷意見は，夫婦同氏を強制する民法750条を違憲とは判断しなかった。しかし，「なお，論旨には，夫婦同氏制を規制と捉えた上，これよりも規制の程度の小さい氏に係る制度（例えば，夫婦別氏を希望する者にこれを可能とするいわゆる選択的夫婦別氏制）を採る余地がある点についての指摘をする部分があるところ，上記（1）の判断〔憲法24条に違反しない〜引用者注〕は，そのような制度に合理性がないと断ずるものではない。……夫婦同氏制の採用については，嫡出子の仕組みなどの婚姻制度や氏の在り方に対する社会の受け止め方に依拠するところが少なくなく，この点の状況に関する判断を含め，この種の制度の在り方は，国会で論ぜられ，判断されるべき事柄にほかならないというべきである」とする。

　他方，法廷意見は，上告人の主張する現行制度の問題点を認めている。

　①氏を改める者に，「アイデンティティの喪失感を抱いたり，従前の氏を使用する中で形成されてきた他人から識別し，特定される機能が阻害される不利益や，個人の信用，評価，名誉感情等にも影響が及ぶという不利益」が生じることは否定できず，「近年，晩婚化が進み，婚姻前の氏を使用する中で社会的な地位や業績が築かれる期間が長くなっていることから」，婚姻に伴う改姓により「不利益を被る者が増加してきていることは容易にうかがえるところである」。

　②これまで夫の氏を選択する夫婦が圧倒的多数であることは，「この現状が，夫婦となる者双方の真に自由な選択の結果によるものかについて留意が求められ

るところであり，仮に，社会に存する差別的な意識や慣習による影響があるのであれば，その影響を排除して夫婦間に実質的な平等が保たれるように図ることは，憲法14条１項の趣旨に沿うもの」。

③「ある法制度の内容〔婚姻の効力としての夫婦同氏制～引用者注〕により婚姻をすることが事実上制約されることになっていることについては，婚姻及び家族に関する法制度の内容を定めるに当たっての国会の立法裁量の範囲を超えるものであるか否かの検討に当たって考慮すべき事項であると考えられる」。

したがって，本判決は，本件規定について合憲のお墨付きを与えるものではない。「なお」以下の文言と上記①②③の明示は，むしろ選択的夫婦別氏制度へ向けた速やかな立法，国会審議を促していると読むこともできる。

しかし，現在に至るまで国会審議はされていない。野党議員からの制度導入に関する質問に対して，政府側は，世論が賛否拮抗しており，慎重に判断すべき事項と応えるのみである。ところが，2017年12月の内閣府世論調査によれば，選択的夫婦別氏制度導入に賛成42.5％と過去最高値となり，反対は29.3％と過去最低値となった[1]。70歳未満すべての年代で賛成が反対を大きく上回った。もはや世論は賛否拮抗とはいえない。

こうした状況の下で，2018年１月，民間企業の男性経営者が，妻の氏を夫婦の氏としたために，株式の名義書換などで相当の出費が生じたことを示し，婚姻後に旧姓を戸籍上の氏として使用できないことを平等原則違反として，立法不作為に対する国家賠償請求訴訟を提起した。３月，４組の事実婚カップルが，「婚姻後の夫婦の氏」欄の「夫の氏」及び「妻の氏」の双方にチェックを入れ，かつ，「夫は夫の氏，妻は妻の氏を希望します」と明記して婚姻届を提出したが，受理されなかったため，東京家裁，東京家裁立川支部，広島家裁に対して，この婚姻届を受理すべきことを命ずる審判を申し立てた。５月，家事審判を申し立てた事実婚の男女７人が立法不作為を理由に東京地裁，東京地裁立川支部，広島地裁に国家賠償請求を提訴した。６月，夫婦別姓を認める国で婚姻した日本人夫婦が国に対して婚姻関係の確認を求める訴訟を提起した。それぞれが違う角度から夫婦同氏強制制度の問題点を鋭く突いている。本稿では，これら３つの訴訟の論点と意義を紹介，検討する[2]。

---

(１) 『家族の法制に関する世論調査』（内閣府のウェブサイトからダンロード可能）。世論調査の分析として，二宮周平「選択的夫婦別氏制度実現の方向性──内閣府世論調査と２つのタイプの別姓裁判（１）」戸籍時報768号（2018年）12-20頁。世論調査にもかかわらず実現しない背景事情の分析として，坂本洋子「選択的夫婦別氏はなぜ実現しないのか」時の法令2051号（2018年）22-32頁。

I　戸籍上の夫婦別姓訴訟

1　現行制度の整理

　本裁判は，戸籍上の氏という概念を用いるものだが，まず，現行民法及び戸籍法の夫婦の氏で本人の選択の自由を定めている規定を整理する。

　第1は，生存配偶者の復氏（民法751条1項）である。婚姻の死亡解消に際して，生存配偶者は意思表示によって婚姻前の氏に復する。婚姻中の氏を称したい場合には，復氏しなければよく，その選択は個人の意思に委ねられている。姻族関係を終了させた場合でも（同728条2項），婚姻前の氏への変更を強制されない。

　第2は，離婚の際の婚氏続称（同767条2項）である。婚氏続称は，生存配偶者の復氏とは異なり，離婚によって民法上の氏は当然に婚姻前の氏に復しているが，呼称上の氏として離婚の際に称していた氏を称することができるという制度である。離婚によって婚姻前の氏に復した母が，婚姻中の夫婦の氏＝父の氏を称している子と同じ氏を称したいという希望や，婚姻中の氏で社会的活動をしその氏が定着しているにもかかわらず，離婚復氏をすれば氏が変更され，社会的な不利益を被ることがあるという実情に対応して，1976年の法改正で設けられた。

　第3は，外国人と婚姻した者（日本人）の戸籍法に基づく氏の変更である。外国人と婚姻した者は，婚姻の日から6か月以内に限り，届出によって外国人配偶者の称している氏に変更することができる（戸籍法107条2項）。外国人との婚姻の場合には，婚姻の効力としての夫婦同氏が強制されず，夫婦別氏となる。この夫婦別氏強制に対して，日本人配偶者が夫婦同氏を希望することがあるという実情に対応して，1984年の法改正で設けられた。戸籍法に基づく呼称上の氏の変更として，外国人配偶者の氏を称することができ，死別・離婚の場合には3か月以内に届出をすれば，元の氏に変更することができる。

　これまでの解釈では，第1の復氏は，民法上の氏が婚姻前の氏に復することであり，第2の婚氏続称は，民法上の氏は婚姻前の氏に復しているが，呼称として婚氏を称するものであり，第3の戸籍法による氏の変更は，民法上の氏は婚姻前の氏で不変だが，呼称として配偶者の氏を称するものと理解されてきた[3]。

（2）　I，IIについては，二宮周平「選択的夫婦別氏制度実現の方向性──内閣府世論調査と2つのタイプの別姓裁判（2・完）」戸籍時報769号（2018年）2-9頁に加筆，修正した。

2　戸籍上の氏の機能

　このように氏の法的性質は異なるのだが，いずれも戸籍に登録される氏であり，戸籍上使用することができる点では同じである。市民にとっての関心は，氏の法的性質ではなく，職場はもちろん，給与，税，社会保険，パスポート，運転免許，銀行口座，登記，国家資格[4]や株主名義など生活のあらゆる場面で使うことができ，かつ，公的に証明される氏かどうかである。すなわち，戸籍上の氏は，生活のあらゆる場面で個人を識別特定し公証する機能を有するものであり，すべての日本人にとって極めて重要な機能を有する。

　ところが，上述のように日本人同士の婚姻解消（死別，離婚），日本人と外国人の婚姻と婚姻解消では，戸籍上の氏の選択が可能であるにもかかわらず，日本人同士の婚姻の場合にのみ戸籍上の氏の選択が認められない。原告が問題にするのは，戸籍上使用できる呼称としての氏である。この視点から考察すると，日本人同士の婚姻の場合の別異取扱いに合理的な根拠はない。したがって，法の下の平等に反する。

　私は原告の主張をこのように理解した[5]。上記最大判が民法750条を違憲と判断しなかったことを念頭に，氏の有する呼称としての機能に着目し，争点を戸籍上の氏にしぼったものと推測する。これまで民法上の氏，呼称上の氏と分類してきた戸籍実務・学説に対して，戸籍に登録され，戸籍上使用できる氏を個人の呼称に純化し，呼称であるがゆえに選択の自由が保障されるべきという問題提起をしているように思われる。

（3）民法上の氏と呼称上の氏の使い分けは，家族の同籍を可能にするためだった。例えば，夫の氏を称する婚姻をした妻が離婚して婚氏続称をすると，妻の法律上の氏は復氏した婚姻前の氏（旧姓）だが，呼称上の氏は婚姻中の氏となる。したがって，婚姻中の父母の氏を称している子の氏と呼称は同じだが，法律上の氏が異なるので，民法791条の子の氏変更手続を経て，法律上の氏を母の氏に変更することができ，その結果，子は母（妻）を筆頭者とする戸籍に入籍することができることとなる。同氏同籍の原則で入籍・除籍を繰り返す戸籍制度の構造上，生じる結果だが，呼称上の氏，民法上の氏という概念を必要とする家族単位の戸籍制度の問題点が現れているように思われる。

（4）2015年5月当時の国家資格における旧姓使用状況を整理した文献として，坂本洋子「通称使用をめぐる動き～夫婦別姓訴訟大法廷回付を機に考える」時の法令1977号（2015年）57-75頁（資料は62-73頁）。

（5）訴状，準備書面等は，ニュー選択的夫婦別姓訴訟（http://sentakuteki.qloba.com）に掲載されている。死別の場合を含めず，日本人同士の婚姻と離婚，日本人と外国人の婚姻と離婚を対比される。

Ⅱ 第2次選択的夫婦別姓訴訟

1 第1次訴訟との違い

　上記最大判の原告は，事実婚，法律婚をして通称使用，いったん法律婚をしたが後に離婚して事実婚という，現行制度下で夫婦別姓を実践する人すべてのタイプを含んでいた。そこで，①氏の変更を強制されない権利（人格権）を侵害する（憲法13条，24条2項），②妻が自分の氏を夫婦の氏にすることができない社会的な圧力や差別があり，民法750条は一見中立的であっても間接差別規定であり，間接差別をも禁じる女性差別撤廃条約の批准は憲法14条の保障する平等概念を拡充させた（同14条1項），③別氏を希望する者は婚姻できないことになり，婚姻の自由を侵害する（同24条1項），④女性差別撤廃条に違反する，を根拠に民法750条を違憲・条約違背と主張し，立法不作為による国家賠償請求をした。

　これらの主張は各当事者の思いに沿い，かつ，各当事者の異なる立場を包摂するものだったが，上記最大判法廷意見は①②③を否定し，④については，上告事由に該当しないとして判断しなかった。そこで今回は，原告をこれから婚姻届を出すカップルにしぼり，夫・妻それぞれの氏をチェックした婚姻届の受理を命ずる審判を求める裁判とした。東京家裁，東京家裁立川支部，広島家裁に申し立てている。

　5月10日，家事審判を申し立てた事実婚の男女7人は東京地裁，東京地裁立川支部，広島地裁に立法不作為を理由に国家賠償請求を提訴した[6]。原告は新たな国家賠償請求訴訟であることから「第2次選択的夫婦別姓訴訟」と位置づける。国家賠償請求の理由づけを除いて，3月の家事審判申立てと主張は共通するので，本稿では，原告の位置づけに従い，家事審判と国家賠償と2つの裁判を合わせて「第2次選択的夫婦別姓訴訟」と総称する。第2次訴訟は，民法750条の憲法適合性を問題とする点で第1次訴訟と共通するが，第1次訴訟とは別の論理，根拠も主張する。以下，主張を紹介し検討する[7]。

2 憲法14条1項（法の下の平等）違反

　原告は，別姓希望者が法律婚をすることができないことから生じる権利・利益

---

(6) 弁護士ドットコム2018年5月13日閲覧。なお，当事者の紹介として，「名前は私そのもの　別姓婚認めて」朝日新聞2018年5月11日朝刊（大阪版）。
(7) 訴状等は，選択的夫婦別姓訴訟（http://bessei2018.wiksite.com）に掲載されている。

の格差を具体的に列挙する。例えば，嫡出推定，共同親権，相続権，特別養子縁組資格，税法（所得税・住民税の配偶者控除，相続税減免その他），不妊治療，生命保険受取人，住宅ローン，治療方針・手術の同意・終末期医療の選択，相続法改正案の配偶者居住権・親族の特別寄与，夫婦であることの社会的承認などである。この別異取扱いは，憲法14条1項後段の「信条」ないし夫婦としての生き方に関する自己決定に委ねられるべき事項に基づくものであり，別異取扱いに合理的根拠あるかどうかの判断について，上記最大判の木内裁判官の意見を引用し，夫婦同氏とすることの合理性ではなく，夫婦同氏に例外を許さないこと，つまり別氏という選択肢を認めず，夫婦別氏を希望する者を婚姻制度から排除することが，日本の婚姻制度という事柄の性質に応じたものとして正当化されうるかの観点から判断すべきであると構成した上で，結論として合理性を欠くと主張する。

　原告の主張で注目すべき第1点は，夫婦の氏の選択を「夫婦としての在り方を含む個人としての生き方に関する自己決定」と捉え，憲法14条1項後段の「信条」に当たるとする点である。信条は「creed」の訳語である。creed は，ラテン語の credo（我は信ず）から由来するように，宗教上の信仰・教義を意味していたが，日本の学説は，広く，政治，人生や世界に対する考え方，信念を含むとし，主に政治的意見や政治的所属関係による解雇などを具体例として取り上げてきた[8]。夫婦の氏としてお互いに婚姻前の氏を称するという自己決定は，氏名の人格権としての性質から見れば，婚姻前の氏の使用を通じてお互いの人格を尊重し合うことであり，私生活における生き方，信念に属する。宗教上の信仰，政治的信念などと並び，「信条」に当たるといえる。婚姻に際して夫婦同氏を強制することは，夫婦各自の信条に反する行為を強制する点で，憲法19条の思想・良心の自由を侵害するものと捉えることも可能である[9]。ただし，憲法14条1項後段は，例示であり，これらの列挙に該当しない場合でも不合理な差別的取扱いは，平等原則によって禁止される。信条に当たるかどうかの議論は，それほど個人にとって重大な事柄なのだということを認識する上で意義がある。

　第2点は，婚姻制度，夫婦同氏制度それぞれにつき，公序としての性質を論じていることである。原告は，1989年に上野雅和教授が，同性による婚姻を認めな

---

(8) 樋口陽一・佐藤幸治・中村睦男・浦部法穂『注解法律学全集 憲法Ⅰ』（青林書院，1994年）319-320頁〔浦部法穂〕，芦部信喜『憲法学Ⅲ 人権各論（1）〔増補版〕』（有斐閣，2000年）35-36頁，初宿正典『憲法2 基本権〔第3版〕』（成文堂，2010年）172頁，佐藤幸治『日本国憲法論』（成文堂，2011年）201-202頁，野中俊彦・中村睦男・高橋和之・高見勝利『憲法Ⅰ〔第5版〕』（有斐閣，2012年）293-294頁，渋谷秀樹『憲法〔第2版〕』（有斐閣，2013年）209頁等。

〈立法・司法の動向〉　夫婦別姓訴訟の新しい展開〔二宮周平〕

い現行法制への批判として指摘したことを，婚姻制度の公序論に応用する。

　上野教授は以下のように述べていた[10]。かつて婚姻は，生殖・保育を確保するために存在した。現在でも，夫婦が子を生み育てることは，社会的に期待されてはいる。しかし，夫婦に生殖能力があっても，避妊や人工妊娠中絶により親とならない自由がある。生殖能力のない夫婦も婚姻することができる。性関係をもつことさえ婚姻の必要条件とはいえない。このように，婚姻と生殖との不可分の関係が失われると，婚姻は主として夫婦の個人的利益の保護を目的とするものになる。個人が，婚姻の法的・経済的利益，心理的・社会的利益を求めて婚姻しようと考えたときに，異性カップルであれば，生殖や性関係の可能性がなくても，さらに臨終婚のように，共同生活の可能性すらなくても，婚姻を認めながら，同性カップルであれば，生殖能力の点を除けば夫婦の実質を伴っていても，婚姻を拒否することに，合理的な根拠があるだろうか。強力な国家的，社会的な利益がない限り，個人の婚姻の自由を制限することは許されない。

　上野教授のこの論理を用いれば，個人が婚姻の法的・経済的利益，心理的・社会的利益を求めて婚姻しようと考えたときに，夫婦同氏を希望するカップルであれば婚姻を認めながら，夫婦別氏を希望するカップルには，夫婦の実質を伴っていても婚姻を拒否することに合理的な根拠があるかという問いかけになり，強力な国家的，社会的な利益がない限り，個人の婚姻の自由，ここでは夫婦別氏での婚姻の自由を制限することは許されないこととなる。

　そこで，個人の婚姻の自由を制限するほとの強力な国家的，社会的利益が夫婦同氏制度に存在するのかが検討される。原告は，現行制度の立法時の根拠が習俗の継続であり，公序は示されておらず，上記最大判法廷意見が指摘した家族の一員であることの公示識別機能や嫡出子であることを示す機能，家族の一員であることを実感する機能は，相当曖昧であり，多くの例外事象があることから，公序といえるほどのものではないとし，個人の自由を制限するに足る合理的根拠ある

---

(9)　「嫡出子」「嫡出でない子」をチェックする出生届の様式の根拠規定である戸籍法49条1項を合憲と判断した最決平25〔2013〕・9・26民集67巻6号1384頁の判例批評において，山本龍彦教授は，「届出義務者である母親に『嫡出でない』旨を《記載させる》こと，いいかえれば，子の『非・嫡出』を自ら《裏書きさせる》ことが，憲法14条以外の権利・自由にかかわる可能性もある（親は，『嫡出でない』旨を自ら記載させられることで，子の市民的地位を貶める行為に加担させられていると感じるかもしれない）」，「親の信条に反する行為を強制する点で，憲法19条に関連する可能性もある」と述べる（山本龍彦「判批」ジュリスト1466号（2014年）18頁）。

(10)　青山道夫・有地亨編『新版注釈民法（21）親族（1）』（有斐閣，1989年）179頁〔上野雅和〕。

強力な国家的ないし社会的利益は存在しないとする。

　私見によっても，習俗の継続は，家族のあり方が多様化した今日[11]において別氏という例外を認めない根拠とはなりえないと考える。また，家族の一員であることの公示識別機能については，家族の範囲が問題になる。ここでいう家族とは，夫婦と結婚改姓をしない子，その子で結婚改姓をしない子等に限定される。さらに，夫婦が離婚しても子は嫡出子なのだから，夫婦・親子同氏によって子の嫡出性が示される範囲も限定される。家族の一員であるという実感は，夫婦が離婚せず，子が結婚改姓をしない家族メンバーだけに生じうるものにとどまる。しかも，それは主観的であり，氏が同じだから家族だと思う人もいれば，そう思わない人もいる。2017年の世論調査では，家族の名字（姓）は家族の一体感（きずな）に影響がないと考える人が64.3％である[12]。

　1947年，民法改正の議論において，憲法学の宮澤俊義教授は「家破れて氏あり」と評し[13]，家制度が廃止されても，氏が家と同じ役割，機能を果たすことを見抜いていた。上記最大判法廷意見の機能論は，多くの娘たちが夫の氏への結婚改姓によって，自分が生まれた家族の一員ではなく，夫の家族の一員であるという実感を抱くことを想定しているかのようである。主観的であるだけではなく，民法改正で否定された家制度的な思考につながる点でも，個人の自由を制限する合理的根拠としての強力な国家的ないし社会的利益とすることはできないし，また，国家的ないし社会的利益としてはならないことである。

　以上のことから，私見も，民法750条による別異取り扱いに事柄の性質に応じた合理的な根拠はなく，憲法14条1項が禁止する差別的取扱いに該当すると考える。

3　憲法24条2項（個人の尊厳と両性の本質的平等）違反

　原告は，第1に，個人の尊厳について，氏が人格的価値を有すること，婚姻前に築いた個人の信用，評価，名誉感情などを婚姻後も維持する利益が，人格的利益であること，家族の一員であることの公示識別機能と家族の一員であることを実感する機能は，人格的利益に優るものではなく，夫婦別氏の選択肢を認めない

---

(11)　例えば，5年ごとに行われる国勢調査による世帯構成の変化を見ると，単独世帯は10.8％（1970年）から34.6％（2015年）に，夫婦のみは11.0％から20.1％に，ひとり親と子は6.4％から8.9％に増加したが，夫婦と子から成る世帯は46.1％から26.9％に，3世代世帯を含むその他世帯は25.8％から9.4％に減少した。
(12)　二宮・前掲注（1）17頁。
(13)　宮澤俊義「家破れて氏あり」法律タイムズ1巻6＝7号（1947年）25頁。

〈立法・司法の動向〉　夫婦別姓訴訟の新しい展開〔二宮周平〕

根拠とならないこと，この選択肢を認めれば，個人の生き方・家族の在り方に関する自己決定を，自己の希望に沿った形でなし得る者の総数が増え，個人の尊厳に資することを挙げる。

第2に，両性の本質的平等について，形式的平等ではなく，実質的平等の視点から考察し，上記最大判の岡部裁判官の意見を引用し，96％が夫の氏を称することは，自由な選択が実現していない証拠であること，偏った不平等な結果は，女性の立場の弱さといずれか一方の氏を選ばなければならないという民法750条の構造そのものがあいまって生じているものであり，間接差別そのものであることをあげる。

その上で，立法事実の変化(14)，通称使用では救済が不十分であることを踏まえると，選択肢なき夫婦同氏制度は，夫婦が別氏を称することを認めない点で，個人の尊厳と両性の本質的平等の要請に照らして合理性を欠き，国会の立法裁量の範囲を超える状態に至っており，憲法24条2項に違反するとする。

上記最大判法廷意見は，人格権の内容も憲法上一義的に捉えられるべきものではなく，憲法の趣旨を踏まえつつ定められる法制度をまって初めて具体的に捉えられるとし，制度を人格権よりも上に置き，婚姻の際に「氏の変更を強制されない自由」が憲法上の権利として保障される人格権の一内容であるとはいえないとした。また，憲法13条を氏名権の裁判規範として位置づけていない。

他方で，上記最大判法廷意見は憲法24条2項について，「立法作用に対してあえて立法上の要請，指針を明示している」ものと捉え，当該規定が憲法13条，14条1項に違反しない場合に，「更に憲法24条にも適合するものとして是認されるか否かは，当該制度の趣旨や同制度を採用することにより生ずる影響につき検討し，当該規定が個人の尊厳と両性の本質的平等の要請に照らして合理性を欠き，国会の立法裁量の範囲を超えるものと見ざるを得ないような場合に当たるか否かという観点から判断すべきものとするのが相当である」として，裁判規範となることを明示した(15)。そこで原告は，上記最大判法廷意見が認めた氏の有する人格的利益を24条2項「個人の尊厳」に依拠させたのだと思われる。これで裁判所の解釈論の土俵に乗ることができる。

最判昭63〔1988〕・2・16民集42巻2号27頁は，「氏名は，社会的にみれば，個

---

(14) 原告は，民法改正案要綱，婚姻後も就労を継続する者の増加，初婚年齢の上昇・晩婚化，再婚の割合の増加，社会のグローバル化・IT化，男女共同参画と女性活躍推進の動き，国民の意識の変化，国際的動向をあげる。

(15) 尾島明「判批」法律のひろば69巻4号（2016年）70頁，畑佳秀「判批」ジュリスト1490号（2016年）102頁等。

人を他人から識別し特定する機能を有するものであるが、同時に、個人からみれば、人が個人として尊重される基礎であり、その個人の人格の象徴であって、人格権の一内容を構成するもの」とする。氏は氏名の構成要素であり、個人を特定するのに氏を使用することの多い日本社会では、氏は人格権の一内容を構成する。したがって、自己の人格の持続、継続を保障される必要があるのだから、自らの意思によらないで氏の変更を強制されないことは、「個人の尊厳」の前提といえる。

第2次訴訟の原告の1人、恩地いづみさんが「名前は私そのもの」と語るとき、まだ第1次訴訟の原告の1人、塚本協子さんが「私、塚本協子は塚本協子と名乗り、そう呼んで欲しいです。……塚本協子として生き、逝きたいです」と語るとき、氏は個人の人格の象徴であり、まさに「個人の尊厳」の現れなのである。

4 国際人権条約違反

原告は、国際人権条約違反として、市民的及び政治的権利に関する国際規約（自由権規約）、自由権規約委員会の一般的意見、女性差別撤廃条約、女性差別撤廃委員会の一般勧告、日本政府に対する勧告をあげ、選択肢なき夫婦同氏制度はこれらの条約に違反するとする。

注目されるのは、女性差別撤廃条約に加えて自由権規約を参照したことである。自由権規約23条4項は「婚姻中及び婚姻の解消の際に、婚姻に係る配偶者の権利及び責任の平等を確保するため、適当な措置をとる」べきことを締約国に義務づけている。1990年、自由権規約委員会が採択した「家族の保護、婚姻についての権利、及び、配偶者の平等（23条）に関する一般的意見19」は、23条4項について、「各配偶者が自己の婚姻前の姓の使用を保持する権利又は平等の基礎において新しい姓の選択に参加する権利は、保障されるべきである」とした。さらに2000年に採択した「男女の権利の平等（3条）に関する一般的意見28」は、23条4項の義務を果たすために、締約国は、「それぞれの配偶者が婚姻前の姓の使用を保持し、または新しい姓を選択する場合に対等な立場で決定する配偶者各自の権利に関して性別に基づく差別が起きないことを確実にしなければらない」とした。

上記一般的意見は自由権規約委員会の公式な条文解釈であり、その内容は女性差別撤廃委員会の条文解釈と共通する。それほど、女性が婚姻前の氏を保持することが重要な人権上の問題として位置づけられているのである。だからこそ、上記最大判の違憲とする少数意見は、女性差別撤廃委員会からの懸念の表明、夫婦同氏強制制度廃止の要請をされていることを[16]、社会事情の変化の1つとして明示したのである。

ところで、婚外子の相続分差別を全員一致で違憲とした最大決平25〔2013〕・

9・4民集67巻6号1320頁は，国際人権規約及び子どもの権利条約，国連の規約人権委員会及び子どもの権利委員会から政府に対する改善勧告を，違憲判断を支える理由の1つとして位置づけていた。上記最大判法廷意見との落差に関して，山元一教授は，「自らの違憲判断の正当性を強めるために，比較法や国際人権条約に関わる状況が積極的に援用される」のに対して，「問題となっている法規定の差別的性格を承認しない場合には，そのことを論証することを通じて，比較法と対立する選択や国際人権条約委員会による様々の意見表明に対する反論に代えているように思われる」と指摘し，これは都合のよい恣意的な決定（cherry-picking（さくらんぼ狩り）という表現を使う）であり，「自らの憲法判断がグローバル化世界の傾向と食い違う場合でも，誠実に向き合い，そのような動向に判決文において反論を加えることが求められる」とする[17]。この視点からは，第2次訴訟の各家裁，各地裁は国際人権条約とその一般勧告，総括所見を黙視し，もっぱら国内法の解釈，論証に終始することはできないように思われる。

5　違憲とした場合の実務的取扱い

第2次訴訟において，同氏に例外を認めないことに対して違憲判断がなされたとした場合，例外を認めないことが違憲なのだから，本則である同氏での婚姻届を受理することができる。他方，別氏での婚姻届も受理されるので，民法750条の全部を無効とすることなく，違憲状態を是正することができる。

民法750条及び戸籍への登録方法の法改正がなされるまでは，婚姻届受理証明書の保存と交付によって婚姻の公的証明は可能であり，子が生まれれば，どちらかの氏で出生届をし，同じく受理証明書で対応し（住民票は戸籍記載がなくても作

---

[16] 2016年3月7日，第7回第8回日本レポートについて，CEDAW（国連女性差別撤廃委員会）の総括所見は，主要な懸念事項および勧告として，民法改正（①女性の婚姻最低年齢を男性と同じ18歳に引き上げ，②選択的夫婦別姓制度導入，③再婚禁止期間の完全撤廃）を直ちに行うことを挙げ，フォローアップとして，民法改正について勧告の履行のためにとった措置を2年以内に文書で報告することとした。この間，政府は，①について法改正，③について部分的改正を行ったが，②については，通称使用の拡大という本来とは違う方向での解決を図っている。例えば，女性活躍推進法の下で，2017年3月30日，総務省自治行政局公務員公務員課，女性活躍・人材活用推進室から各当事者道府県総務部，各指定都市総務部宛に「職員が旧姓を使用しやすい職場環境づくりの推進について」が発出された。マイナンバーカードやパスポートへの旧姓併記，金融機関での通称使用など検討されている。また，2017年7月3日，最高裁事務総長から高裁長官，地裁所長，家裁所長ほか宛に「裁判所職員の旧姓使用について（通達）」が発出され，裁判関係文書（判決など）にも旧姓使用が可能となった。

[17] 山元一「トランスナショナルとドメスティックの間で揺れる最高裁」法律時報88巻3号（2016年）3頁。

成される），法改正で別氏夫婦の子の氏を統一する制度になれば，氏の変更規定（民法791条）を用いることが考えられる[18]。原告は，日本人と外国人が婚姻した場合の日本人配偶者の戸籍記載方法を別氏で婚姻した日本人夫婦の場合に応用することを提案する[19]。

立法までの応急措置が可能であることは，旧国籍法3条1項を違憲とした上で，当該原告の日本国籍取得を認めた最大判平20〔2008〕・6・4民集62巻6号1367頁が示している。違憲とした場合の関連規定への対応の困難さを理由に違憲判断をしないことは本末顛倒である。裁判所は係属している争点の解決を図るので足り，その判旨に適合するように民法の関連規定を改正することが国会に義務付けられるのである[20]。

以上のように，第2次訴訟における原告の主張のうち，上記最大判においてなされた主張と異なるものについては，各家裁，各地裁は上記最大判法廷意見に依拠して結論を出すことはできない。（2）〜（5）の各論点にどのように応えるか注視していきたい。

Ⅲ　夫婦別姓婚姻関係確認訴訟

1　訴訟に至る経過

日本人夫婦A・Bは，1997年，米国ニューヨーク州においてニューヨーク州家事関係法に定める婚姻の方式に従い，婚姻許可証を得て，市庁舎の記録官の下で婚姻を挙行した。日本人夫婦なので，婚姻の成立は日本法によるが，婚姻の方式は婚姻挙行地の法による（法の適用に関する法律24条1項，2項）。A・Bには婚姻障害事由（婚姻適齢，近親婚や重婚には当たらないなど）はなく，有効に婚姻が成立した。

ところで，外国に在る日本人が，その国の方式に従って，届出事件に関する証書を作らせたときは，3か月以内にその国に駐在する日本の大使，公使または領事にその証書の謄本を提出しなければならない（戸籍法41条1項）。日本人の家族関係は戸籍によって公証されるところ，外国の方式に従って生じた家族関係の変動等についても戸籍に登録し，公証するためである。戸籍実務においては，外国の方式により婚姻した日本人夫婦の戸籍編製を可能にしてその婚姻関係を公証す

---

(18) 二宮周平「判批」私法判例リマークス53号（2016年）61頁。
(19) 夫婦双方の戸籍の身分事項欄に，相手方との婚姻日，配偶者氏名・本籍・生年月日及び従前戸籍を記載する。
(20) 渋谷秀樹「訴訟と非訟」立教ロー5号（2012年）25頁。

るため，成立した婚姻証書謄本が提出される際，その夫婦に対し，「夫婦が称する氏」を申出させる扱いをしている。なぜなら，現行戸籍法は，1組の夫婦と氏を同じくする子ごとに編製され（戸籍法6条），夫婦が夫の氏を称するときは夫，妻の氏を称するときは妻，その配偶者の順に記載されるからである（同14条）。このように婚姻の効力である夫婦同氏制度（民法750条）を前提とするため，夫婦同氏でなければ，その夫婦の戸籍を編製することができず，婚姻関係を戸籍によって公証することができないのである。

A・Bは州法に基づき，双方とも生来の氏を称しており，どちらかの氏を夫婦の氏とする申出ができるはずはなく，したがって，婚姻証書謄本の提出を回避した。その結果，A・B夫婦の戸籍は編製されず，A・Bの婚姻関係を戸籍によって証明することができない状態になった。そのため事実婚と誤解され，在日アメリカ領事館でビザがなかなか発行されないなどの不利益を被った。A・B夫婦が日本で暮らす場合，税，社会保険，職場での配偶者届，生命保険の受取人，相続など事あるごとに，英語の婚姻証書謄本を呈示し，その内容を説明し法律婚であることを確認させなければならず，相手方が争えば，訴訟で確認しなければならない。個別立証の負担が大きすぎる。

そこで2018年6月，A・Bは国に対してA・Bが婚姻関係にあることの確認を求める訴訟と，有効な婚姻をしたにもかかわらず，上記のように婚姻関係の公証ができない事態を放置してきたことは，立法不作為に当たるとして国家賠償請求を提訴した[21]。

2　戸籍以外の手段による婚姻関係の公証

各国とも個人の属性（氏名，性別，国籍，出生死亡年月日）と家族関係を公証する制度を設けている。公証制度は国の制度である。日本では戸籍制度，韓国では家族関係登録制度，欧米諸国および欧米諸国の統治下にあった諸国では出生証書・婚姻証書・死亡証書がその役割を果たす。個人単位の証書制度であれば，婚姻当事者が夫婦の氏について同氏・別氏・結合氏などを選択しても証書の作成は可能であり，婚姻証書の交付を受けることができる。

しかし，日本は婚姻の効力として夫婦同氏とし，戸籍がこれを前提に編製されるため，外国の方式で有効に婚姻が成立しているにもかかわらず，夫婦の氏を定めなければ，戸籍が編製されず，戸籍による婚姻関係の公証ができないことになる。日本で婚姻の届出をする際には，夫の氏または妻の氏の選択をしなければ婚

---

(21) 訴状等は，選択的夫婦別姓訴訟（http://bessei2018.wiksite.com）に掲載されている。

姻届が受理されないため，本件のように婚姻が成立していても戸籍で公証することができないという事態は生じないが，外国の方式により婚姻する場合においても，戸籍制度の中で，あるいは戸籍制度に代えて，成立した婚姻関係について公証する仕組みを設ける必要がある。公証はすべての有効に成立した婚姻当事者に保障されなければならないからである。

したがって，こうした制度改革がなされるまでは，本件のような婚姻関係確認訴訟を認め，婚姻関係確認判決を婚姻関係の公的証明とすることが考えられる。しかし，わざわざ訴訟を提起することは，当事者にとって手続的負担が大きすぎる。本訴訟を契機として，外国で成立した婚姻証書謄本を提出すれば，日本における婚姻関係確認証書を発行するなどの戸籍実務を検討すべきである。それは選択的夫婦別氏制度を導入するか否かとは別の，婚姻関係の公証という問題であり，戸籍実務での対応は可能と考える。

お わ り に

戸籍上の夫婦別姓訴訟は，戸籍上の氏を個人の呼称として位置づけ，その選択の自由を保障するという視点を持っている。この主張が裁判上認められた場合の解決方法，立法提案は，今後，明らかにされるものと思われるが，民法上の氏を1つ選択し，戸籍筆頭者は民法上の氏に選ばれた者，という現行法の仕組みを維持するものになるのだろうか。

つまり，民法750条により夫婦は婚姻に際して夫又は妻の氏を称し，夫婦の氏となった方を戸籍筆頭者として戸籍が編製されるが，氏を改めた方は，希望すれば，戸籍上，婚姻前の氏（旧姓）を使用することができる。婚姻により夫婦は同氏となった上で，戸籍上の氏として旧姓を称することができ，離婚により夫婦は別氏となった上で，戸籍上の氏として婚氏を称することができる。いわば婚姻前氏の総称と離婚後の婚氏続称である。婚姻と離婚でそれぞれ呼称として戸籍上の氏が選択でき，整合性がとれる。

ところで，1994年7月，法制審議会民法部会による「民法改正要綱試案」には，夫婦同氏とした上で，「婚姻により氏を改めた夫又は妻は，相手方の同意を得て，婚姻の届出と同時に戸籍法の定めるところにより届け出ることによって，婚姻前の氏を自己の呼称とすることができる」とするC案が記載されていた[22]。C案は，

---

(22) 法務省民事局参事官室「婚姻制度等に関する民法改正要綱試案」ジュリスト1050号（1994年）239-240頁。

社会における呼称秩序を維持するため，氏と呼称の併用を認めない。社会生活でも家庭生活でも呼称のみを用いることになる。そうなると，結婚改姓した配偶者が夫婦の氏を社会生活で用いる場面はなくなるので，夫婦の氏は名目的なのものになる。ただし，夫婦の民法上の氏が定まるので，夫婦間の子はすべて夫婦の氏になり，戸籍筆頭者も夫婦の氏に定められた方になる。民法750条と，1組の夫婦と氏を同じくする子を単位とする戸籍編製の原則を変更する必要はない。しかし，法制審議会はC案を採用せず，選択的夫婦別氏制のA案を採用した[23]。婚姻によって夫婦は同じ氏になるのだから，法制度上，どちらかが改氏を強要される。これは氏の人格権としての性質に反するからである。

　本稿で紹介した3つのタイプの訴訟は，現行制度の不合理さを明白にする。さらに新たな形の別姓訴訟が提起されるかもしれない。京都市の女性弁護士が，自身の所属する弁護士法人の役員に就任したため，ふだん職務で使用している旧姓で商業登記の役員登記を申請した。もともと日本弁護士連合会会則では，弁護士名簿への登録は戸籍名であり，旧姓使用を日弁連に届け出たときは，旧姓を職務上の氏名として使用できるとしている。今回，当該弁護士は旧姓を記した「弁護士法人の社員となる資格証明書」の発行を日弁連に申請していたが，日弁連は戸籍名での資格証明書の発行しか認めなかった。そのため，京都地方法務局は申請者名（旧姓）と資格証明書（戸籍名）が合致しないことを理由に申請を却下した。

　確かに2015年2月27日から，法務省は商業登記の役員欄に役員の旧姓について記録（付記）することを可能にしている（商業登記規則81条の2）。しかし，旧姓の付記は，当該役員が婚姻しており，旧姓と戸籍名が違うことを開示する結果となる。婚姻しているかどうかは個人のプライバシーに属しており，本人の同意の有無を問わず強制的に開示することはプライバシー権の侵害に当たる。

　弁護士登録や商業登記の役員登記において戸籍名の使用を要請するのは，個人の識別特定機能の安定性にある。結婚改姓した上で旧姓を職務上使用したい弁護士は，戸籍名での弁護士登録と旧姓使用の届をしており，戸籍名と旧姓を確認することができ，個人の識別特定に問題は生じない[24]。第三者はふだん職務で使用している旧姓で当該弁護士を識別特定しているのだから，そちらに合わせて役

---

(23) 2010年2月，高市早苗衆議院議員が自民党法務部会に提案した「婚姻前の氏の通称使用に関する法律案」は，現戸籍制度の「夫婦親子同姓」を堅持した上で，改姓による職業生活上の不便を解消することなどを目的とする。戸籍法を一部改正し，希望者は婚姻前の氏を通称として使用する届出をし，戸籍にその旨記載させるが，国，地方公共団体，民間事業者に対して，届出をした者について通称使用に必要な措置を講ずる責務を課すにとどまり，措置として夫婦の氏に婚姻前の氏を付記する方法が挙げられている。付記が女性のプライバシー侵害につながることについて，後掲注(24)参照。

員登記をすることが職務実態に即し，第三者の安心につながる。2018年9月25日，当該弁護士は京都地方法務局に対して申請却下の処分取消しを求めて審査請求をした。請求が認められなければ，処分取消しを求める訴訟を提起する方針である(25)。

　選択的夫婦別氏制度を導入すれば，こうした事態は抜本的に解決する。これらの訴訟や審査請求および世論調査に示された国民の意見を受けて制度改革に着手するのは立法府の責務である。1996年2月の法制審議会答申「民法改正案要綱」はまだ生きている。その内容で政府は国会に上程し，国会の議論において，民法改正案要綱をさらに前進的な内容(26)にして，民法750条を改正すべきものと考える。

---

(24) 弁護士登録の際に旧姓を使用する届をした場合，官報に登録の戸籍名と職務上の氏名(旧姓)が記される。1947年以降の官報がデータベース化されているため，女性弁護士の旧姓使用を通じて婚姻や離婚の履歴を把握することが可能になる。婚姻・離婚というプライバシーを守るには選択的夫婦別氏制度の導入しかない。
(25) 京都新聞2018年9月26日朝刊。
(26) 民法改正案要綱では，別氏を選択した場合には，婚姻の際に，子の氏を父または母の氏のどちらかに定めておくとするが，不妊，高齢などで子をもうけることのできない人，ライフスタイルとして子をもうけない人に子の出生を前提とする規定は抑圧的である。子の出生時に父または母の氏を選択し，合意ができなかった場合には，婚外子の場合と同様，母の氏とする規定が望ましい。

〈編　者〉

浅倉むつ子（あさくら・むつこ）
　早稲田大学大学院法務研究科教授

二宮周平（にのみや・しゅうへい）
　立命館大学法学部教授

◆ ジェンダー法研究　第5号 ◆
特集1：家族，特集2：セクシュアリティ

2018（平成30）年12月1日　第1版第1刷発行　6845-01011

責任編集　　浅　倉　む つ 子
　　　　　　二　宮　周　平
発 行 者　　今井　貴　稲葉文子
発 行 所　　株式会社 信　山　社

〒113-0033 東京都文京区本郷6-2-9-102
　　Tel 03-3818-1010　Fax 03-3818-0344
　　　　　　info@shinzansha.co.jp
出版契約 No.2018-6845-4-01011 Printed in Japan

Ⓒ編著者, 2018年　印刷・製本／亜細亜印刷・渋谷文泉閣
ISBN978-4-7972-6845-4：012-060-020-N30 C3332
P276．分類321.400.a001 ジェンダー法

JCOPY　((社)出版者著作権管理機構　委託出版物)
本書の無断複写は著作権法上での例外を除き禁じられています。複写される場合は，
そのつど事前に，(社)出版者著作権管理機構（電話 03-3513-6969, FAX03-3513-6979,
e-mail:info@jcopy.or.jp）の許諾を得てください。

山下泰子・辻村みよ子・浅倉むつ子
二宮周平・戒能民江　編集
ジェンダー六法（第2版）
学習・実務に必携のジェンダー法令集　待望の第2版!!

性暴力被害の実態と刑事裁判
日本弁護士連合会 両性の平等に関する委員会 編（角田由紀子 編集代表）

森美術館問題と性暴力表現
ポルノ被害と性暴力を考える会 編

性暴力と刑事司法
大阪弁護士会人権擁護委員会性暴力検討プロジェクトチーム 編

戒能民江 編著　◎女性支援の新しい展望への構想
危機をのりこえる女たち

辻村みよ子 著　◎『ジェンダーと法』に続く最新の講義テキスト
概説ジェンダーと法（第2版）

林　陽子 編著　◎国際社会の法的センシビリティー
女性差別撤廃条約と私たち

谷口洋幸・齊藤笑美子・大島梨沙 著
◎法的視点から、国内外の事例を紹介・解説
性的マイノリティ判例解説

水谷英夫 著
◎真のWLB（ワークライフバランス）の実現のために
QA労働・家族・ケアと法【理論編＆実例編】

子どもと離婚
— 合意による解決とその支援 —
二宮周平・渡辺惺之 編

信山社

ジェンダー法研究

浅倉むつ子 責任編集

〔既刊 第1号、第2号 目次〕

◆創刊第1号
特集：ジェンダー法教育と司法
1 「法の世界」におけるジェンダー主流化の課題〔浅倉むつ子〕
2 ジェンダーとロースクール教育〔二宮周平〕
3 法曹継続教育とジェンダー〔南野佳代〕
4 大学教育におけるジェンダー法学教育の現状と課題〔三成美保〕
5 弁護士へのジェンダー教育〔吉田容子〕
6 「ジェンダーと法」を教えて —明治大学法科大学院での経験から〔角田由紀子〕
7 婚外子差別と裁判・立法・行政〔吉田克己〕

◆第2号
特集：労働法とジェンダー
1 雇用における性差別の現状と差別禁止法の課題〔山田省三〕
2 「女性活躍推進法」とポジティブ・アクション〔浅倉むつ子〕
3 労働時間等働き方の法制とジェンダー〔中野麻美〕
4 非正規労働とジェンダー——賃金制度を手がかりに〔阿部未央〕
5 妊娠・出産・育児をめぐる法理論的検討 —差別，不利益取扱い，ハラスメントについての考察〔菅野淑子〕
6 均等法・育児介護休業法・パートタイム労働法に基づく紛争解決—38事例からみる紛争と紛争解決の特徴〔内藤　忍・宮崎由佳〕
7 最低賃金法とジェンダー〔藤井直子〕
8 障害者に対する応募・採用時における合理的配慮義務の憲法的意味〔杉山有沙〕

【立法・司法の新動向】
9 第3次男女共同参画計画改定／第4次男女共同参画基本計画策定について〔皆川満寿美〕

【特別企画】
10 ジェンダー法学の体系の探求
　A　ジェンダー法学の体系試論（相澤羊智子）
　B　ジェンダー現象の定義，構造および発生（水林彪）

〒113-0033　東京都文京区本郷6-2-9-102　東大正門前
TEL:03(3818)1019　FAX:03(3811)3580　E-mail:order@shinzansha.
信山社
http://www.shinzansha.co.jp

◆ ジェンダー法研究 ◆

浅倉むつ子 責任編集

〔既刊 第3号 目次〕

◆第3号

特集：複合差別とジェンダー

◆1 マイノリティ女性に対する複合差別と国際人権条約〔元百合子〕

 I　はじめに／II　女性差別撤廃条約／III　人種差別撤廃条約／IV　その他の国連人権機関の活動における複合差別視点／V　現時点での到達点と課題

◆2 イギリス平等法における複合差別禁止規定について〔浅倉むつ子〕

 はじめに／I　差別禁止立法の3つのモデル／II　複合差別のさまざまな態様／III　Bahl事件判決／IV　2010年平等法と結合差別／V　MoD事件判決／おわりに

◆3 ヘイトスピーチ解消法と在日コリアン女性をめぐる課題〔谷田川知恵〕

 I　CEDAW勧告とヘイトスピーチ解消法の成立／II　ヘイトスピーチ解消法／III　ヘイトスピーチと差別煽動罪／IV　日本におけるヘイトスピーチの土壌／V　犯罪とみなされるべき表現形態としてのヘイトスピーチ

◆4 「大都市圏」と「地方圏」の地域格差とジェンダー〔糠塚康江〕

 はじめに／I　「複合差別」が提起する「交差」のイメージ／II　「地域格差」とジェンダーの「交差」上に生ずる問題

◆5 アイヌ・部落・在日コリアン・沖縄の女性による調査提言活動―欠如する歴史性の考慮と政策〔原由利子〕

 はじめに／I　マイノリティ女性による調査―現状と課題の提示／II　マイノリティ女性による行政府への要請提言活動の到達点／III　女性差別撤廃委員会日本審査の活用と日本への勧告／IV　政府と社会に求められた歴史性の考慮欠如の自覚／V　マイノリティ女性との出会いへの誘い

 〈資料〉　マイノリティ女性の現状と課題（抜粋）
  部落・アイヌ・在日コリアン・沖縄女性の声

◆6 CEDAWにおける日本審査と障害女性の複合差別〔河口尚子〕

 はじめに／I　本審査までの経過／II　課題リスト（LOIs）について／III　本審査のロビー活動／IV　成果／V　課題／VI　複合差別の視点

◆7 日本の法制度と障害女性の複合差別―障害者権利条約の国内法への要請〔臼井久実子〕

 はじめに／I　一般原則・横断的視点・特に障害のある女性について／II　意識の向上／III　搾取・暴力・虐待からの自由、個人の不可侵性の保護／IV　家族の形成、性と生殖／V　健康・保健サービス／VI　安全、防犯、災害とジェンダー／VII　自立した生活および地域社会へのインクルージョン・十分な生活水準および社会保護／VIII　統計およびデータ収集／IX　人権の保護、国内的な実施および監視／X　障害女性の参画／結　語

◆8 日本の障害女性の複合差別の実態〔佐々木貞子・米津知子〕

 I　複合差別実態調査の概要／II　まとめ

◆9 障害者ジェンダー統計―日本の現状と課題―〔吉田仁美〕

 I　はじめに／II　ジェンダー統計とは／III　障害者ジェンダー統計を取り巻く国際的・国内的動向／IV　日本の障害者ジェンダー統計の現状／V　障害者ジェンダー統計の今後の課題について

〒113-0033 東京都文京区本郷6-2-9-102 東大正門前
TEL:03(3818)1019 FAX:03(3811)3580 E-mail:order@shinzansha.

信山社
http://www.shinzansha.co.jp